青少年体力活动与健康促进

——从传统媒体到新媒体

谭思洁　张晓丹◎著

知识产权出版社
全国百佳图书出版单位

图书在版编目（CIP）数据

青少年体力活动与健康促进：从传统媒体到新媒体/谭思洁，张晓丹著. —北京：知识产权出版社，2017.9

ISBN 978 - 7 - 5130 - 5134 - 7

Ⅰ.①青… Ⅱ.①谭…②张… Ⅲ.①传播媒介—应用—青少年—体育锻炼—研究 Ⅳ.①G806

中国版本图书馆 CIP 数据核字（2017）第 225330 号

内容提要

青少年体质健康水平关系到国家发展和民族兴衰，是我国“健康中国 2030”战略的重要内容。本书基于大量严谨的科学实验，从新媒体视角重点阐述新媒体技术在健康促进中的应用，旨在引导青少年建立运动增强体质的理念，掌握科学的锻炼方法，形成良好的生活方式，全面提升体质健康水平。

责任编辑：江宜玲　　**责任校对**：谷　洋

装帧设计：邵建文　　**责任出版**：刘译文

青少年体力活动与健康促进——从传统媒体到新媒体

谭思洁　张晓丹◎著

出版发行：知识产权出版社有限责任公司	**网　　址**：http：//www. ipph. cn
社　　址：北京市海淀区气象路 50 号院	**邮　　编**：100081
责编电话：010 - 82000860 转 8339	**责编邮箱**：jiangyiling@cnipr. com
发行电话：010 - 82000860 转 8101/8102	**发行传真**：010 - 82000893/82005070/82000270
印　　刷：三河市国英印务有限公司	**经　　销**：各大网上书店、新华书店及相关专业书店
开　　本：720mm × 1000mm　1/16	**印　　张**：17
版　　次：2017 年 9 月第 1 版	**印　　次**：2017 年 9 月第 1 次印刷
字　　数：290 千字	**定　　价**：68.00 元

ISBN 978-7-5130-5134-7

序 言

青少年体质健康关系到国家发展和民族兴衰，是我国“健康中国 2030”战略的重要内容。本书基于大量严谨的科学实验，从新媒体视角重点阐述新媒体技术在健康促进中的应用，旨在引导青少年建立运动增强体质的理念，掌握更科学有效的锻炼方法，形成良好的生活方式，全面提升体质健康水平。

本书为全国教育科学“十二五”规划课题“基于新媒体技术的体质健康促进公共服务体系构建与实证研究”（BLA140067）的成果，在此特别感谢全国教育科学规划领导小组办公室的资助和信任。

本书共有四章，其中谭思洁教授撰写了第一、第三、第四章，张晓丹副教授撰写了第二章。

感谢曹立全、郭振老师为本书做出的重要贡献；书中部分数据源于卢飞、张晨、葛毅等在攻读硕士研究生期间的实验，特此说明并致谢；李占宇、艾建强、郑亚莉、类兴刚等在本书校对过程中付出了辛苦劳动，在此一并致谢。

本书不足之处敬请读者批评指正。

作者

2017 年 6 月于天津体育学院

目 录

第一章　引　言

青少年体质健康是国民体质的重要组成部分，世界各国都非常关注这一领域的研究。2006 年，教育部、国家体育总局联合发布了《关于进一步加强学校体育工作，切实提高学生健康素质的意见》，并启动全国亿万学生的“阳光体育运动”；2007 年，中共中央、国务院发布《关于加强青少年体育 增强青少年体质的意见》，对促进青少年体质健康起到了重要的作用。但是青少年体质滑坡现象仍是困扰我国学校教育和社会发展的严重问题。因此，有必要从公共服务的角度，构建并完善青少年体质健康促进的体系，覆盖到社会、家庭、学校等各个方面。而借助现代新媒体技术，不仅可以从时间上、空间上、质量上做到更有效覆盖，提高健康促进公共服务的实时性、有效性和趣味性，还可更准确地针对青少年个体体质健康进行监控、分析和指导，使更多的青少年受益，最终达到提高我国青少年体质健康的目的。因此，基于新媒体的青少年体质健康促进的研究既是长远的战略目标，又是一项紧迫的现实任务。

第一节　体质健康与健康促进

一、体质健康概述

（一）体质健康的概念与内涵

体质指人体的质量，是在遗传性和获得性基础上表现出来的人体形态结构、生理功能和心理因素的综合的、相对稳定的特征，主要包括身体形态发育水平、生理功能水平、身体素质和运动能力的发展水平、心理素质发展水平和对内外环境的适应能力五个方面。《国家学生体质健康标准（2014 年修订）》从身体形态、身体机能、身体素质和运动能力等方面综合评定学生的体质健康水平。世界卫生组织指出，健康不仅是没有疾病和不虚弱，而且指身体、心理和社会适应的完好状态，其影响因素包括环境、生物学基础、生活方式和保健措施等。体质与健康是从不同的侧面和范畴来解释人体状况的两个概念，体质是健康的物质基础，健康是体质的目标，体质是内在的，健康是体质的外在表现，而体质健康是综合性的概念。

（二）青少年体质健康影响因素的相关研究

青少年体质健康是一个复杂的问题，其影响因素很多，主要包括生活环境的变化、体育教师的因素、学校因素和家庭因素等。杨则宜等认为，我国青少年体质状况出现问题的原因主要是体育活动不足、学习负担过重、膳食营养不合理和营养状况不佳等。萨宾娜·吉赛尔（Sabina B. Gesell）等认为，青少年体质健康水平下降与体育活动的减少、过量饮食的摄入以及不良生活习惯紧密相关。尤其是体育活动的减少，已成为美国青少年体质健康水平下降的主要原因。由此可见，影响青少年体质健康的因素很多，这其中既有青少年体质健康的意识、态度、行为、心理及生活习惯等主观原因，也有遗传、营养、卫生、医疗保健、环境条件等客观原因。青少年体质健康是包括教育在内的综合性社会问题，传统教育观念、现代生活方式和现代社会结构的变迁及学校体育价值判断也是影响我国青少年体质健康的主要因素。落实相关法规、拓展学校体育职责、加强安全教育、重视校外教育、完善体质监测和建立社会协同参与机制等将有助于青少年体质健康的改善。青少年体质健康比成年人更复杂，它涉及学校、家庭和社会多方面的综合因素，提高青少年体质健康水平应从不同的社会领域、视角和层面进行综合研究。

二、健康促进概述

（一）健康促进的概念

“健康促进”一词最早出现于20世纪20年代的公共卫生文献中。1945年，医学史家西格里斯特（Henry E. Sigerist）首次对健康促进进行了全面的阐释，他把医学定义为健康促进、疫病预防、疾病治疗和康复四个方面的功能。关于“健康促进”的定义很多，目前公认的是1986年11月在加拿大渥太华召开的第一届国际健康促进大会发表的《渥太华宪章》中给出的定义：“健康促进是促使人们维护和改善他们自身健康的过程。”傅华教授认为，健康促进是增强人们对健康决定因素的控制能力，从而改善其健康的过程。健康促进是以教育、组织、法律和经济等手段，干预那些对健康有害的生活方式、行为和环境，以促进健康。这些学者从不同侧面对健康促进给予了解释，为本研究青少年体质健康促进学校－家庭－社区共建模式的构建提供了理论依据。

渥太华国际健康促进大会的召开和《渥太华宪章》的发表被认为是国际健康促进运动正式启动的标志。2000 年，在第五届全球健康促进大会上，世界卫生组织前总干事布伦特兰（Gro Harlem Brundtland）对健康促进做了更为清晰的解释："健康促进就是要使人们尽一切可能让他们的精神和身体保持在最优状态，宗旨是使人们知道如何保持健康，在健康的生活方式下生活，并有能力做出健康的选择。"

温斯勒（Winstow）认为："健康促进就是组织社区努力开展个人卫生教育，完善社会机构以保证有利于维持并增进健康的生活水准。"

美国联邦办公署认为："健康促进包括健康教育及任何能促使行为和环境转变为有利于健康的有关组织、政策及经济干预的统一体。"

格林（Lawrence W. Green）认为："健康促进是促使行为和生活条件向有益于健康改变的教育和环境支持的综合体。"尽管"健康促进"的概念至今仍在不断探讨和完善中，但其包含内容已经比较一致，健康促进就是充分利用行政手段，广泛动员和协调个人、家庭、社区及社会各相关部门，履行各自对健康的职责，共同维护和促进健康的一种社会行为。

（二）健康促进的内涵

健康促进的理论和内涵主要包括以下四个方面。

（1）健康促进涉及整个人群的健康和人们生活的各个方面，而不仅是针对某些疾病或者某些疾病的危险因素。

（2）健康促进主要是直接作用于影响健康的病因或危险因素的活动或行动。

（3）健康促进不仅作用于卫生领域，还作用于社会各个领域，健康促进指导下的疾病控制已非单纯的医疗卫生服务，而应采取多部门、多学科、多专业的广泛合作。

（4）健康促进特别强调个体与组织有效和积极地参与。

健康促进的理论和执行被认为是一种积极的生活方式，成为引领个人、家庭、社区及社会朝向增进安宁、幸福及实现健康潜能的行为。

青少年健康促进的内涵更强调把所有有利于发展和促进青少年健康的各种因素组织和联系起来，形成广泛的合作。学校健康促进的目标人群可以分为一级和二级两个级别。一级目标人群指学生群体；二级目标人群则包括学校领导、教职员工、学生、家长、社区领导。通过开展健康促进学校工作，努力给学生提供综合性的、积极的经验，创造安全、健康的学校环境，提供适当的健康服务，以促进和保护青少年健康。

可见，健康促进是以教育、组织、法律和经济等手段，干预那些对健康有害的生活方式、行为和环境，以促进健康。其目的在于，努力改变人群不健康的行为，改善预防性服务，以及创造良好的社会与自然环境。

青少年体质健康促进是健康促进的一部分，是指针对维护和改善青少年体质状况而采取一系列综合措施的过程。影响青少年体质健康的因素有很多，如行为方式、环境因素、生活习惯、体力活动，等等。研究表明，青少年体质健康水平下降与现代化生活饮食结构发生改变有重要关联，如高脂、高糖类食物摄取比例大大增加，再加上体力活动严重不足，使能量代谢失衡，肥胖、高血糖等成人疾病低龄化现象已表现出非常明显的发展趋势。许多学生家长由于过分注重学生的学习，而忽视其身体健康，更没有意识到体育锻炼对其身心发育的促进作用。

（三）健康促进的基本构成

健康促进的方法应因人而异，健康促进的指导者要了解被指导者，对他们的不良个人行为进行教育和调整，循序渐进地达到促进身心健康、提高体质的目的。从宏观方面来说，平衡的膳食、良好的心理状态、戒烟限酒和科学的运动，正是健康促进的理念。

1. 平衡膳食

维持正常的生命活动，就必须消耗一定的能量，而能量来源于各种食物。各种营养物质是维持人类生命活动的基础，对人体起着产生能量、调节代谢、促进生长的作用。所以，合理的膳食才能保证营养平衡，也是维持健康的重要方面。

1992 年，在罗马召开的全球性部长级世界营养会议上，包括中国在内的 159 个国家的代表做出庄严承诺，要尽一切努力在 2000 年以前消除饥饿和营养不良。同时，大会还通过了《世界营养宣言》和《世界营养行动计划》。为实现上述承诺，中国政府采取了一系列政策与行动消除饥饿、改善公众营养状况。近年来，我国经济建设快速发展，民众的温饱问题基本得到解决。

在人民生活水平日益提高的今天，民众的膳食结构发生了很大的变化。但不少人缺乏营养学知识，饮食中鸡、鸭、鱼、肉的比重过多，绿色蔬菜过少，导致脂肪、胆固醇、纯热量过高，维生素及纤维素严重不足。这种不平衡的膳食结构，直接导致心脑血管疾病、肥胖症、糖尿病、胆结石、胃病等的发生率不断增加，且发病年龄提前。有调查显示，12～15 岁少年高血压的发病率已达 3.11%。

2002 年 8 月，卫生部组织各省市、区相关部门在全国范围内开展了“中国居民营养与健康状况调查”，结果显示：城市居民膳食结构非常不合理，居民在畜肉类及油脂类食物方面消费过多，谷类食物方面消费偏低。城市居民每人每日油脂消费量由 10 年前的 37 克增加到 2002 年的 44 克，脂肪供能比也上升到 35%，已经超过世界卫生组织推荐的 30% 的上限。城市居民谷类食物供能比仅为 47%，远远达不到 55%～65% 的合理范围。此外，全国普遍存在的问题是奶类、豆类制品摄入量过低。

营养缺乏或过剩，都会对人体健康不利。合理的营养只有通过平衡的膳食才能实现。为此，用现代营养学的知识对人们一日三餐进行指导，是目前我国亟待解决的重要问题。平衡的膳食结构应该为：基本营养素比例适宜，必需物质都要具备且含量充足。

2. 良好心理状态

健康的心理是个体在各种环境中能保持一种良好的适应能力和效能的状态。人作为生物体，同时也是社会成员，只有拥有健康心理的个体，才能更好地适应社会。

心理情绪因素对生理上的健康具有较大的影响。现代心理医学研究表明，当人的心情处于舒畅、愉快的状态时，此时中枢神经系统也处于最佳功能状态，内脏及内分泌活动就会在中枢神经系统调节下处于稳定状态，身体自然而然也就健康了。

心理学家把人在生活中所表现出来的情绪具体归纳为两类：一类是属于愉快的情绪（如快乐、喜悦、兴奋等）；另一类属于不愉快的情绪（如悲伤、焦虑、沮丧、紧张、抑郁等）。人之七情（喜、忧、怒、思、悲、恐、惊），是人体对外界环境的一种生理反应，一般不会引起机体的病理变化。但过度的兴奋或抑制就可能导致机体疾病的发生。长寿学家胡夫兰德就认为：“一切不利的影响因素中，最能使人短命夭亡的，莫过于不良的情绪和恶劣的心境，如忧虑、颓丧、惧怕、贪求、怯懦、忌妒和憎恨等。”据统计，情绪不佳导致的消化道疾病，竟占 1/3。耶鲁大学医学院的报告中也曾提到过，门诊病人中有 76% 属于情绪不佳而患病的。

3. 戒烟限酒

吸烟是心脑血管疾病、癌症、慢性阻塞性肺病等多种疾患的行为危害因素，已成为继高血压之后的第二号全球杀手。据统计，全球每年有 500 万人死于与吸烟有关的疾病。烟草烟雾中含有 7000 多种化学物质，其中有 70 多种是致癌物质。

如今，大多数人受到被动吸烟的危害。被动吸烟又称吸二手烟或三手烟，是指不吸烟者吸入吸烟者呼出的烟雾。二手烟中含有多种有害物质，能使非吸烟者的冠心病风险增加 25% ~30%，肺癌风险提高 20% ~30%，可能导致新生儿猝死综合征、中耳炎、出生体重低等。

吸烟有百害而无一利。吸烟的人，不论吸烟多久，都应该戒烟。戒烟越早越好，任何时候戒烟对身体都有好处，都能够改善生活质量。

少量饮酒促进健康，过量饮酒则会有损健康。现代流行病学研究表明：每日饮少量酒能有效地降低高血压及冠心病的患病率和病死率，能缓解紧张，改善情绪和睡眠，有助于人际交往；无节制饮酒会使食欲下降、食物摄入量减少，以致引发多种营养素缺乏、急慢性酒精中毒、酒精性脂肪肝等疾病，严重时还会造成酒精性肝硬化；过量饮酒会增加患高血压、中风和癌症等疾病的风险，并可导致事故及暴力的增加，危害个人健康，影响家庭和谐及社会安定。

如今，我们应在理智、科学饮酒的前提下，提倡适量饮酒，增进健康。

4. 科学的体育运动

《中国大百科全书》把体育活动定义为：通过一些轻松愉快的身体活动使人转移对日常生活中面对的艰难和压力方面的注意力。

生理学家认为：

（1）运动有利于促进皮肤健康。随着运动，人体皮肤毛细血管不断扩张，血液循环加快，新陈代谢旺盛，衰老细胞更替加快，皮肤感觉的灵敏度增加，对冷热刺激的适应能力增强，从而增强人体的防御能力及免疫力。

（2）适宜运动可有效增强心血管系统的功能。平时爱好运动的人，心肌纤维较粗，心脏的收缩能力增强，营养心脏的冠状动脉血管管壁弹性增加，从而使心脏的供血能力得到加强，可有效预防或推迟心血管疾病（如动脉硬化、高血压、冠心病等）的发生。

（3）运动可有效改善呼吸系统的功能。经常规律地进行运动，可以使呼吸肌变得强壮有力，吸气时胸廓充分扩张，使肺泡充分张开从而进入更多的氧气；呼气时强有力的呼吸肌使胸廓尽量压缩，从而使更多的二氧化碳和废气排出。

（4）运动可显著改善消化系统的功能。人体在运动过程中，体内营养物质的消耗会得到增强，机体的血液循环加快，新陈代谢旺盛，从而使人提高食欲，还会促进胃肠蠕动，消化液分泌增加，吸收能力增强，改善肝脏、小肠、胃等消化系统的功能。

（5）运动能够有效改善神经系统的功能。运动时各部位肌肉有规律而协调地收缩，对神经系统是一个很好的锻炼，使机体灵活、动作迅速、精力充沛，还能使大脑的紧张状态得到缓和，提高大脑的工作效率。

（6）运动能够使骨骼系统的功能得到改善。经常进行规律的运动可使肌纤维变粗、增多并坚韧有力，血管畅通，血液循环及新陈代谢改善，动作的耐力、速度、灵活性等都会一定程度地得到增强。

（7）运动可以提高免疫系统功能，适宜的运动使淋巴细胞反应性增加，自然杀伤细胞（NK）活性升高，有利于人体对细菌、病毒的抵抗能力。

三、健康促进研究现状

（一）健康促进理论研究与实践现状

相比较而言，国外在健康教育与健康促进事业方面开始得更早，美国早在19世纪初就已经把卫生教育设置为公立学校体育课的一部分。“健康促进”一词也早就出现在公共卫生文献上，1986年在渥太华召开的第一届国际健康促进大会上发表的《渥太华宣言》明确了健康促进的概念。1997年，《雅加达宣言》又进一步强调了健康促进的重要性；在2000年第五届全球健康促进大会上，各国专家学者一致认为健康促进是架起公平的桥梁。基于此，各国都应该采取行动，推进健康促进计划的实施。

如今，国外普遍采用社区健康促进模式，此类模式主要是从个人延伸、扩展到家庭、群体、社区，乃至整个社会，典型的就是拉菲利（Laffery）健康促进模式。其内容是有利于健康的生活品质，包含了生理、心理（精神、心灵）和社会的安适状态等促进工作，目标是使社区居民达到最理想的健康状况。

国内外对于健康促进生活方式评价也有许多研究，主要有拉菲利的健康概念评量表；沃克（Walker）及潘德（Pender）制定的健康促进生活方式评量表（HPLP）及该表的修订版（HPLP-Ⅰ和 HPLP-Ⅱ）。目前，HPLP-Ⅱ在美国、日本等地已被广泛应用，一些研究数据显示该量表具有良好的信度系数。

在国内，健康促进的实践于20世纪80年代起步于城市健康教育工作。20世纪90年代，卫生部开展创建国家卫生城市活动，颁布了《中国城市实现2000年初级卫生保健规划》，极大地推动了城市社区健康教育与健康促进的发展。自此，国内开展了一系列有关健康促进的研究和实践，涉及生活方式、膳食结构、环境卫生、心理状态和身体锻炼等方面，极大地提高了我国民众的体质。作为体质健康研究领域的专有名词，研究一致认为“健康促进”是一个综合性的复杂工程，健康促进模式包含平衡膳食、科学运动、良好心理状态。但目前应用于改善代谢、发展体能的良好膳食模式和身体活动方案可操作性不强，还不能全面解决健康促进的问题。

（二）青少年健康促进研究现状

各国均把青少年视为国家的未来和希望，同时非常重视他们的身心健康发展。我国学校教育的发展战略更是把青少年全面健康成长作为主题，并为此进行了长期不懈的努力。在新形势下，为了更好地关注青少年学生的身心体质健康，教育部、国家体育总局于2006年联合发布了《关于进一步加强学校体育工作，切实提高学生健康素质的意见》的文件，并和共青团中央联合启动了倡导青少年参与的全国亿万学生的“阳光体育运动”。2007年，中共中央、国务院又发布了《关于加强青少年体育 增强青少年体质的意见》，对于促进青少年学生体质健康起到了重要的作用。尽管我国针对青少年体质健康下降采取了上述多种措施，但近20年来，国内青少年体质健康状况连年滑坡仍成为困扰我国学校教育和社会发展的严重问题，并引起全社会的高度关注。

20世纪80年代中期，世界卫生组织在学校健康教育基础上提出了要建立“健康促进学校”，倡导学校及学校所在社区成员共同努力，从各方面提供保障学生健康发展的经验、方式方法等。1995年，我国开始在部分地区进行“健康促进学校”的试点和推广，内容包括开展正式和非正式的健康教育课程，营造安全及健康的学校环境，提供适当的健康服务等。这推动了青少年健康促进工作的研究进展，但由于相关研究还存在不足，健康促进方法实施性不强，流于形式，未能使学生体质健康水平获得应有的收益。青少年体质不断下降已成为世界各国所面临的共同问题，从各国青少年体力活动促进模式的变化可知青少年健康促进的重要性与复杂性，青少年健康促进的研究和实践还需进一步深入。

第二节　青少年体力活动

一、体力活动概述

（一）体力活动的概念

体力是指人体活动付出的力量，而体力活动（Physical Activity，PA）泛指一切与身体动作有关的活动，可以看作比体育锻炼更为宽泛的概念。关于体力活动，被普遍接受的是卡斯帕森（Caspersen）等人所下的定义："任何由骨骼肌收缩引起的导致能量消耗的身体运动。"因此，体力活动可以在基础代谢之上增加能量消耗。

与体力活动的概念不同，卡斯帕森将体育锻炼界定为："有最终和阶段目标的，有计划、有组织的，重复的，以保持和/或提高体适能为目的的体力活动。"由此可见，体育锻炼的范畴小于体力活动的范畴，或者说，体育锻炼从属于体力活动。

（二）体力活动的构成

体力活动由四个参数构成，包括活动频率、活动强度、持续时间和活动种类（见图1－1）。

（1）活动频率是指一定时间内的活动次数。

（2）活动强度指单位时间内活动时能量消耗与静息时能量消耗的比值，通常用代谢当量（MET，梅脱）表示。

（3）持续时间是指个体参与体力活动所用的时间。对儿童与青少年而言，其体力活动持续时间建议为每天至少一小时。

（4）活动种类是指体力活动的形式。其获取方式通常采用体力活动量表、体力活动日志、访谈或直接观察等。目前，大部分学者认为将体力活动分为工

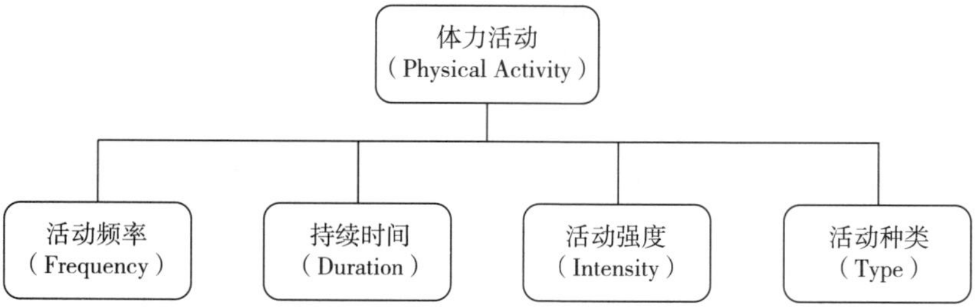

图 1－1　体力活动组成要素

作学习中的体力活动、日常生活中的家务劳动、休闲时间的体育活动及交通中的体力活动四个方面更为合理，即将体力活动分为职业性体力活动、家庭性体力活动、休闲性体力活动和交通性体力活动四种类型。其中，休闲性体力活动可进一步细分为比赛性体育项目、体育锻炼及娱乐活动（如徒步旅行、骑脚踏车）等。

（三）体力活动形式及内容

随着社会的发展，人们的饮食习惯及生活方式发生了很大的变化（见表 1－1）。这些变化集中反映了人们的体力活动随着社会及科技发展而逐渐减少的趋势，随之而来的是人们的健康受到威胁。21 世纪以来，体力活动不足已成为全球第四大死亡风险因素。

表 1－1　饮食习惯及生活方式今昔对比

内　容	以　前	现　在
工作方式	手工化，以体力劳动为主	机械化、自动化，脑力劳动、久坐行为多
娱乐方式	看电影、看电视、打牌、体育锻炼等	看电影、看电视、打牌、体育锻炼、上网、电脑游戏
饮食方式	1. 自然水； 2. 粗粮、豆类； 3. 农家养猪、牛、羊、禽； 4. 天然动植物油； 5. 农家种植蔬菜； 6. 家庭就餐，饮食规律	1. 纯净水、蒸馏水、饮料； 2. 精细面粉、抛光米、豆粉； 3. 大型养殖场（鸡、鸭、猪等）； 4. 精制油； 5. 大型暖房种植（用化肥、农药、特殊添加剂）； 6. 吃得好、营养少；喝酒多，吃饭少；早餐不吃，中午凑合，晚饭撑饱

续表

内 容		以 前	现 在
生活条件	耕作	畜力、人力	机械
	劳作	手工锯、钳	电动工具
	交通	步行、骑马	汽车、火车、飞机
	信息传递	人力、畜力	信息、E-mail
	取暖	柴草	电、天然气
	日常生活	爬楼梯、洗碗（手）、人工扫地、拖地	电梯、洗碗机、吸尘器等
出行方式		自行车、公共汽车、走楼梯、步行等	自行车、公共汽车、走楼梯、步行、轨道（地铁、轻轨）、电动车、小汽车、电梯等

由于生活方式的改变，缺乏体力活动已经成为一种普遍现象，它不仅存在于我国，也存在于其他国家。为预防和解决这个问题，各个国家和地区都提出了相应的策略。

1. 日本

一方面，日本出台一些法令法规（如《体育振兴法》）强制性规定学校体育课时、必修体育项目及全民锻炼日。学校不仅基本上每天都有体育课，并且不论寒冬酷暑，体育课只允许穿短袖T恤和短裤。因此，日本40%以上的学生都能达到每天锻炼两小时的标准，其体育锻炼时间普遍多于中国学生。相比之下，我国教育部于2011年就提出《切实保证中小学生每天一小时校园体育活动的规定》，至今仍不能全面保障及完全执行。另一方面，为保证学生的营养膳食健康与安全，日本出台了《学校营养午餐法》等法规，自上而下全面掀起“一杯奶强壮一个民族”运动，并实行全国统一配餐。

2. 新加坡

在新加坡中小学里，学生的课业负担并不轻，但是为了保障学生们有足够的时间参加体育运动，学校每天下午两点以后都安排了课外活动时间。2014年，300多所学校拥有自己的室内体育馆，为学生顺利参加体育运动创造了更多的物质条件。

3. 加拿大

为鼓励儿童参与更多的体力活动，加拿大政府要求10岁以上的孩子每天至少有60分钟的运动时间，10岁以下的孩子每天至少有30分钟的运动时间。

加拿大政府实行了一系列的退税措施，规定由学校组织的课余活动所花费用可直接用于退税。不仅如此，由家庭成员支付的儿童体育活动费用，凭借活动举办机构出具的税单也可以享受退税。

4. 法国

法国小学将 1/3 的时间用于体育教学，每周的体育活动时间为 8 ~ 9 小时，中学生每周体育活动时间为 5 个小时。

5. 瑞典

瑞典的学生（从小学到大学）参加体育俱乐部的现象非常普遍，60% 以上的学生至少参加 1 ~ 2 个体育俱乐部。与加拿大政府鼓励儿童参与体育运动的退税政策相似，瑞典政府也对青少年参与体育活动的行为给予经济支持。不同的是，瑞典政府更看重青少年参与集体性的体育运动，如只要 5 人一起参加体育活动达一个小时，每人就可获得 17 克朗（约合 15.46 元人民币）的补助。

6. 英国

为全面促进青少年参与体育锻炼，英国政府于 2007 年颁布了《青少年十年规划》。此外，由英国体育理事会成立的志愿者项目——走进体育，也受到学生的普遍肯定与欢迎。

除此以外，其他很多国家和地区也推出了青少年体育运动促进计划，如韩国提出了“小老虎健身计划”；澳洲推出“健康生命的本质在运动”的理念及行动；中国香港将体育列入中学会考。

美国政府及相关机构在青少年体力活动及健康促进方面做出的贡献尤为突出。美国家长普遍注重体育，将体育看作教育不可缺少的一部分，从小培养孩子的“体商”。在美国，有 80% 以上青少年每天参加学校组织的体育课或课外体育活动。而且，在闲暇时间，家长陪伴孩子一起进行体育活动的现象非常普遍。

美国最初提出健康促进计划是源于欧洲的传统教育和体育。20 世纪 70 年代，美国开始在全国范围内制订“国民健康计划”，健康教育随之受到美国社会各界的高度重视。1979 年，美国颁布并实施了《健康公民：卫生总署关于健康促进和疾病预防的报告》，该报告为减少全国性的早逝指明方向。1980 年，颁布《提高健康、预防疾病：健康公民 1990》，指出随后 10 年内要达到的 226 项具体的健康与疾病预防目标。接着，美国又在 1986 年颁布《健康公民 1990 中期回顾》、在 1991 年颁布《促进健康、预防疾病：健康公民 2000》。直至 20 世纪末，美国“健康公民联盟”召开了三次全国性会议来研究与制定

《健康公民2010》规划，整个过程是由美国卫生与公众服务部牵头并收集各个领域相关个人和组织的意见。《健康国民2010》是一个建立在美国最近20年的健康倡议之上的、综合的、全民的健康促进和疾病预防规划。该规划旨在促进健康，预防残疾、早逝和疾病，消除不同群体间的健康差异，这是一个简单但更高层次的目标。

早在20世纪90年代初期，美国相关机构就对体力活动与健康的剂量－效应关系做了深入研究。研究结果表明，一日内应增加30分钟的中等强度活动量，150～400千卡能量消耗，此活动量与3次10分钟、中等强度活动量的能量消耗基本一致。活动方式可在室外开展（上台阶、走路、慢跑、爬山、游泳、骑车等），也可以在室内或庭院内进行。1996年，美国运动医学会、美国国家疾病控制和预防中心曾联合发表声明，鼓励所有美国人每天进行30分钟中等强度活动，同时还提出了促进健康的“体力活动金字塔”（见图1－2），将人们日常进行的体力活动从下至上分为四层。

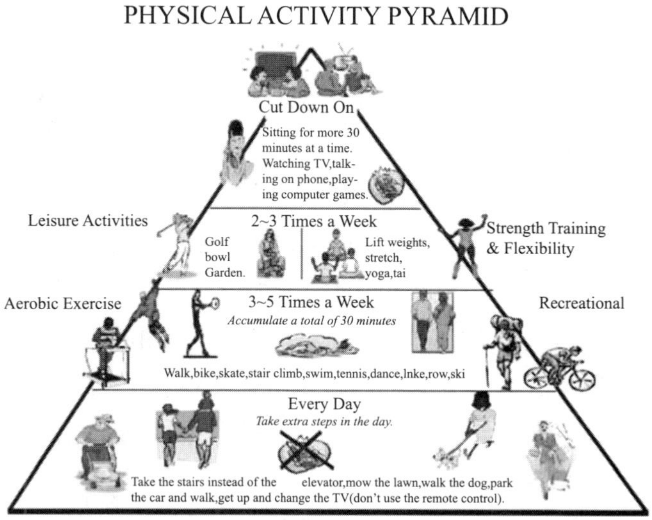

图1－2 美国运动医学会“体力活动金字塔”

资料来源：CORBIN C B，PANGRAZI R P. Physical activity pyramid rebuffs peak experience［J］. ACSM's Health & Fitness Journal，1998，2（1）：12－17.

第一层是日常体力活动，如除草、跑步、遛狗、逛街等。每天进行数次，建议人们尽可能地用步行代替开车、坐电梯等。

第二层包括有氧运动、娱乐活动，每周3～5次，包括跑步机、步行、骑自行车、滑冰、爬楼梯、游泳、打网球、跳舞、户外旅行、滑雪等。

第三层为休闲活动、力量训练和柔韧练习，每周2~3次，包括高尔夫球、保龄球、美式足球、做园艺、举重、伸展练习、瑜伽等。

第四层为静力性活动，包括30分钟以上的看电视、聊天、打电话、玩电子游戏等，建议尽可能地少做。

该“体力活动金字塔”充分体现了体力活动的循序渐进，并以周为单位安排日常活动目标。对于静态生活者，该金字塔建议：第一步的目标是一日内有30分钟日常生活活动；第二步是逐渐增加规律性的娱乐和休闲体力活动；第三步则是要为促进心脏和呼吸系统耐力加入一些有氧运动的内容，如步行、慢跑、体操等，锻炼频率为每周3~5次，并可加上2~3次柔韧和力量性练习，包括定期开发新的体力活动形式，尽量不要处于静态生活的塔尖上。健身活动的主要原则有：以有氧运动为主，每周3~5次，建议每天1次，每次持续30~60分钟，强度约50% VO_2max（40%~85% VO_2max）。根据年龄及身体情况，每次体力活动的能量消耗为240~300千卡，然后保持一定的活动量和强度。

1999年，美国佐治亚大学在美国运动医学会提出的“体力活动金字塔”的基础上进行了修改，提出了“体力活动金字塔”修订版(见图1－3)。

该金字塔也将体力活动分为四层，但两金字塔第二、第三层的内容差别较大。从下向上，“体力活动金字塔”修订版的具体内容为：

第一层：为日常的体力活动，一周可以进行数次，累加起来每天在30分钟以上，包括步行、做园艺、遛狗、打扫卫生、洗车、陪小孩玩耍等。这与美国运动医学会提出的“体力活动金字塔”第一层基本相同。

第二层：除保留由美国运动医学会提出的“体力活动金字塔”的第二层内容，还将第三层的力量、柔韧性训练也纳入第二层，形成有氧运动、娱乐活动、力量练习等。其中，有氧运动每周3~5天，每次20~60分钟，如跑步、骑自行车、滑冰、滑雪、爬楼梯等。柔韧练习每周进行2~3天，每个动作要求保持10~30秒。力量训练每周进行2~3天，每组动作重复8~12次，主要包括肱二头肌练习、深蹲、弓箭步练习、俯卧撑等。

第三层：仅涉及休闲活动，如打高尔夫、打保龄球、打棒球、踢足球、跳舞、瑜伽等。要求每周有2~3天进行练习。

第四层为静力性活动，要尽量少做，如玩电脑游戏、看电视等。

随着国外体力活动研究的深入开展，一系列的研究成果逐渐问世。这些研

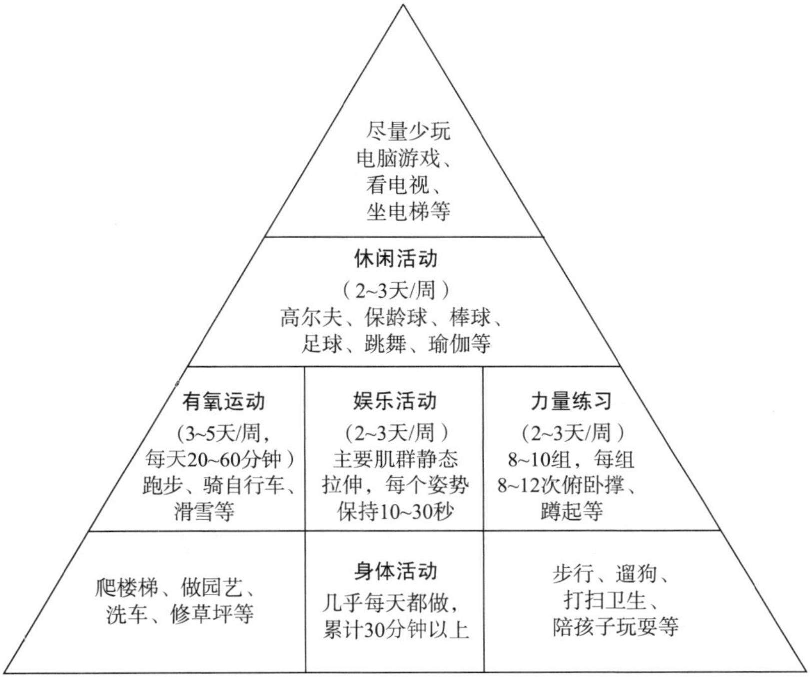

图 1－3　美国佐治亚大学“体力活动金字塔”

究成果的产生与推广，对国内相关机构及学者起到了很好的借鉴与指导作用。2004 年，台湾成功大学医学中心提出新的“体力活动金字塔”（见图 1－4）。该金字塔共分为五层，具体如下：

第一层为日常体力活动，每天数次，强度适中，主要有走路、爬楼梯、做园艺、做家务、上下班等，每项活动累计时间要达到 30 分钟。

第二层为柔韧练习，推荐每周 5～7 天，时间为 20 分钟以上，包括柔软体操、拉筋动作、瑜伽、八段锦等。

第三层为有氧运动和休闲运动，推荐每周 3～5 天，中等到高等强度，时间在 20 分钟以上，包括有氧舞蹈、慢跑、骑单车、游泳、登山、桌球、网球、篮球、垒球、高尔夫球等。

第四层为力量训练（肌肉适能运动），高等强度，建议每周 2～3 天，每天 1～3 组，每组重复 8～12 次，包括重量训练、仰卧起坐、弹力棒、拉力带等。

第五层为静态活动（静力性活动），尽量缩短静力性活动，每次持续的时间不要超过一小时。

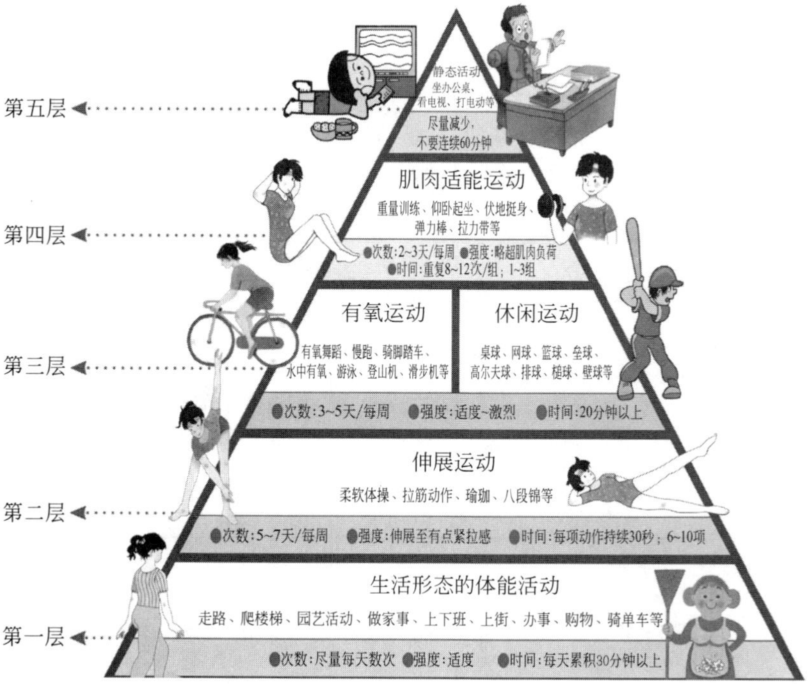

图 1－4　台湾成功大学“体力活动金字塔”

资料来源：曹建民.“运动金字塔”最推崇做家务［J］. 家庭保健，2011（13）：14.

综上所述，体力活动的分层大致可以概括为：第一层要天天做；第二层要多做些；第三层要适量做；第四层要做最少（看电视、玩电子游戏时间一次不超过 30 分钟）。

（四）体力活动量及强度的判定

在实验室如何精确地判定不同体力活动的运动强度呢？我们可以采用以下常见标准对运动强度进行判定（见表 1－2）。

表 1－2　体力活动强度判定标准

参 数	低强度	中强度	高强度
METs（ml/kg/min）	<3.0	3.0～6.0	>6.0
热卡（kal/min）	<3.5	3.5～7.0	>7.0
最大摄氧量（ml/kg/min）	≤50%	50%～60%	60%～80%

注：* MET 是 Metabolic Equivalent of Energy 的缩写，中文音译为“梅脱”，为代谢当量，是指运动时代谢率对安静时代谢率的倍数，1 梅脱是指每千克体重从事 1 分钟活动消耗 3.5 毫升的氧，其活动强度相当于健康成人安静久坐时的代谢水平。

以步行为例，不同强度步行消耗的能量大约是多少呢？我们可以从表1－3中得到一些信息。

表1－3 步行消耗的能量

单位：卡

体力活动	强度分类	以63.5千克体重为例			
		每分钟耗能	每10分钟耗能	每30分钟耗能	每60分钟耗能
1.6千米/30分钟	低	2.8	28	94	168
1.6千米/20分钟	中	3.7	37	111	222
1.6千米/15分钟	中	5.6	56	168	336
1.6千米/12分钟	高	9	90	270	540

在日常生活中，按照活动强度的大小，通常将体力活动大致分为低强度、中等强度和高强度三种。不同负荷的体力活动，尤其是体育运动对机体的影响效果不一样（见表1－4）。从表1－4中可以看出，如果想达到有益健康的效果，每天应该进行至少10分钟、低强度以上的体育运动。当每周进行至少三次运动负荷在中等到高强度、时间持续20分钟以上的体育运动时，会有助于身体素质的提高。青少年朋友可以按照表1－4的推荐，根据需要选择适合自己的运动强度、持续时间和运动频率。

表1－4 不同运动负荷的体育运动对机体的影响

运动负荷	有益健康	促进健康	增强身体素质	体育训练
强度	低到中等强度	中等强度	中等到高强度	极高强度
时间	10分钟或更长	30分钟或更长	20分钟或更长	持续时间和运动频率根据个人身体素质状况而定
频率	一天几次，每天进行	每天一次30分钟，或多次累计30分钟	每周三次	

通过表1－4我们可以得到启发：如果想提高心肺机能和耐力，那么进行一些高强度或者很高强度的运动非常有必要。如果目标是减重，那么每天进行超过30分钟中等强度的体力活动很重要。

为了便于青少年朋友对自己所从事的体力活动有更深的认识，我们对不同强度的体力活动进行分类（见表1－5）。

表 1-5　不同强度的体力活动

体力活动	中等强度	高强度
园丁工作	刈草（推）、耙地、除草	铲、搬中等重量的物品
家务劳动	擦窗户、吸尘	搬家具、铲雪
休闲活动	舞厅跳舞、湖边钓鱼（站姿）	通俗舞蹈、徒步旅行
职业劳动	工作中轻快步行	使用重型工具、消防、装卸卡车、搬砖
运动	打乒乓球、高尔夫（不乘车）、玩飞盘	跳绳、打篮球、跑步、打回力球、打羽毛球
步行	1.6 千米/15 ~ 20 分钟	爬楼梯、爬山

另外，我们还可以采用下列方法对运动强度进行判定（见表 1-6）。

表 1-6　体力活动强度判断方法

判断方法	低强度体力活动	中等强度体力活动	高强度体力活动
评分法	最轻的体力活动，如坐为 0 分	5 ~ 6 分	7 ~ 8 分
讲话法	能讲话，能唱歌	能讲话，不能唱歌	只能说短语，不能讲长话
心率法	目标心率达到本人最大心率的 35% ~ 50%	目标心率达到本人最大心率的 50% ~ 70%	目标心率达到本人最大心率的 70% ~ 85%
主观法（RPE*）	12 以下	12 ~ 14	14 以上

注：* 最大心率 = 207 - 0.7 × 年龄；* RPE 指博格主观费力程度量表，它与心率的关系非常密切，用 RPE 评分乘以 10 即为心率，如中等强度体力活动时的心率为 10 × 12 ~ 10 × 14 次/分 = 120 ~ 140 次/分。

中等强度体力活动（3 ~ 6 梅脱）需要付出中等程度的努力，并有明显心律加快等现象。中等强度锻炼的例子包括：快走、跳舞、园艺、家务、传统打猎、聚会、与儿童一起积极参与游戏和体育运动、带宠物散步、一般的建筑工匠工作（如铺瓦、葺茅草屋顶、刷油漆）、搬运中等重量的物品（< 20千克）。

高强度体力活动（> 6 梅脱）是指需要大量努力，并伴随呼吸急促和心律显著加快等现象的活动。高强度的锻炼活动包括：跑步、快速上坡行走/爬山、快速骑自行车、有氧运动、快速游泳、竞技体育运动和游戏（如传统运动、足球、排球、曲棍球、篮球）、用力铲挖或挖沟、搬运沉重物品（> 20 千克）。

按活动目的与效果，体力活动可分为整体体力活动、肌肉强化活动及骨骼强化活动三大类。其中，整体体力活动是指全身参与、全身协调性活动，如足球、跳绳、篮球、游泳等。肌肉强化活动是指以某些部位肌肉活动为主的活动，如仰卧起坐、举哑铃、耕地、割草等。骨骼强化活动包括跑步、徒步旅行等。

二、青少年体力活动研究现状

体力活动可分为四种，即职业的、家庭的、休闲的和交通的。而休闲的体力活动又可分为小型竞赛类、体育娱乐活动和体育锻炼三种。

以美国为代表的世界发达国家早在20世纪70年代中期就针对青少年体力活动展开了探讨，并取得了很多重要成果。但是，从具有专业性且有资质的组织提出青少年体力活动准则距今，只有十多年时间。在这十多年里，国内的专家学者们通过吸收借鉴国外优秀成果，在青少年体力活动的相关领域进行研究后，终于有了诸多关于体力活动对青少年身体健康影响的科研报道，主要涉及骨骼健康、肌肉力量、心肺健康、代谢健康及心理健康等方面。当前，青少年的体力活动水平参差不齐，存在明显的个体和性别差异，另外，体力活动的水平随着年龄的增长也在不断下降。

（一）国内青少年体力活动研究现状

1. 青少年体力活动与健康关系的研究

青少年的体力活动与心肺健康之间确实存在关系，而且无论在青春期前，还是在青春期中，通过体育锻炼都能促进其心肺健康，耐力训练可以使最大摄氧量提高5%～15%。而目前，可能由于大部分研究中采用的体力活动量过小，因此关于普通青少年人群体力活动对脂肪量或疾病风险状况有益的研究数据很少。为了预防皮下及内脏脂肪增多，青少年可能需要每周进行300分钟以上中等强度到高强度的体力活动。曾有一项研究让青少年按照这个运动剂量执行，结果研究对象的脂肪量减少，但是其疾病风险因素并未明显改变。这说明要想清楚地观察脂肪量与疾病风险因素之间的关系，需要青少年维持几年以上的正常体脂水平才可以。另有研究表明，青少年每天保持至少一小时中等强度到高强度体力活动可以帮助其降低患心血管疾病和Ⅱ型糖尿病的风险，体力活动的运动量或强度越大收益越大。所需改善的健康因素不同，改善健康的体力活动类型和运动量也就不同。不同体质青少年改善身体健康所需最小或最佳的体力活动剂量目前还没有定论。

2. 城市蔓延对青少年体力活动影响的研究

从现有研究来看，虽然城市环境与青少年体力活动关系的研究所采用的研究方法有很多，研究结果也不尽相同，但总体都是基于环境行为学理论模型，探讨城市环境感知对青少年体力活动的影响。何晓龙等人认为城市蔓延对青少年体力活动影响的研究是在城市环境与青少年体力活动关系研究基础上的新起点。文章通过对国内外有关城市蔓延定量测度、城市蔓延与青少年体力活动关系的研究文献进行归纳与分析，对影响青少年体力活动的地理信息指标进行系统分类，结果发现：城市蔓延中的许多不合理的城市环境变迁会不同程度地影响青少年体力活动。城市蔓延主要是从就业分布、土地开发密度、土地利用特征、城市扩张形态、道路布局、空间通达性、步行可及性及景观格局这八类地理特征对青少年的体力活动产生影响。

3. 社会生态学模型与青少年体力活动的关系的研究

苏传令曾对国外社会生态学模型的概念与结构进行解释，同时还就二者之间的关系进行了论述。社会生态学模型多水平影响因素由政策、组织水平、人际间水平、社区水平和个体内在水平构成。国内有关社会生态学模型的研究不多。其中，洪茯园曾简要介绍了社会生态模型的概念，并以上海部分学校青少年为调查对象，探讨了影响青少年体力活动的因素，主要涉及环境、社会支持、家庭和自我效能对青少年体力活动的影响。赵苏喆简要介绍了生态模型应用与身体锻炼行为的研究述评。李小英等介绍了生态模型的理论背景及其在锻炼心理学中的应用，并介绍了该模型在我国的应用前景。源于青少年体质水平不断下降的趋势，以及社会生态模型自身具备的强大优势，国内将会有更多研究将社会生态模型应用于青少年体力活动的干预，不断通过实证探究继续完善和丰富该理论。

（二）国外青少年体力活动研究现状

国外对于青少年体力活动的研究相对国内要早一些。最早的体力活动指南是由美国运动医学协会（ACSM）在 1975 年提出的 3 ~5 天/周，20 ~45 分钟/天，70% ~90% HRmax 的分级运动测试与运动处方指南。为提高青少年参与体力活动的积极性，1988 年 ACSM 又推出了儿童青少年体力活动指南，建议儿童青少年每天至少要参加 30 分钟的高强度体力活动。该指南随后成为其他国家制定体力活动指南的参考借鉴。日本、澳大利亚、加拿大等国家都先后根据自身国情提出相应的活动指南。由于青少年并不是成年人的缩影，有其自身生理特点，因此青少年体质与体力活动存在个体差异。1998 年英国健康教育权威机构提出青少年每天应该完成 60 分钟以上中等强度的体力活动，平时不爱活动的人也应该至少完成30分钟中等强度的体力活动，为了保证青少年骨骼健康、柔韧与力量的维持与发展，每周应有目的地进行两次与柔韧力量有关的锻炼。原有的活动指南，随着青少年体力活动与健康关系的研究证据增加，在近20年内不断更新。2008年，美国建议儿童和青少年每天从事至少60分钟中等强度以上的体力活动。

国外关于体力活动的评价已形成了一些经典问卷，包括体力活动记录（Bouchard Three－day Physical Activity Record）、调整的活动问卷（Modified Activity Questionnaire，MAQ）、调整的青少年活动问卷（Modified Activity Questionnaire for Adolescents，MAQA）、7天体力活动回顾（7－day Physical Activity Recall）、国家儿童和年轻人体质调查问卷（National Children and Youth Fitness Study Ⅰ and Ⅱ，NCYFS Ⅲ）、年轻人危险行为调查（Youth Risk Behavior Survey，YRBS）等。这些问卷在研究体力活动与健康之间的关系及评价青少年体力活动水平方面发挥了很大的作用。为了促进青少年健康成长，许多组织机构纷纷致力于体力活动测量方法和健康促进指南的研究。从各国青少年体力活动促进模式的变化可知青少年健康促进的重要性与复杂性，并就应区别对待青少年运动模式与成年人运动模式这一点上已达成共识。过去我们常用成年人推荐的体力活动方案去规范或度量青少年的活动量，研究证明这样的做法是不科学的。各国在青少年体质测评方法和概念的认知上仍存在差异：青少年体力活动的强度分类、青少年体力活动测量方法的选择；各年龄段青少年体力活动推荐方案是否存在不同的阈值；根据不同的性别、不同的年龄段和不同的生长时期，尤其是青春期前后青少年生长发育特点和体质来制订适宜的运动处方，以及如何推荐适宜的锻炼项目与进行科学的身体活动的运动处方；建立不同性别与年龄的健身评价标准。这些问题的解决都将成为推动青少年健康促进的重要环节。

国外关于青少年与体力活动的关系研究较多，涉及政策、社区、学校、人际支持以及心理因素对青少年体力活动参与的影响。一是个体水平。前期传统的身体活动理论主要围绕着自我效能、乐趣、可感知障碍、动机、信念、态度等变量进行。增加体力活动的乐趣不仅会直接导致体力活动的增加，还可能通过影响自我效能间接影响体力活动。影响人们参与体力活动的障碍有许多，收入、缺少时间、不感兴趣、难以自律都是影响参与体力活动的因素。二是人际间水平。人际关系、社会支持和社会相互作用是影响青少年体力活动参与的重要因素之一。已有研究检验了朋友和父母的支持对于青少年体力活动的重要性。家庭支持是青少年获得支持的一个重要来源，而同伴的支持也是青少年体力活动获得社会支持的重要来源。研究结果显示：青少年参与体力活动与朋友的支持之间显著性相关。影响青少年参与体力活动最大的社会支持来源，就是朋友，而最具有影响力的支持类型是观看他们参与体力活动。三是社区水平。社区设计也能够影响青少年的体力活动水平。在便利性较低的社区里，青少年更可能在家里进行体力活动。四是组织水平。学校被认为是通过体力活动促进青少年健康的最合理环境。大量研究证实，青少年的体力活动是在学校里通过体育课发生的。然而，即使最好的体育课项目也不能提供足够的活动以达到健康指南的标准。除了体育课，学生仍有大量的机会参与体力活动。因此除体育课之外的体力活动的增加，如充分利用课间时间进行活动，有助于促进青少年达到体力活动的标准。最后一项是政策。政策是社会生态学模型最远端的水平，它对青少年体力活动的影响作用远大于近端水平上的变量或因素的作用。

第三节　新媒体与健康促进

一、新媒体概述

新媒体是新的技术支撑体系下出现的媒体形态，手机短信、触摸媒体、数字广播、数字电视、数字电影、数字杂志、数字报纸、网络、移动电视、桌面视窗等都是其表现形式。相对于报刊、户外、广播、电视四大传统意义上的媒体，新媒体被形象地称为“第五媒体”。

（一）国外起源

“新媒体”（New Media）一词，最早于 1967 年出现在美国 CBS 技术研究所所长、NTSC 电视制式发明人皮·戈尔德马克（P. Goldmark）的一份关于开发电子录像的商品计划中，随后经美国传播政策总统特别委员会主席伊·罗斯托（E. Rostow）多次使用而得以存留与传播。美国的一家杂志认为“新媒体”指的是所有能够向其他任何人传播的媒体形式。单从新媒体本身词义来看，其与传统媒体（电视、广播、报纸、杂志等）相对立，新媒体指的是建立在计算机信息处理技术上的媒体形态，包括当前的互联网、智能手机、卫星、新浪、微博等传播载体。

随着时代的发展，国外对新媒体的理解更多着眼于如何创造新的媒体形态和改变人们工作和生活的方式，而不是已经有的媒体形态。美国 Softway Solutions 公司技术主管认为，新媒体不限于目前已有的媒体形态，更在于通过寻找新的形式和途径，用以前没有的方式传达信息，并且针对特定的用户找到一种解决方案。因此，针对新媒体，他们强调：一是新媒体形式新颖，因此在设计产品时应特别注重研究设计出新的形式，做到精准的定位；二是内容的设计应与传统设计不同，要想办法推送给客户，让客户有更好的体验；三是对于新的作品，其着重点不仅在于艺术领域的设计，更重要的在于营销；四是未来关注的视角应该聚焦到会出现什么样的新媒体，开发要具有预测性和前瞻性。

（二）国内起源

我国使用“媒介”一词始于唐朝，当时指的是联系事物与人，使其能够相互作用。这与今天的含义不同。

当前，国内对新媒体的理解大致有三种倾向。第一种从时间维度理解新媒体，认为新媒体永远是一个相对的概念，是一个不断发展的概念。相对于报刊，广播是新媒体；相对于广播，电视是新媒体；相对于报刊、广播和电视，网站、手机等是新媒体。第二种比较流行的定义是从传播技术的角度对新媒体进行界定，认为所谓的新媒体就是利用数字技术、网络技术，通过互联网、卫星等渠道，以及计算机、手机、数字电视机等终端，向用户提供各种所需信息和娱乐服务的传播形态。新媒体是信息科技与媒体产品紧密结合的产物，是媒体传播市场发展的趋势和方向。另一种对新媒体的定义则是从新媒体的具体特征出发进行界定，认为“新媒体”是“数字化互动式媒体”的通俗化说法，“数字化”“互动性”是新媒体的根本特征。

虽然当前人们从各自的角度出发，对新媒体的认识各有侧重，关于新媒体的概念还未达成共识，但其中不乏共同点。其一，新媒体是一个相对的概念；其二，目前的新媒体主要指基于信息传播技术所形成的媒介形态及其社会关系；其三，当前新媒体的主要特征为数字化、分众化及互动性。从新媒体传播的基本内涵便可看出，新媒体的基础为数字化信息技术，凭借互联网、计算机为终端，能够摒除传统媒体传播方式上的弊端，目的是为了提供海量的资源信息给广大的使用者。单从这一点就可肯定，新媒体传播方式的诞生与网络技术的出现和发展有紧密联系。随着网络信息技术的迅猛发展，新媒体传播方式也逐渐出现多元化的趋势，同时也蔓延到全球范畴，并且随着蓝海、全球化3.0等新兴概念的迸发，使得数字电视、数字报纸、手机杂志、互联网及触摸媒体等先进事物融入人们正常的生产生活，使之发生巨大变化。

常见的互联网公众服务业务有论坛、网站、邮件、博客、搜索引擎、即时通讯、电子商务、短信、微博、数字电视、数字报纸、微信、互联网电视等，而所有业务形态都呈现出承载于互联网之上的趋势（Everything over IP）。整体而言，这些应用同时具备两大基本特征：首先这些应用是基于个人通信而存在与发展的；其次是信息服务业务。当两者之间的交流演变成小众群体分享时，传播所具有的特征就出现了，并且当这种局部的现象进化成为公众共享时，一种新媒体形态可能就诞生了。因此可以断定的是，新媒体依赖于互联网而产生，随个人通信的信息服务业务发展而壮大。随着技术平台的不断提升，媒介交流的速度、种类和便利性不断提高。需要注意的是，每一次重大科技进步出现后，媒体形态也会随之不断发展变化，永无止境。

二、新媒体的特征

新媒体采用比较先进的传播手段，使其能够提供更加个性化的服务，人们利用新媒体可以平等地交流。从宏观上而言，新媒体主要在技术特征与传播特征等方面与传统媒体存在区别。

（一）新媒体的技术特征

1. 数字化

数字化是新媒体最基础的特征。以典型的网络媒介为例，在互联网上，文字、声音、图像、视频等信息，一般都是通过“1”与“0”组合成各种数字信号，通过这样的转换可使信息具有统一的形式。无论是复制信息，还是传送信息都因为使用数字技术而显得比较简单，同时也使信息转化比较快捷。其引起的信息传输与加工具有重要意义，在很大程度上推动了媒介的融合。传播媒介形式已经在很大程度上受到数字式语言的影响。正是因为这种统一的语言，使得传播领域逐渐融合。

2. 扁平化

新媒体环境下各个物体是“扁平化”的，也就是说不同的事物所起的作用是一样的。在这种形式的信息面前，没有信息中心的存在，当然偏远的信息收集者也是不存在的，这和传统的层级体系相比具有较大优势。无论是发布信息，还是接受信息，不同地区的人们都有相同的机会。在这种环境中，很多人都能够寻找到在生意上的合作对象，按照相同的规则进行自由地合作与竞争，人们合作与竞争的领域也因为新媒体的出现而扩大。

3. 两极化

现有社会的新媒体，呈现出越来越小的体积，但是却逐渐发展为大的规模。如果研究计算机的发展历史，就会发现计算机的大小是逐渐减小的，从刚开始有两层楼那么高，需要人进入其身体内部才能操作到当前的掌上电脑，体积缩小了很多倍。集成电路上的晶体管数目每一年半就能够提高一倍，也就是说，每个晶体管的体积降低了一半，但同时性能也提升一倍。当价格不变时，一块芯片就可能含有功能强大的晶体管，这就是互联网终端体积变小的主要原因。与终端的体积相比，其运行规模呈现出相反的趋势。在互联网刚刚出现的时候，只有四个节点，然而现在全球互联网使用者远远超过这个数目，互联网已经基本覆盖了世界上的各个角落。

4. 集成化

新媒体终端逐渐向集成化的方向发展，这主要体现在其功能上。现有的媒体除了能够高质量迅速地转换传播的信息和输入文字，还具有其他延伸的功能，如使用计算机进行娱乐、办公，甚至玩游戏。将很多功能同时放在某个终端上是为了方便人们生活的需要。现在传统的计算机上不仅出现了这种趋势，移动终端也正在向这个方向发展。

5. 开放性

无论是从技术层面上来讲，还是在人类社会交往的过程中，新媒体都具有开放性的特点。

（二）新媒体的传播特征

新媒体创造了一个与众不同的传播工具，同时构建了一个与人类生存状态相关的虚拟空间。它与传统传播方式的不同之处主要有以下五点。

1. 高度交互性

点对面、一对多是传统媒体进行传播的主要应用模式。在这样的传播模式下，传播者和接受者之间以及接受者彼此之间存在的相互交流与合作不多。新媒体的传播模式则是点对点与一对一，传播者和接受者之间以及接受者彼此之间存在的关系是广泛的、自由的，是互相交流与合作的关系。虚拟性、自由性以及不确定性是虚拟社区中人与人交往之间所具有的特点。它与现实社会中所具有的一些特征不同，它的交流与互动不以自我为中心，而是与周围的人进行。他们所在的位置不一样，但是享受的机会都是一样的。在信息的形成过程中也体现出其交互性，那就是信息的形成不是单方面的，而是多方进行合作形成的。并且这些合作存在于不认识的人之间，大家不知道对方的名字，非面对面的交流使得在表达看法与情感的时候更加地自由与灵活。新媒体在交互方面使得人和人之间的交流和合作比传统意义上的面对面交流更为亲切。新媒体时代的传播是以互联网技术为支持进行，是双向的，并且是通过媒体的使用来实现的。我们也可以通过手机、计算机及各种移动的媒体播放器来实现新型的人际传播方式。它比传统传播方式进步的地方在于：其发出去的信息能够实现永久性保存及信息查询。就双向性而言更强了，在信息的反馈上更为及时、互动性更高，它是一切参与者的交融与会合，具有更强的针对性及更高的信息密度，这是传统的传播方式所不具备的。

2. 自主参与性

在传统的媒体传播模式上，“把关人”就是传播者，传播者处于一个主导性地位，受众基本没有选择的机会。后来新媒体逐渐形成，一种全新的信息传播格局也随之出现了，其传播方式是从传播者到接受者，或者说是从信息的发出媒体到信息的消费对象，人人都有可能是媒体。把 Web2.0 作为个人展现的中心，把自己制作的网页作为一个节点，这对于用户来说，其价值观与个性化都不容易受到其他方面的影响。

把 Web2.0 作为自己的中心，每一个个体既是信息的传播者也是信息的接受者，这方面上的变化是巨大的。这也体现了 Web2.0 的意义所在，也就是要形成一个一切都包含于其中的网络世界，即“人”这样一个维度一定要出现在信息的形成、获得、组织和展现之中。在这样一个新的媒体中，不但每一个个体都是传播者与接受者，而且每一个个体都有充分的话语权，可以自由表达自己的看法。他们的地位不再是被动的，他们是新媒体的使用者。他们使用新媒体接收信息的形式是非被动的，是与个人相关的，并且信息接受者的积极性与主动性得到了很大的增强。很多人通过新媒体的使用在互联网上积极参与各类话题的分析与讨论，使得社会的舆论以一种新的形式出现。就像比尔·盖茨（Bill Gates）所说的：远程计算机的应用与发展的最终目的并不是为了社会文化的发展，而是为了促进个体的发展，使得他们的主动性增强。远程计算机成功替代了以前的主奴结构，远程计算机所应用的是一个具有互动性的结构，这个结构也是以前存在的结构所不具备的。

3. 共享全球化

时间与空间的差距因为当今信息技术的高速发展而消失了，所以思想可以通过网络世界自由地、毫无限制地散播到世界各地。在网络上，有数目巨大的没有性别、肤色、种族及国籍之分的人在进行交流，这样一个交流工具使得大家就像在一个村子里面进行交流那么简单，其带来的改变是巨大的。这是印刷机出现以后人类所出现的最大改变，互联网破坏了时间与空间，使得他们之间的距离变为零。这样一种新媒体它的接受者是来自世界各地的，具有全球性，在世界任何一个角落散布的任何一种观点，一旦上了互联网，就可能引起全世界人们的关注。

4. 受众个性化

生活在一个数字化的大环境中，我们不用再去看那些别人认为是新闻的新闻，而是可以根据自己的兴趣爱好来选择新闻，这体现出在新闻选择上的一个全新模式。没有登出来的文章现在可以根据自己的需要来使用。我们以后可以掌握世界上的每一种报纸每一则新闻，然后把掌握在手中的资料组合成一种适合不同人需要的报纸，这种报纸是独一无二的。信息的接受者可以通过各种工具的使用来获得其所需要的信息，还可以根据自己的情况对信息的接收时间、地点及方式做一个设置，信息传播者还可以依据用户的实际需要为其提供个性化的服务。信息的接收者不用再被动地接收已经编制好的一切信息，而是进行自由选择。博客、播客的出现是个性化的最好体现，在一个信息泛滥的时代，大众媒体的信息覆盖面有的变大了，有的变小了。在这个特殊的时代，传播的接收者往往是单一的，一切商品都可以通过订购而获得，此时的信息是极具个性化的。很多人都觉得信息的个性化体现了窄播，其信息的接收者范围越来越小，最后变得只剩一个人。这种个体只有一个，当他融入信息之中后就会难以忍受自己的这种独一性的消失。

5. 传播方式多元化

新媒体的产生及其迅速发展使得以前的媒体信息容易受到很多局限的情况改变了。信息之间的传播、交流、共享可以更加自由与灵活，以往传播媒体所具有的地域局限性也逐渐减弱以致不复存在了，信息的传播范围已经实现我们认知的最大化，它可以及时传播到世界的各个角落。无论何时何地以何形式我们都可以通过使用媒体这一工具而使信息交流变得畅通无阻，所以现在这个时代信息在时间与空间上的传播极具开放性，能够最大限度地实现所有区域之间的信息覆盖。网络空间极大地开放，使得各种信息的存储量大幅度提高，甚至可以囊括来自世界各个角落的千奇百怪的信息，这种信息交流方式与国界无关，与种族无关，并且十分丰富、方便、快速。随着使用互联网的人越来越多，交流信息的种类与内容也随之增多，并且也越来越复杂。因为网络信息的高度开放性，所以信息呈现出多种价值观共存的现象，并形成一个典型的范式——超适用性。超适用性就是把超媒体文献与互动性进行一个结合，以创造出一个聪明的，具有娱乐性、环球性及较强适用性的信息空间。任何一个个体在这样一个空间内不仅可以娱乐，还可以学习，不仅有话可说，而且有话能说。

新媒体的传播具有两个非常鲜明的发展特征：一是具有新型传播方式；二是具有新型传播技术。从传播方式来看，新媒体传播改传统单向传播方式为双向传播方式，进而形成了一种交互式的发展模式，整个传播过程能够及时收集信息、反馈消息、掌握受众群体动态，使得媒体传播具有个性化很强的交互性特征。从传播技术层面看，无线技术的出现、进步与应用使得整个媒体传播能够更迅速地进行，这使其具有很强的时效性，并很好地融合了互联网与通信网，挣脱了传统媒体传播技术差的约束。总体而言，相对于传统媒体传播手段，新媒体传播手段更适合于迅速发展的信息时代，也更能满足受众群体的需求，同时也是传统媒体发展到一定时期的必然趋势。

三、新媒体技术在健康促进中的应用形式

2014 年是我国大陆全功能接入国际互联网 20 周年，用户在数量、市场规模、技术条件等方面高速量化积累。在此基础上，网络发展进入质变的飞跃时代，青少年一代快速成为新媒体使用群体。有报告显示，当前微博已成为青少年了解最新社会动向的重要窗口。截止到 2015 年 6 月底，微博共计有超过 5200 万名青少年用户。2015 年上半年，除晚上睡眠时间外，青少年用户的登录时段没有明显的峰值和谷值，显示青少年用户已进入全天候网上使用状态。这为青少年吸收更多新颖的海内外体育活动项目创造了物质条件。

同时，新媒体以其突出的技术优势，实现交互性与即时性、海量性与共享性、多媒体与超文本、个性化与社群化等，为体育传播带来更加多元化的传播

方式和更迅速、更便捷、更大量的体育信息传递与服务，有力地促进了包括课外体育在内的体育项目的传播和推广，使得青少年的思维不再局限于游泳、跑步、球类运动、健美操等常规运动健身项目。

（一）互联网

互联网能够有针对性地根据青少年的需求来进行健身指导服务，从而满足青少年多方面的健身需求。1998 年，卡塞尔（Cassell MM）等就提出建立基于互联网的健康交流方式，以促进大众身体健康。2006 年，Long JD 等人利用网络来预防青少年糖尿病的实验结果证明：脂肪消耗有显著变化，水果蔬菜的摄入量无显著变化，青少年对基于互联网的营养干预教育感到满意。2007 年，Mangunkusumo RT 等人通过互联网提供其制订的建议和咨询服务，来提高儿童摄入的水果、蔬菜总量。他研究调查后认为该干预措施对儿童了解认识他们应摄入的水果蔬菜量能够起到积极诱导的作用，所以为了引导他们摄入生长发育所必需的蔬菜水果，应该进行更加全面的干预。2008 年，基德（Kidd T.）等人对由美国堪萨斯州立大学等机构构建的为解决青少年肥胖问题的网站——KNACK Online 进行了评价，调查结果显示该网站的实用性、易用性、信息价值、链接资源和整体满意度被八成或以上的人认为是好的或是非常好的。他们计划继续试行该网站，并将它作为堪萨斯州指定社区的干预工具。由此可见，国外的学者已经将互联网作为一种干预青少年饮食和运动的工具，并结合学校教师及家长的配合指导，从而达到增强青少年体质的目的。

在中国，早期的研究主要对网络与体育信息的结合进行探讨。随着网络信息技术的快速发展，学者们的研究也随之逐步深入网络与体育运动各方面的结合。例如 2001 年，熊斗寅就设想未来可以为每一个在网上咨询的网民提供其个性化的健身运动处方及保健常识和保健药物的介绍，同时还可以介绍各种有效的锻炼方法，此外还有社会指导员的网上培养考核计划和健身俱乐部网络发展的设想。在进行大量的理论性研究后，网络与体质相结合的开发研制工作也逐步开展。刘伟在其硕士学位论文中提出，面向国民体质服务体系应达到“三层管理，‘两网（Internet 和体质监测网络）’结合，一步到位”，指出其基本结构为三层组织、六类系统。作为完成服务功能的基本单位，国民体质服务网络体系操作系统又可划分为互相关联的五个子系统（体质监测与评价体系、体质信息服务系统、健身训练系统、人力资源开发系统、市场开发与经营系统）。刘翠鲜、陈佩杰应用 B/S（Browser/Server）三层模式，采用 ASP 技术，结合 Microsoft SQL Server 2000 数据库构建了体质在线测评系统，该系统能够将体质测评任务转移到计算机网络中的服务器上。管理员根据国民体质监测结果可以对体质评价标准进行实时修改，市民用户在家即可通过网络平台完成体质测评，以及接受后续的科学健身指导。燕国栋在其硕士学位论文中构建了一个包含健康咨询、健身指导、在线信息交流等子系统在内的全民健身网络指导系统。随后沈焯领通过对当前健身网络平台的发展现状进行较为全面的总结分析并指出不足后，提出健身网络平台应建立视频互动平台、视频运动创伤 SOS 平台及在线论坛信息交流平台，为推动用户身体健康更好地服务。

网络在传播健身信息和健身指导服务中有着明显的优势，主要表现在以下几点：首先，可传播的信息量大、速度快。其次，最新最全的健身信息和指导服务均能在网上得到及时反映。再次，传播手法多样。网络传播的优点在于它不仅能够集成传统媒体传播手段的所有优势，在传播过程中还可以把文字、声音、图像等融为一体，从而将以往各种传统传播手段整合，进而满足青少年群体对健身指导方面的特定需要。健身指导专家与青少年群体在网络上可以实现交流和互动。具体来看，主要有以下三种类型。

1. 网站类

该类网站主要致力于国内青少年体育运动的推广和普及，传播健康的体育文化，积极引导青少年较早养成良好的锻炼习惯和健康的生活方式，使广大青少年形成热爱体育、崇尚运动、积极向上的良好生活习惯。网站可以划分为信息网站、多媒体网络教学课件、体质动态跟踪网站，以及多省市联合形成的健身指导服务网络体系。

（1）信息网站。

①学生体质健康网站：该类网站是以发布学生体质健康标准数据和相关信息为主要内容的政府官方网站，将为各地教育行政部门和学校推广《国家学生体质健康标准（2014 年修订）》服务，为全国大中小学生服务。该类网站以导入、查询中小学生体质健康标准数据为主要内容，鲜有针对青少年进行体质教育的板块。如中国学生体质健康网，目前开辟了数据上报平台、学校查询和新闻公告通知等栏目，而计划中的体质健康咨询、学生健康档案、学生健康评估等栏目目前还未开通。其他还有地方级的网站，如北京教育在线的子网站——国家学生体质健康标准测试数据管理与报送系统（北京市）、上海市学生体质健康数据平台 V2.0、广东学生体质健康网等。

②体育教育信息资源网站：目前以提供各种各样的中小学教育教学信息和教育资源为主的网站甚多，如中国基础教育网、K12 中国中小学教育教学网、华夏教育网等，但此类网站中均无与体育教育或体质健康相关的板块。体育类的教育网，有中学体育网、中国体育教师网、中国学生体育网等。中国体育教师网主要服务于全国大中小学体育教师，提供关于学校体育教育的各种信息资源和指导。唯有中国学校体育网，其主要目标是服务于全国大中小学的体育教师和学生，为全国大中小学体育教师和学生提供关于学校体育的各种信息资源和指导，并为广大社会群众提供终身体育活动的知识与方法，传播积极健康的生活理念，提高全民族的身体素质。但从目前该网站的信息资源来看，针对中小学的信息仅限于科普教育性质，且内容相对单调，种类较少。

③体育局及其下属单位的窗口网站：目前我国很多省市区体育局都已在政府站点域名进行注册，都建立了各自的网站且各有特色。但其主要是将政府职能电子化、网络化，提高政府的办事效率和依法行政的水平，很少有针对青少年体质的宣传教育。北京市体育局网站中有科学健身这一板块，只是针对青少年的专题知识较少；上海市体育局网站也提供了体质在线这一板块，但其主要服务对象为成年人。

④企业网站：如北京康比特体育科技股份有限公司、体之杰官方网站、PTstudio 网络健身平台、东方脉搏等，商业性质极强。而中国青少年体育运动网则是青少年体育运动领域的综合性网络资讯、服务平台。这些网站致力于中国青少年体育运动的推广和普及，传播健康的体育文化，引导青少年养成良好的锻炼习惯和健康的生活方式。但这些网站以大量文字性的信息输出为主，看起来十分枯燥乏味。

（2）多媒体网络教学课件。

利用现代的网络技术研制青少年体能锻炼多媒体网络教学课件，以促进青少年体质健康为目标，能够让学校众多的教学资源得到合理配置和有效利用。课件的研制不仅能够发展青少年体育、增强青少年体质，而且完善了青少年体能锻炼指导知识体系，能够进一步满足广大体育工作者对学校体育工作中教学、训练等方法手段的创新需求。青少年体能锻炼多媒体网络教学课件等网络化教学方式为全民健身运动带来了新的方向，它积极推动着全民健身运动的科学发展和方法手段的创新，能更有力促进《体育事业发展“十二五”规划》中全民健身计划的实施，尤其是能够促进青少年体质的增强。

多媒体网络课件是利用因特网技术在网上传播并为学生创造图文音像并茂的全息教学信息的多媒体课件。广义的多媒体网络课件是某一门课程基于互联网的系统教学课件。狭义的网络课件是关于某一门课程中某一个或几个知识点的网络教学课件，可以将其看作网络课程的一个子集，它从一个或几个知识点的教学活动出发，将规定的教学内容、教学活动用课件的形式实现。多媒体网络课件能丰富和改善青少年体育教学资源，搭建全国青少年体育信息服务平台，从而实现网上多向交流和基础数据共享。

充分利用现代信息技术成果，开发集文本素材、图像素材和视频素材等为一体的青少年体能锻炼多媒体网络教学课件，能逐步形成、发展、完善基于青少年体能锻炼的网络化系统，提高青少年体能锻炼参与的积极性，提升青少年体能的各项基本素质、心理、生理及各种社会适应能力。这些网络教学课件可以面向大众，根据运动人群的年龄和性别等方面来设计健身运动软件。在学习方式上，网络教学课件主要以学生自主学习为主，通过网络功能引入丰富的动态调整学习资源，除了能够实现人机交流，还能实现教与学之间的交互。通过网络多媒体课件的运用，体育教学过程将会表现得更加直观，信息量更大，更能促进学生的自主学习，并能为今后进一步开展同类型研究打下基础。它改革了传统的教学方法，从而大大减轻了学生的认知难度，激发了学生的学习积极性，同时又能很好地利用校园网资源。目前，国内在互联网学校体育理论课程教学资源方面比较缺乏学校体育网络课程资源。该类资源的网络开发与设计为学生创造一种开放式的学习环境，能引导学生积极主动地参与到学习中来，在网络教育中打破了传统的师生关系模式，使学生成为真正的学习主体，从而实现了真正意义上的教学个性化、学生自主化。通过会声会影、Photoshop、格式工厂等软件对素材进行编辑与处理，制作出一个具有图像、视频、文字、互动、教学等元素的，以增强青少年体质健康为主要目的的多媒体网络课件。例如，利用现代的多媒体技术和网络技术，研制田径理论多媒体课件，为青少年体育课教学提供一种全新的教学手段。通过网络多媒体技术的运用，体育教学过程更直观，信息量更大，更能促进学生的自主学习。另外，还可以结合田径裁判的教学特点和要求，开发网络多媒体辅助教学软件，充分展示田径裁判的教学重点和基本要求，吸引学习者参与其中，激发学习者的学习兴趣。由此可见，多媒体网络教学课件具有自主性、开放性、共享性、交互性和协调性。

（3）学生体质健康状况动态跟踪网站。

我国对青少年学生体质方面的研究已开展了多年。自 2000 年以来，教育部联合其他部门每五年一届进行全国学生体质健康标准调研，掌握了近 20 年来我国学生体质健康发展的趋势及现状，取得了我国学生体质健康状况的丰硕成果。然而，总的来说，学生体质健康状况还是以各地区的学生体质健康监测为主，对于青少年学生个体和群体的动态跟踪调查研究还不够充分。自《国家学生体质健康标准（2014 年修订）》实施以来，绝大多数学校每年都会对学生进行体质测定，或对部分体质健康指标进行测试。这些学校测定或者测验的数据对我国青少年体质健康研究的进展非常有用，但是因为过去没有条件，就没能充分利用这些资源。现在通过网络技术，应该可以解决这一问题。

利用网络技术进行学生体质健康状况的动态跟踪调查，可以及时了解学生的体质健康状况，对学生个体和群体的体质健康状况进行动态研究。利用网络搭建技术平台，对全国或某一地域的学生体质指标进行数据收集、统计、分析和动态管理，全国各地用户只需通过互联网向该网站发送和获取数据即可获得相关资料。学校在网站注册后，及时将本校学生的相关资料提交，各注册单位（如学校和青少年）都可以在网上合法注册，取得个人用户的资格。这样，青少年就能够及时得到自身较为准确的体质健康状况评价与自己在各个年度的身体健康状况，还可获得符合自身体质特征的健身锻炼建议。学校和健身指导站可以从网站及时获得本单位、本年度的学生体质健康状况的有关数据（个人和群体），及时获得本地域有关数据、全国有关数据及各年度有关数据，为学校的体育教学和体育教育改革等方面提供参考。网站管理者也能够及时获得大量的数据，这些数据可以提供给决策部门，供相关部门进行数据分析、对比。

2. 健身网络平台

国内的一些体育网站、体育机构网站和门户网站以及综合性质的网站都有自己的健身专栏和各项体育赛事频道，为用户随时介绍健身方法和及时更新健身知识，并提供相关的健身机构、健身场馆和健身教练等信息。这些网站主要涉及健身的科学方法、健身用品等方面的介绍。因此健身网络已经形成了比较健全的信息提供、处理、使用体系，如上海市民体质在线测评系统。该平台通过视频掌握测试方法，实现即时体质测评，包括体质指导、体质简易测评指南、健身项目锻炼指南、在线评估。在平台中，专业介绍体质的概念和内涵，影响体质的因素和提高措施，发布最新体质测试信息等，包含锻炼指导、心理指导和营养指导。并能够提供多项在日常生活中易于进行的健身活动方式及其达到的心率和能量消耗量，其中包括民族传统体育（如太极）、家庭趣味体育和比较常见的家务劳动，并在其中推崇“体育生活化，生活体育化”的理念。平台上的视频可以使用户了解更多的趣味健身项目，增强其对健身的兴趣。另外，用户使用此平台还可以查询自身的历史测试数据，随时随地了解自身体质健康水平及一段时间内体质的发展趋势，在线接受科学的健身指导。大多数的健身网络都强调个性化的、长期跟踪式的连续关注和系统管理服务，一般分为健康状况调查、全面体质评估、群体和个体健康干预、效果评价。在构建过程中，还可以结合手机等移动终端，构建视频互动平台、视频运动创伤 SOS 平台、在线论坛信息交流平台等，增加网络的时效性和有用性。

构建网络服务平台不仅是增强青少年体质的重要手段，同时也是对传统干预模式的补充和完善，对指导青少年科学健身，养成健康的生活习惯有着重要意义。从 2002 年开始，教育部在 14 个省市区建立了“全国学生体质健康监测网络”，对我国学生体质健康状况每两年进行一次监测并发布测试公告，有效促进广大青少年学生积极锻炼身体。

我国青少年对于网络健身指导服务内容的需求主要有健身信息的需求、在线交流的需求、健身过程指导的需求以及体质监测与评价的需求等；现阶段健身指导类网站存在健身指导服务针对性不强、数量较少、指导内容不足、指导形式单一，以及缺乏规范运作和统一的管理等问题。局域健身网络系统平台的建设，能够充分发挥各体质监测点的服务网络化作用，提供用户相关的健身资料，使个体能够方便、简洁地了解自身的体质和健康状况，拉动对健康管理的消费，满足用户对健身知识的需求及对健身方法的掌握。承担国民体质在线监测服务网络平台的国家国民体质监测中心，定期在全国范围内对 3 ~ 69 周岁的中国公民的体质进行监测。其内容包含身体形态、机能及各项身体素质方面的测试，并对测量的数据进行分析与研究，目的在于长期动态观察和分析中国国民体质的状况和变化规律。在体育总局的领导下，该网络平台系统对青少年科学健身指导的内容较为丰富，包括了在线体测、专家在线交流、提供运动处方等，对青少年的科学健身能够提供许多指导和帮助。

青少年对增强体质网络服务平台的心理需求，在内容方面，对知识和方法获得的心理需求高于对社会体育信息了解的需求；在平台功能方面，青少年希望能了解有关心理健康的知识，并通过网络方式解释遇到的心理现象或解决已出现的心理问题；对专家咨询功能的心理需求高于论坛与留言板，表明大多数青少年希望该平台具有较权威的、可靠的信息。在平台中，青少年最喜欢的呈现方式是视频短片，最不喜欢的是文字。在访谈中我们也了解到学生对平台中出现的大篇幅文字非常反感，很少花时间去看，但耗时不长的视频容易吸引他们，因此应尽可能地用青少年喜爱的形式传播相关信息。

3. 体感游戏

随着网络的普及、电子信息技术的兴起，基于体感游戏、网络、短信的干预成为一种促进健康生活方式的独特形式，体感游戏应运而生。它融合了现代多媒体电子技术及运动健身理念，被西方学术界视为促进体力活动的新的理想方式。这种设备正在从早期借助感测外设设备向完全依赖感测肢体动作方面过渡，即“肢体动作即游戏输入设备”。随着技术的发展完善，目前已形成多个体感游戏平台，如 Wii、PlayStation、Xbox360、i – dong 等。

体感游戏的体力活动强度等级为轻度到中度，属于有氧运动范畴，这可作为促进体力活动、增加能量消耗的新干预方式。游戏中的网球和拳击游戏均为中等强度体力活动，是增加体力活动、控制体重、促进健康的理想方式；尽管体感游戏不是解决儿童体力活动下降最理想的方式，但它是一种潜在的可被用于减少久坐时间、增加锻炼项目、提高体力活动愉悦感的创新性方式，对于危险人群，特别是超重儿童特别重要，对调节身体成分、降低体重及预防肥胖有重要意义。

体感游戏提倡的是一种健康的生活方式，而不是让玩家沉迷于游戏中，对玩家的身体素质及运动技能水平要求极低。体感游戏正逐渐融入互联网电视，向家庭娱乐方面靠拢，提倡网络互动、多人游戏、家庭游戏等，还有望推动互联网电视应用功能的深度开发，将健康运动游戏融入日常生活。

与此同时也应该认识到，体感游戏过程中玩家动机很难量化，不同的人做出不同的动机响应，有许多因素可以影响个体发挥水平，如身体特征、动机、游戏经验等。这些因素均影响体感游戏对体力活动的干预效果，为进一步量化体感游戏与健康效益之间的量效关系增添了一些不确定因素，体感游戏与健康效益之间的剂量关系（如频率、强度、持续时间、游戏形式等）仍有待继续深入探讨。

尽管体感游戏可为儿童提供较好的替代久坐游戏的活动方式，但它不能充分替代传统体力活动，如竞技比赛及户外活动等；例如玩 Xbox 时，无法提供给用户任何有价值的触觉反馈，玩家只能凭借想象在电视屏幕前对着空气“手舞足蹈”，即完全抛弃辅助感测外设设备的代价就是用户体验的缺失。体感游戏的终极形态应该完全还原人们在自然环境中活动的体会，然而也绝不可能与现实毫无分别，所以这个终极目标是很难百分百达到的，但可以肯定的是体感游戏带给玩家的游戏体验会越来越接近于真实场景。

（二）手机、iPad 等移动终端媒体

1. 开设视频运动创伤 SOS

对于活泼好动的青少年来说，他们喜欢进行一些比较激烈的身体对抗性运动，这种对抗性运动很容易对其造成急性外伤，盲目处理也容易引起新的外伤。通过开设运动创伤视频 SOS，即时在线指导处理方式，可以使伤者在第一时间得到正确处理，从而避免因盲目处理而导致的恶化。另外，现在家庭中儿童意外受伤的概率也越来越高，如果家长对正确处理伤势的知识缺乏，加上发生事故时情绪的激动、不知所措，就会错失儿童第一救助时间，最终酿成大错。但有了在线 SOS 视频急救平台以后，就可以使家庭的受伤者在第一时间得到救助，从而在一定程度上避免由于急救知识的缺乏而造成的二次伤害。

2. 在线论坛信息交流

在健身信息交流平台上，健身爱好者可以发布有关健康方面的信息，如健身地点的交流、健身的感受、健身团队的建立；而健康管理者或者健身指导者也可以发布有关健康的新知识、新信息、新方法、新案例，同时也可以回答健康爱好者的疑问和锻炼过程中遇到的问题。此外还可以开设健康教育的专栏，在此专栏中专家可以对有特别需求的健身者进行健身锻炼指导，然后健身者再把锻炼后的效果反馈给专家，以便专家根据实际情况进行相应调整，使锻炼能产生更好的预期效果。

3. 微博、微信等实时体育资讯

随着新媒体技术的快速发展，手机媒体已超越互联网媒体，成为青少年，尤其是北京市青少年关注体育信息的最主要途径。青少年获取体育信息主要通过手机 WAP 门户网站，这些网站内容丰富、一应俱全。另外，当前传播效率较高的手机社交软件和个性化较强的体育类 APP 发展势头迅猛，这些也是青少年获取体育信息的重要途径。2/3 的青少年会经常甚至每天都接收手机媒体上的体育信息，平均每天的关注时间在 30 分钟以内的居多。青少年获取手机媒体体育信息的目的主要是了解体育动态、观赏体育比赛和增加体育知识，以关注体育新闻类、体育知识类和赛事直播类体育信息为主。手机媒体不仅充分发挥其自身便携性的优势，而且充分吸纳和利用网络媒体诸如 BBS 互动讨论与 RSS 信息自主定制的模式，将移动互联网技术发挥得淋漓尽致，全方位地满足青少年对体育信息个性化与互动化的需求，使得体育信息的私人定制和互动评论成为常态。从传播形式上来看，体育比赛的对抗与竞争本质，使得体育赛事的传播更需要依托于视觉与听觉的冲击，通过视频与图片的动态传播方式真实地再现赛事本身。体育赛事所引发的社会舆论及其延伸出的体育传播，使得赛事评论与社会影响力成为体育传媒不可忽视的方面，这对发展个体体育技能、培养体育兴趣、养成良好的体育习惯起到积极促进作用。体育知识类的信息在手机媒体中出现的频率比较高，实用性也较强，这些良好的方面为青少年参加体育锻炼提供了理论和实践支持，对他们参与体育运动有一定的积极影响。青少年还能够随时随地通过手机媒体接收体育信息，掌握体育资讯。

4. 体育运动类 APP

体育运动类 APP 对大部分青少年参加体育锻炼有较强的督促作用，会使他们定时定量地完成体育锻炼任务，进而养成终身体育锻炼的好习惯。青少年可以运用手机媒体录制体育课上的精彩教学内容，方便课下的复习和实践；参加课外体育锻炼，通过网络和手机媒体学习体育理论知识来提高自己的运动技能并应用于实践；手机媒体社交类软件中好友对其运动的经历和感受等方面的分享对青少年参加体育锻炼也有一定的刺激作用；掌握体育资讯，并将重要体育信息第一时间在各大社交软件中分享，加速体育信息的良性传播。

（三）大众传播

报纸、期刊、电视和网络等是体育文化传播的主要载体，而大众传媒是传播行为得以扩大和延伸的物质手段。大众传媒对于国民价值观念，尤其是青少年价值观念、休闲娱乐方式的形成有着重要的引导作用。大众传媒对体育的传播能够加深学生对体育的认识、影响体育锻炼行为、愉悦身心，满足日益增长的个性化和多样化的深层次需求，促进体育兴趣的形成。通过大众媒体，学生可以观看奥运会、青奥会、篮球赛、足球赛，等等，体育赛事的观赏又成为引导青少年参与体育锻炼的重要途径。青少年通过观看自己喜欢的体育赛事，从而更深地了解体育知识，对形成体育习惯有着重要作用。因此加强国际大型赛事的媒介宣传活动至关重要，如丰富电视、互联网等主要媒介的宣传活动。通过多途径的努力，消除体育异化，把人们拉回到体育强身健体、增强体质的轨道上来。当然，体育活动也包括其他目的，如增进友谊、加强交往等，但其根本目的是使人变得更健康、更朝气、更阳光。

大众传媒是体育传播的一个重要因素。当前，大众传媒对体育行为的影响表现在：青少年对体育方面的内容关注得越多，就越容易激发参与体育的意识，促使自己改变行为倾向，产生体育行为。对青少年而言，参加体育活动的时间常常会受体育大赛时间的影响而发生变化。如在奥运会、世界杯足球赛、各项世锦赛、NBA 季后赛等一些大型体育赛事期间，关心体育信息、参与体育活动的青少年会显著增多。通过对青少年的调查情况来看，其体育人口所占比重较高，他们喜爱的运动项目主要有篮球、足球、乒乓球、跆拳道、街舞、健美操、游泳等。可见，传媒的介入加深了青少年对体育运动的了解和喜爱，提高了青少年参与体育运动的积极性。体育文化传播方式会对青少年的体育态度和行为产生影响，而不同的传播方式对青少年产生的影响也不同。青少年因性别不同而具有不同的生理及心理特点，对体育的认知、态度、习惯等方面也存在差异，所以体育文化传播方式影响男女生的体育态度和体育行为的程度也不同。平面媒体、影音媒体、人际交往和社会环境因素也会对青少年对待体育的态度和参与体育行为产生影响。男女生的体育态度都比较容易受到平面媒体的影响，但是女生参与体育的行为更多地受到影音媒体的影响。

大众传媒对大众参与体育活动的宣传可以很大程度上促进青少年参与体育活动，大众传媒不仅要关注全球重大体育赛事和精英运动员的报道，更要注重宣传普通大众参与体育活动的新闻，普及大众参与体育活动的知识，从而引导青少年乃至全体国民主动、科学地参与体育。崇拜、模仿体育明星可以在很大程度上促进青少年参与体育活动。对体育明星的宣传报道将有效激起青少年对体育参与的模仿欲和兴趣，让他们在体育明星的感染下主动参与体育活动。

遗憾的是，目前存在大众媒体对学生进行体质健康教育的关注度较低、大众媒体体育信息的内容失衡、不良的传媒接触行为对学生身心健康产生影响等问题。因此，我们要重视大众传媒的作用，利用大众传媒广泛传播有关体育的基本知识、健身和运动方法、保健康复方法等，使体育信息的传播与学生的知识层次和需求相对应，配合体育教学，形成立体的整合教育。

四、新媒体对青少年健康促进的影响

（一）促进体育信息快速良性传播

有学者对上海、台北两地高中生参与休闲体育运动的阻碍因素进行调查研究，发现上海、台北两地高中生主要靠电视和互联网获得休闲体育活动的相关信息，台北高中生在利用新媒体获得休闲体育相关信息方面要好于上海高中生。上海高中生获得休闲体育相关信息的渠道依次为：看体育频道电视节目（90.1%），上网获得体育信息（78.8%），看体育类报纸杂志（52.5%）、听体育广播（29.4%）及新媒体（27.6%）。台北高中生的信息渠道依次为：看体育频道电视节目（92.8%）、上网获得体育信息（75.2%）、看体育类报纸杂志（62.4%）、新媒体（42.3%）及听体育广播（16.1%）。

在日常的生活中学生可以通过观看电视、视频进行体育知识学习，认知与感知体育信息对个体需要与个体发展的重要的内在作用，潜移默化地增长学生的综合知识储备，掌握科学锻炼的原理与方法，接受体育文化的熏陶。学生通过新媒体把自我练习的效果通过摄像、复制、回放分析动作过程的正确性、技术性与美感，这将会使音像媒体的作用得到放大，促进学生积极参与运动学习。徐冬园认为，便捷式可移动媒体可以使受众随时随地，不受时间、地点限制，自由地获取自己想要的各种体育信息。随着科学技术的发展与进步，手机的功能越来越强大，4G、5G 技术的运用以及智能手机的诞生带来了信息传播的大变革，人们足不出户即可了解国家乃至世界的体育文化。

新媒体的出现改变了青少年的信息接收体系，满足其某种自我实现和期待的心理需求。其优势在于与受众沟通之后，可用各自独特的形式满足受众需求。以新媒体为载体的体育评论类节目能体现新媒体特点，增强互动性，去电视同质化，更能引起用户兴趣。体育电视媒体在转型的过程中，受众的地位将会进一步得到提高，小众化、个性化、创新化将会成为我国体育电视媒体与新媒体互补发展的趋向。体育传播过程中的多媒体融合能够有效改变传统体育信息接收、结果反馈及效果评估的方式，当博客、微信、手机杂志等新媒体介入大众体育传播后，一定会强调个性化、更有针对性的信息传播方式。不同年龄、职业和兴趣的受众对体育信息的选择会呈现差距越来越大的趋势，在国外体育赛事纷纷进入我国受众视野的形势下，中央电视台及时开设了网球、高尔夫等专项运动频道，上海和广东两地的体育频道也相继推出许多新兴的体育项目，如赛车、电子竞技赛事直播等。在“媒介融合”的大背景下，这些举措正是体育电视媒体与新媒体互补发展满足受众需求的完美契机。

我们认为，看电视体育节目越多的人，其体育参与比例越高，这说明大众传媒对人们参与体育活动是有促进的。青少年在大众传媒的潜移默化中喜欢上了体育运动，对体育有了正确认识，并在参与体育活动过程中逐步形成和深化体育知识，建立正确的体育价值观，从而提高其参与体育活动的自觉性、积极性。

（二）督促、激励青少年进行体育锻炼

青少年通过体育类手机 APP，督促自己积极地参加体育锻炼，进而养成良好的运动习惯，提高体育素养。李全凯的研究显示，绝大部分青少年认同手机运动工具类 APP 的价值，认为手机运动工具类 APP 可以有效促进青少年参加体育锻炼。当前的手机运动工具类 APP，不仅能够在时间和距离上对运动进行监督和促进，而且提供运动知识的支持，督促用户进行体育锻炼。但是，目前这类 APP 主要集中于跑步、瑜伽、腹肌锻炼、健身等运动，受众面有限。

有学者研究发现，60% 以上的青少年认为好友在手机媒体中的运动经历和感受分享对自己有刺激作用。真实运动感受的分享，能形成良性循环刺激，使得这类体育信息的传播刺激作用不断变大。学生能够在运动之后通过手机媒体与好友一起分享自己的运动成果和经验，对一天的身体状态进行检测，如消耗了多少卡路里、体重、BMI 值等，还可以和伙伴比比每天谁的运动效果更好，进而可以将自己的运动成果分享到微信朋友圈、QQ 空间等，对青少年参与体育带来积极的影响。

（三）有助于形成积极的体育态度和良好的体育习惯

新媒体的传播具有时效性，它可以不受时间和空间的限制在第一时间将信息传播发布。手机、平板电脑的普及让每一位青少年拥有更便利、更强大、效率更高、行动力更强的能力。由于学生对新事物接受很快，所以他们可以在短时间内成为新媒体的接受者、使用者及传播者，并且信息传递本身也已经成为高校学生接受教育的一种特殊过程，对他们的思想观念、价值观念、行为模式产生了重要的引导影响。而媒体的渗透会提高学生的好奇心和求知欲，帮助他们提高体育的参与度和行动力，媒体报道也提高了学生对体育运动的热情度。手机媒体体育信息以其各种显著的优势特点影响和改变着青少年参与体育锻炼的态度，让体育锻炼在青少年群体中成为常态，帮助青少年朋友养成终身体育锻炼的行为习惯。

新媒体信息具有内容丰富、相关话题报道全面、信息链接便捷等优点，提供事件背景、专家评论、网友意见、图片及音像信息，可以满足很多人的需求，这也为体育教育研究提供了丰富的资料，为青少年学习体育的相关知识提供便捷，还可以开拓学生眼界，改变了他们参与体育教育的原有方式和节奏。传统模式的体育教育工作大都是单向的，所以新媒体的互动性能够极大地调动参与者的积极性，使其更广泛、充分、深入地互动。新媒体信息更新速度快、信息量大、成本低，这些优势可以让青少年对体育知识与运用的理解更进一步。

种类繁多的体育活动项目吸引着不同青少年的注意力，体育运动内容的多样化促进了课外体育健身活动多样化的发展，凭借手机媒体强大的传播功能以及与体育信息传播的高贴合性，各种体育锻炼项目知识、技能等在青少年群体中广泛传播，培养了青少年参加体育活动的意识和积极性，提高了他们的运动技能，使青少年逐渐养成终身体育锻炼的好习惯。

学校社团是青少年最常使用新媒体进行交流沟通的场所。在社团活动过程中，新媒体提供了较多的活动形式，丰富了活动参与的渠道。在享受新媒体带来的便捷的同时，新媒体也会通过学生社团对青少年产生消极影响。新媒体对理论类社团的消极影响最明显，对体育类社团的消极影响最轻微。因此，找到新媒体作用于社团的途径，找出新媒体消极作用的具体表现，才能有效地制订有针对性的社团管理策略。

（四）提高运动技能

目前，在网络传媒方式中，手机媒体是应用最多的大众传媒方式。它将体育知识类信息的传播发挥到极致，让更多的体育运动知识透明化并广泛传播。手机媒体中传播的体育知识类信息的真实性、实用性很强，有很大的借鉴和学习价值，可以成为青少年获取体育知识、提高运动技能的平台。而手机媒体自身具备的便利性、即时性、个性化、互动性等优势，使得青少年可以随时随地获取和学习体育知识，并且能够有选择地关注自己喜爱的体育类知识信息，还可以与好友分享有价值的体育知识类信息，形成良性互动，对青少年获取体育知识、提高运动技能提供了很多帮助。学生可以运用手机媒体录制体育课上的精彩教学内容，方便课下的复习和实践；参加课外体育锻炼，通过网络和手机媒体学习体育理论知识来提高自己的运动技能并应用于实践。

（五）新媒体对青少年健康促进的不良影响

随着社会信息化程度的提高，电视、报纸、网络等媒体出现，青少年由于自身社会阅历少，鉴别能力不强，自身价值观尚未形成，所以很容易受到信息化社会带来的负面影响。近年来，由于互联网的出现和流行，使得很多青少年的电子屏幕时间明显增多，甚至沉溺于网络社会，导致体力活动时间大为减少，肥胖率及“不良习惯病”明显增多，体质健康明显下降。

1. 电子屏幕时间延长增加了超重及肥胖发生率

电子屏幕时间是指花在电视、计算机等电子产品进行视频游戏以及电子阅读上的时间。电子屏幕时间的延长易导致久坐时间的延长，从而导致超重及肥胖率升高。计算机、手机等电子产品的普及和网络的应用，提高了信息传递速率和利用的效率，减少了大众外出的机会，原有的被动体力活动减少。另外，不健康食品广告过多是电子屏幕负面效应的另一表现。诸如麦当劳、肯德基等高脂肪、高热量食物及高糖饮料的频繁广告错误地引导了青少年的食品消费观念，并促使青少年消费欲望增强，购买增多，从而在一定程度上导致超重和肥胖发生率明显上升。通过对青少年腰围及体重与看电视时间以及消费零食和饮料的关系进行研究，结果显示两者呈正相关。即随着青少年看电视时间的延长，其间消费热量较高食物的行为也会增多，就会出现锻炼时间减少从而导致腰围增粗、体重增加及由于超重、肥胖产生的多种副作用。信息化社会带来的负面影响还包括青少年近视率的增加。随着当今社会网络的普及及网络游戏的增多，自制力不足的青少年可能会把更多的时间用在电子屏幕上，导致视疲劳甚至近视。可见，电子屏幕时间的延长（如看电视时间过长或者过度沉迷于网络）是新媒体时代导致青少年体质健康下降的重要原因。

2. 静态生活方式影响体质健康

网络因为其内容的多样性，对青少年具有很强的吸引力，很多学生长时间地打网络游戏、观看网络视频、阅读网络小说，经常在计算机前数小时不活动，更有甚者会通宵熬夜。这些不良的上网习惯一方面打乱了作息时间，使青少年得不到充足的休息；另一方面长期面对计算机也会产生近视和颈椎疾病，对学生的成长发育十分不利。长期低头看手机、平板电脑等电子设备，会导致人体的身体形态及生理功能发生改变，如头部重心的前倾，会使颈椎发生形变以致大脑供血不足，从而导致人的反应速度降低；长期处于低头状态还可能导致青少年出现视力下降、驼背和颈肩疾病等问题，造成颈椎和颈肌力弱，这会增加颈后肌的负担使部分颈和肩坚硬，造成人体血液循环回流缓慢；长期频繁使用平板电脑（或手机等）上网可能会影响整体的身体机能。长时间接触计算机、手机等媒介，使得青少年成为“久坐族”，会导致颈椎病、视力问题、高血脂、鼠标手、胃肠道疾病等。这些体质健康问题反映了静态生活方式对体质的不良影响，静态生活方式与颈椎等慢性病的患病危险密切相关。青少年养成静态生活方式会对体质健康造成一定的影响。

3. 影响青少年户外运动

新媒体满足了青少年精神上的需要和休闲娱乐，在很大程度上占据了青少年的课余时间，减少了其去户外锻炼的次数和时间。在新媒体环境下，青少年“宅”居生活的主要活动内容有：打电子游戏，看电影、小说、漫画和新闻，网上购物，网上交友聊天等。手机代替了手脚，日常的吃饭、洗衣、购物手机均能提供即时服务，这严重挤压了青少年的体育锻炼时间，并且网络化的生活方式让其产生了身体惰性，不再愿意进行和体力相关的活动，从而使得身体的各项体质指标下降。这是影响青少年体质健康的重要因素之一。

4. 网络化给学生带来了无形的心理压力

因为网络化而产生的大量信息使得学生的脑力劳动强度加大，而不断累积的学习压力又会使学生的精神产生疲劳，运动的缺失使得负面情绪无法及时排解，所以青少年患心理疾病人数呈现明显的上升趋势。同时心理问题和缺少锻炼也带来免疫系统的紊乱，如焦虑症和神经衰弱等身心疾病，因此迫切需要体力性的活动来调节和维护人的完整性。

在新媒体时代，新媒体通过快速传播体育信息、督促及激励青少年进行体育锻炼、形成积极的体育态度及良好的体育习惯、提高运动技能等方式，对青少年的健康促进产生积极的影响。不可否认，在此过程中新媒体也会产生一些消极的影响，主要表现为电子屏幕时间延长增加了青少年超重及肥胖的发生率、静态生活方式影响了青少年的体质健康和户外运动、网络化给青少年带来了无形的心理压力等。众所周知，体育运动对改善人体体质健康状况、调节心理状态等具有重要作用。因此，迫切需要通过加强体力活动来调节和维护人的完整性，最积极有效的休闲和娱乐方式首选体育运动。

第二章　新媒体与青少年体力活动研究

第一节　青少年体力活动现状

1998 年，英国健康教育权威机构提出：青少年每天应该完成 60 分钟以上中等强度的体力活动，没有规律性活动的人也应该完成至少 30 分钟中等强度的体力活动。为了保证青少年骨骼健康、柔韧和力量维持与发展，每周应有目的地进行两次与柔韧和力量相关的锻炼。这些观点在 2004 年英国医疗高峰论坛上被再次强调。2005 年，美国疾病控制与预防中心（CDC）推荐，每天至少参加一个小时中等到高强度的体力活动对绝大多数青少年的健康有益，健康收益将随体力活动量的增加和活动强度的增大而增加，且活动项目应令人愉悦、多样化和适合个体的体质状况。

青少年体质健康是社会文明和进步的重要标志，也是我们全面建设小康社会、构建社会主义和谐社会的重要内容。然而在科技和经济快速发展的 20 多年里，我国也遇到了许多发达国家共同遇到的问题——青少年体质健康连年下降。青少年体质健康下降成为世界性的问题，在我国也引起了全社会的高度关注。研究一致认为，造成青少年体质健康下降的原因除了摄入的热量超标，更重要的是体力活动的减少。青少年承受升学的压力，体力活动逐渐减少，中、高强度的体力活动则更少，这对青少年体质健康的各项指标几乎都有影响。青少年闲暇静态时间长，导致青少年体重超标。减少静态生活、增加体力活动将有助于改善青少年体质健康进一步下降的状况。

目前，对于体质健康，国内外研究都比较广泛，主要集中于群体性的体质监测，研究方式多为调查性、描述性的，对影响体质健康各因素的研究比较少。多数体力活动研究是关于流行病学的研究，侧重于体力活动与各种慢性病之间的关系及体力活动与心理健康，且以问卷调查方法居多，少有使用加速度传感器大面积直接记录、测量青少年体力活动的。

本研究在天津地区采样（样本 326 人，其中男生 176 人，女生 150 人），采用 ActiGraph GT3X 型加速度传感器，及 ActiLife 5 软件（美国 ActiGraph 公司生产），对青少年一周的体力活动水平进行测量，试图描述华北地区青少年体力活动水平，探讨青少年日常体力活动水平对其体质健康的影响程度，为改善青少年体质健康水平提供参考依据。

一、青少年日常行为模式调研结果

（一）睡眠状况调查结果

睡眠是人的基本生理功能，对身体和智力的发育具有至关重要的意义。睡眠不足可导致精神不集中，记忆力、注意力及理解力衰退，学习效率低下，还会影响青少年的机敏度。长期睡眠不足还会导致内分泌与植物神经功能紊乱、心理异常等，如心慌、胃肠功能紊乱、血压波动、情绪不稳、焦躁、心烦意乱等表现，会对青少年身心健康造成严重影响。我们的调查显示，男生的睡眠时间大多在 6 小时以上。根据卫生部提出的标准，小学生睡眠时间不低于 9 小时、中学生睡眠时间不低于 8 小时来看，男生有 124 人基本达到了标准。另有 49 人睡眠未达到国家标准，占总人数的 28%，该部分学生应注意调整学业压力和不良生活习惯，充分保障睡眠时间（见图 2－1）。女生的睡眠时间大多在 6 小时以上，有 9 人未达到 6 小时的最低标准，25 人属于睡眠缺乏状态，105 人达到正常范围，占总人数的 70%。该结果与男生基本一致（见图 2－2）。

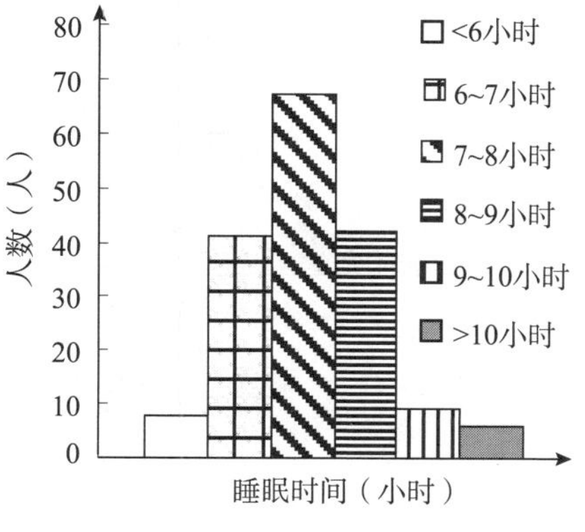

图 2－1　男生睡眠时间情况

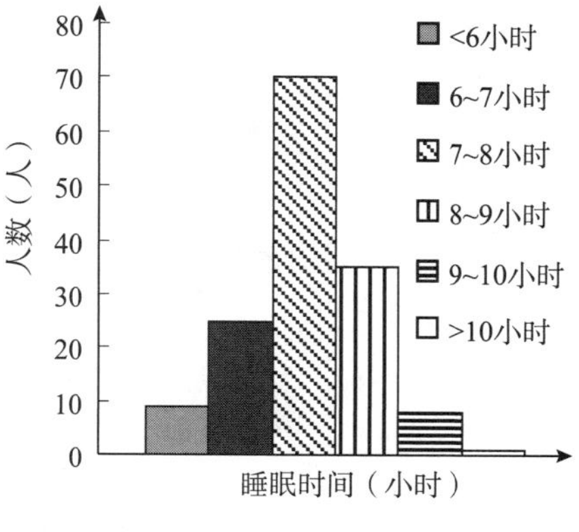

图 2－2　女生睡眠时间情况

（二）课业负担状况调查结果

中小学生课业负担问题是影响学生全面健康发展的关键。课业负担一直是全社会关注的热点问题。虽然国家连续发文下达减负令，然而效果并不理想。沉重的课业负担对中小学生的身心健康造成了极大的危害，学生睡眠不足、体质下降，近视率高，同时侵占了学生休闲娱乐的时间。从图 2－3、图 2－4可以看出，有 51 名男生感到课业负担较重，占全部男生的 29%。在课外作业方面，有 56 名男生用时超过 2 小时，占全部男生的 32%，这些学生在学习效率、学校在课业布置上还有较高的提升空间。从女生课业负担情况来看，有 118 人觉得作业情况一般，仅有 14 人觉得课业繁重；在时间方面，大部分学生课业维持在 1～3 小时以内（见图 2－5、图 2－6）。相对男生来说，女生能更好地适应目前的课业量，但是在完成时间方面女生普遍要比男生时间长。

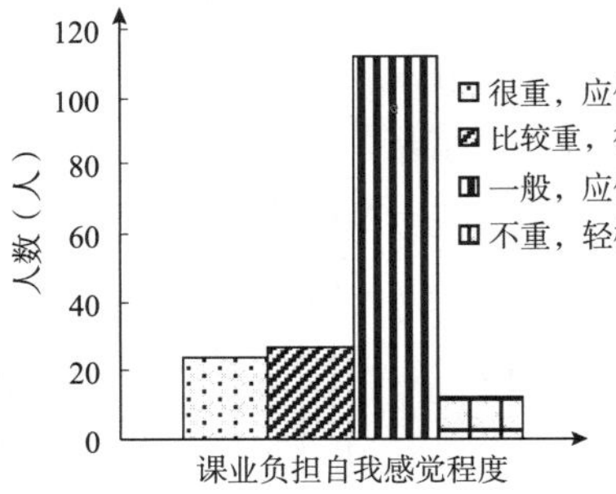

图 2－3　男生课业完成情况

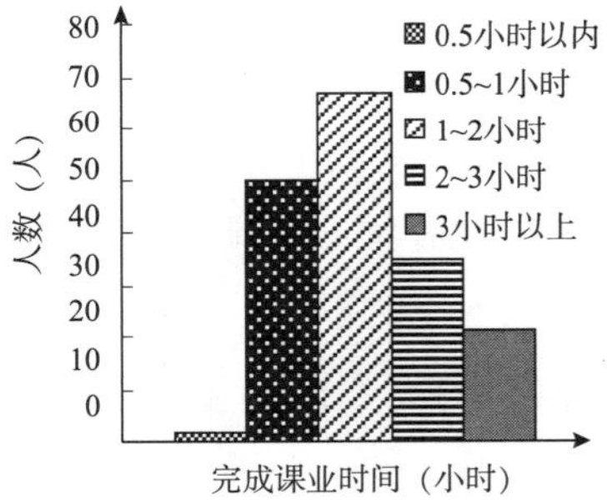

图 2－4　男生课业时间情况

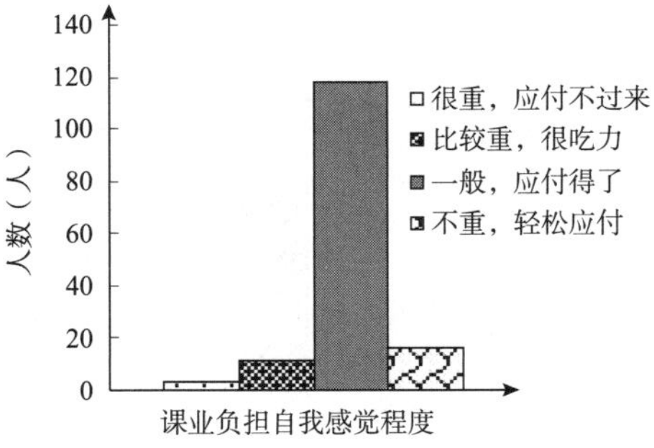

图 2－5　女生课业完成情况

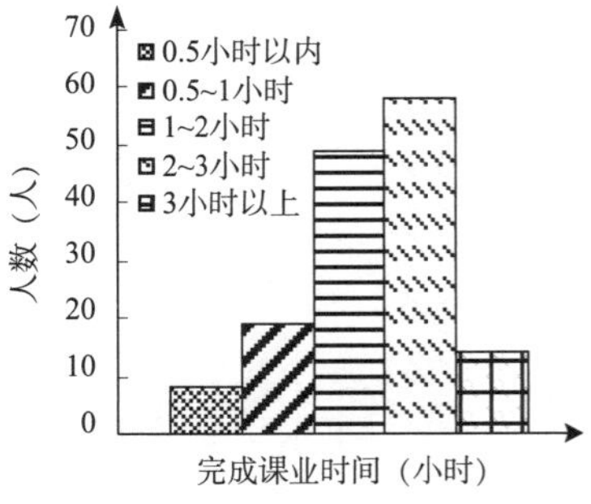

图 2－6　女生课业时间情况

（三）与家人互动交流及出行情况调查结果

在与家人互动交流方面，70% 以上男生选择与家人一起看电视，选择做作业的不到 20%，可见大部分男生同家长的沟通方式选择了娱乐，而学习方面家长的参与度不到 20%，这部分家长应该更多地关注学生的作业情况（见图2－7）。

在与家人互动交流方面，有 60% 的女生选择了与家人一起看电视，比例低于男生，有 22% 的女生同家长一起做作业（见图 2－8）。

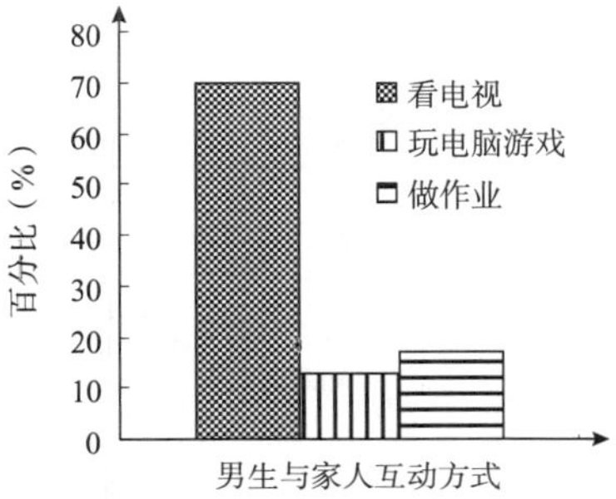

图 2－7　男生与家人互动交流情况

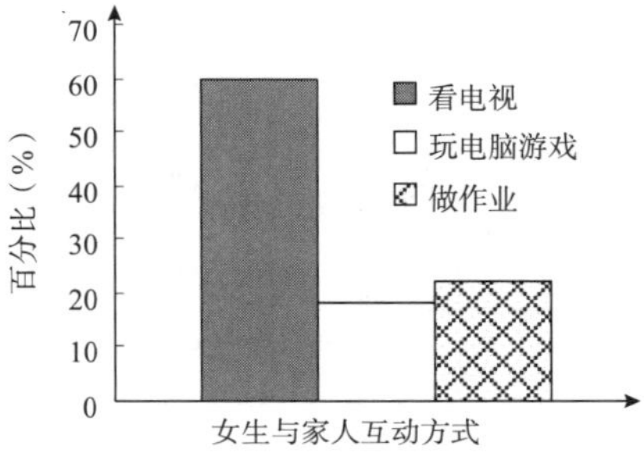

图 2－8　女生与家人互动交流情况

在上下学交通方式的选择上，男生步行的人数只有 9 人，超过半数的人选择了自己骑自行车出行，有 47 名男生选择了机动车出行。男生在有体力活动的交通方式上选择率为 56%，说明大部分男生在上下学回家的路上均可以增加活动时间（见图 2－9）。

在上下学交通方式的选择上，女生与男生差异较大，女生选择步行及骑自行车的人数为 66 人，比例占到总人数的 44%，低于男生有体力活动交通方式的选择率；另外女生乘坐私人汽车上学的比例明显高于男生，占到 30%。相对而言，女生的交通性体力活动明显低于男生（见图 2－10）。

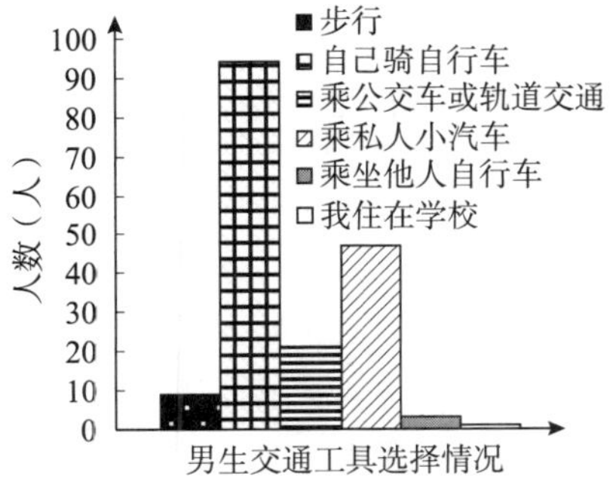

图 2－9　男生交通工具选择情况

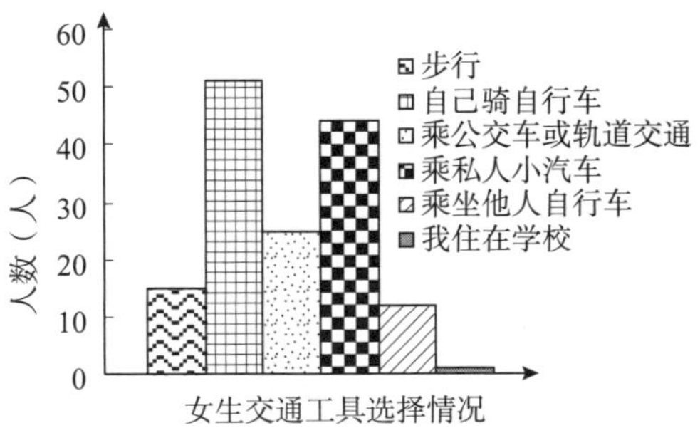

图 2－10　女生交通工具选择情况

选择步行和骑自行车的男生共计 108 人，在选择步行与骑自行车到学校所花费的时间方面，男生有 14 人在 10 分钟以内，有 40 人在 10～20 分钟，有 51

人在21～40分钟，超过40分钟的仅3人（见图2－11）。可以看出，男生在出行时间上大部分人半小时内都能到学校。

选择步行或骑自行车从家到学校的时间方面，大部分女生均在10～40分钟之间，40分钟以上的有6人，高于男生的3人（见图2－12）。

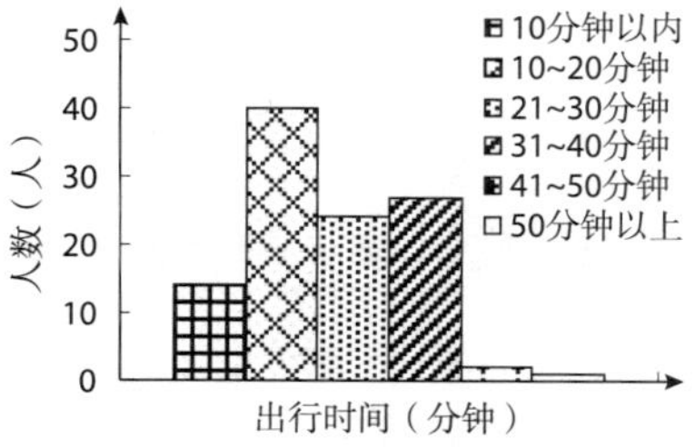

图2－11　男生出行时间

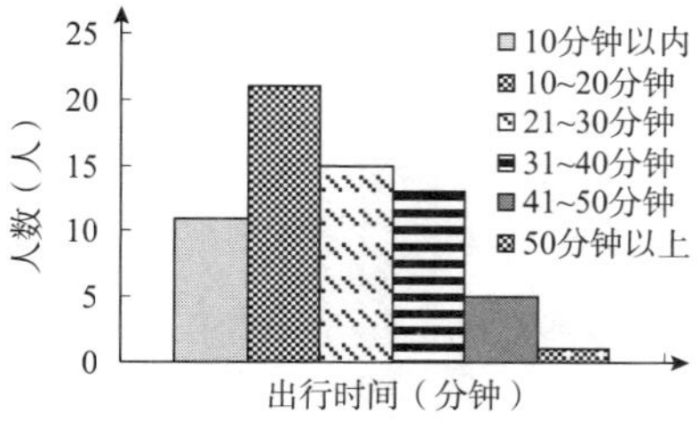

图2－12　女生出行时间

（四）饮食习惯调查结果

学生时代是长知识、长身体和增强体质最重要、最有利的时期。良好的营养、适当的锻炼和合理的作息是影响其身心发育的三个重要因素。青春期体格发育极为迅猛，各个器官都在增大，脑、心、肝、肾等功能增强，加上学习紧张、活动量大，需要更多的热量和营养。从图2－13可以看出，每天都吃早餐的有101人，占所有男生的57%；基本上能保证每周3～5次的有48人；有24人每周只吃1～2次早餐；无不吃早餐男生。尽管大部分男生对于早餐的重视程度比较高，学校还是应该进一步加强对少部分学生早餐营养方面的宣教，提醒学生注意该情况。

在早餐的饮食方面，女生与男生基本一致，但仍有16%的女生未养成按时吃早餐的习惯，另外有2名女生无吃早餐的习惯（见图2－14），这对于其健康成长是非常不利的。

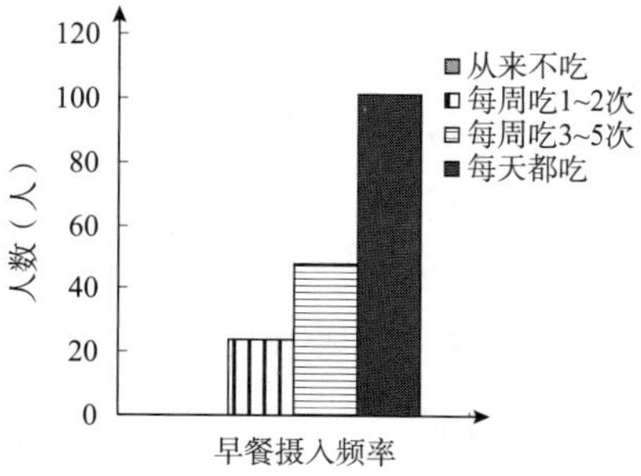

图2－13　男生早餐摄入情况

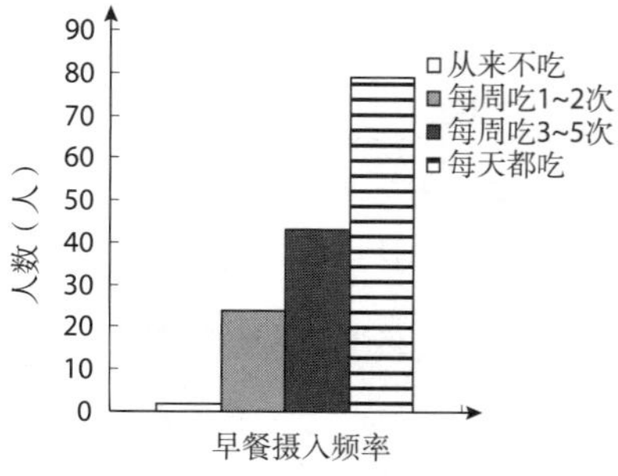

图2－14　女生早餐摄入情况

随着生活条件的改善，学生的零花钱也多起来，购买零食的学生也越来越多。适当地摄入有益的零食可以充饥，还可以为忙碌学习的大脑提供能量，但是零食摄入超标则对身体不利。第一，它不仅容易助长青少年的浪费、贪嘴等坏习惯，而且对他们的智力也是一大妨害，不利于学习。零食大多是甜的，含有大量碳水化合物，如果经常摄入甜食，会使营养供应本来就充足的青少年体内糖类含量过多，营养失去平衡。第二，由于每天不断地吃零食，使得血液一直集中在消化器官，势必会影响大脑的供氧，从而影响其机能的发挥，影响学习。另外，常吃零食，还会使人失去忍耐空腹的习惯。

我们的调查显示，从来不吃零食的男生有 20 人，1 ~ 2 天吃 1 次的有 67 人，比例最高，达 38%，3 ~ 5 天吃 1 次的有 39 人，每天吃 1 次的有 21 人，每天吃零食 2 次及以上的有 26 人，占所有男生比例的 15%。从整体上看，经常吃零食的男生比例较低，仅 7 人每天要吃 4 次以上（见图 2 – 15），应提醒这部分人注意改善其不良生活方式。

女生零食的摄入情况与男生趋势基本一致，女生不吃零食的比例要明显低于男生，经常吃零食的比例为 31%（见图 2 – 16）。

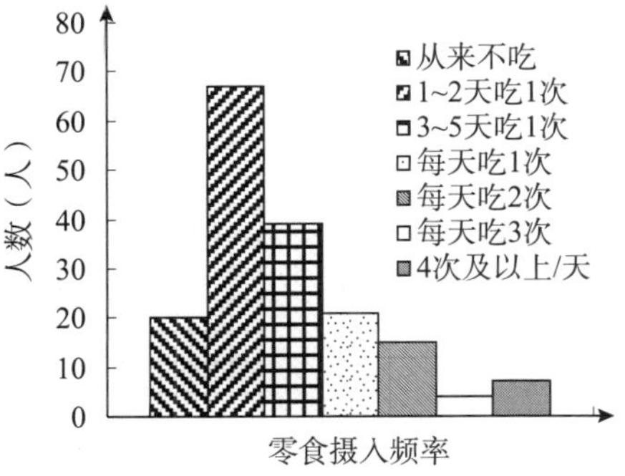

图 2 – 15　男生零食摄入情况

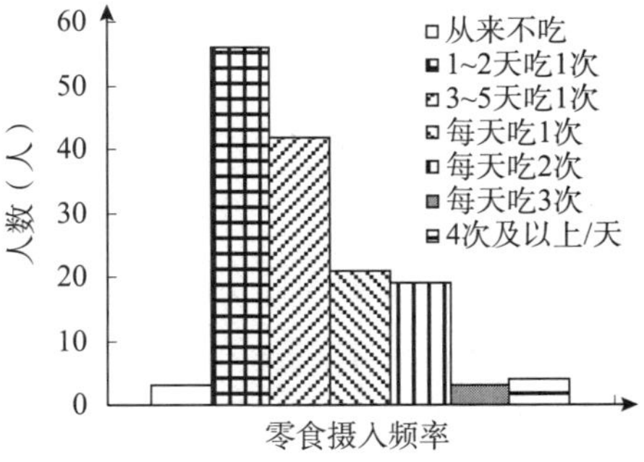

图 2 – 16　女生零食摄入情况

碳酸饮料，主要成分包括碳酸水、柠檬酸等酸性物质、白糖、香料，有些含有咖啡因、人工色素等。除糖类能给人体补充能量外，充气的碳酸饮料中几乎不含营养素。过量饮用碳酸饮料会对人体产生较大的副作用。碳酸饮料中的二氧化碳易造成肠胃功能紊乱，饮料中过多的糖分被人体吸收，会产生大量热量，长期饮用不但容易引起肥胖，还会给肾脏带来很大的负担。另外，糖分对青少年的牙齿发育很不利，会导致骨骼的钙缺失，而含有咖啡因的碳酸饮料会导致身体脱水、牙齿失去光泽。我们的前期调查显示，男生每周不喝及喝1 ~ 3 次的人数为 88 人，占全部男生的 50%；每天喝 1 次的有 49 人，占 28%；每天喝2次及以上的有19人，比例为11%，其中有5人每天喝4次以上。从调查结果来看，男生在碳酸饮料的摄入上总体保持均衡，仅有11%左右的男生需要改善对碳酸饮料的依赖（见图2－17）。

女生在碳酸饮料方面的摄入情况，趋势与男生基本一致，58%的女生能控制在每周喝1～3次，另有5%的女生过量饮用碳酸饮料（见图2－18）。

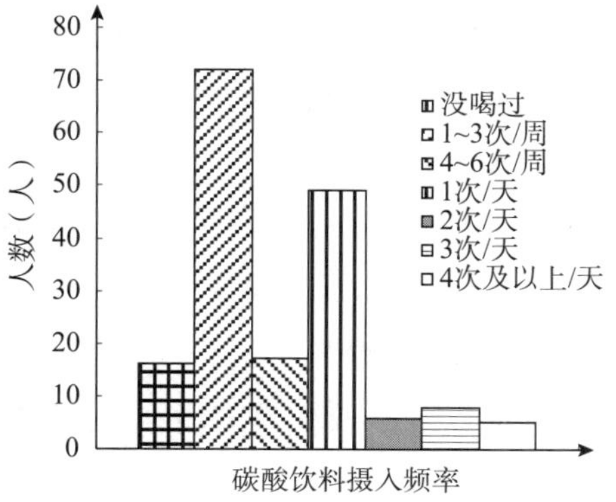

图2－17　男生碳酸饮料摄入情况

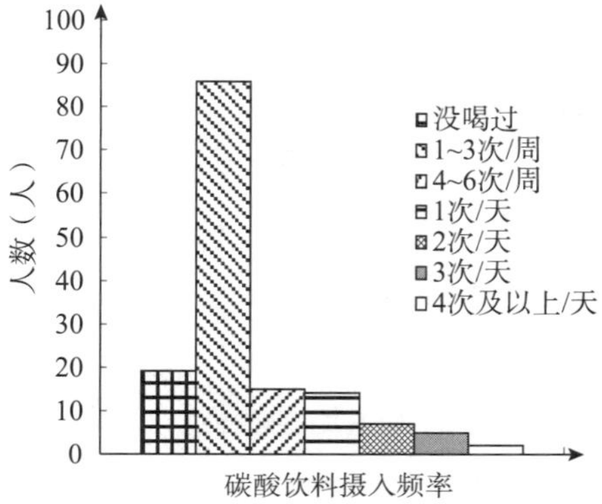

图2－18　女生碳酸饮料摄入情况

（五）体育运动参与情况调查结果

1. 体育消费

当前，人们的生活水平不断提高，青少年作为一个纯粹的“消费者”还缺乏独立的经济基础，其体育消费主要表现为家长为其购买运动器械、运动服、运动鞋等基本体育用品上。从家中运动器械情况的调查可以看出，143名男生的家庭有运动器材的投入，比例达到81%。但是在购买运动服装和运动鞋方面就差了一些，只有103个男生有购入，比例为59%。总体来看，男生家庭对于体育消费方面的投入是比较合理的（见图2－19、见图2－20）。

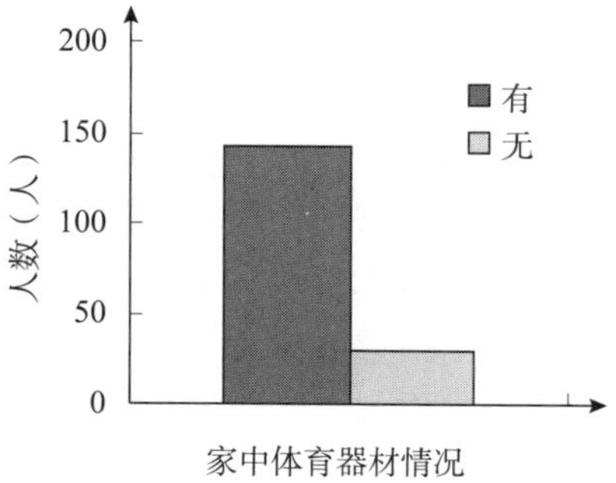

图2－19　男生家中体育器材情况

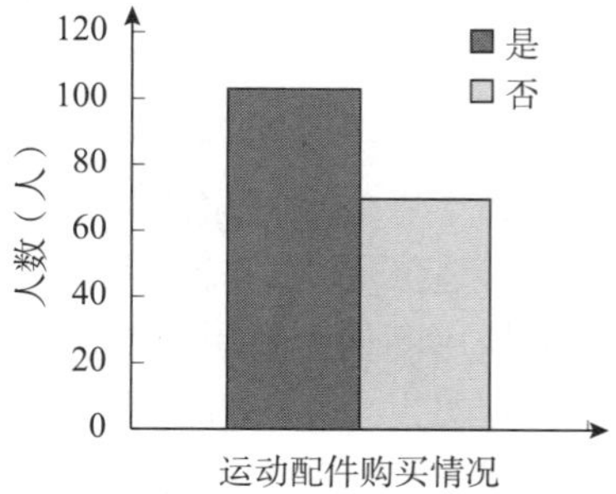

图2－20　男生运动配件购买情况

图 2－21、图 2－22 显示的是女生家庭运动器材及购买运动配件的调查情况。其中，有 123 名女生家里有健身器材，比例为 82%；有 91 人近期有购买运动服（鞋）的打算。

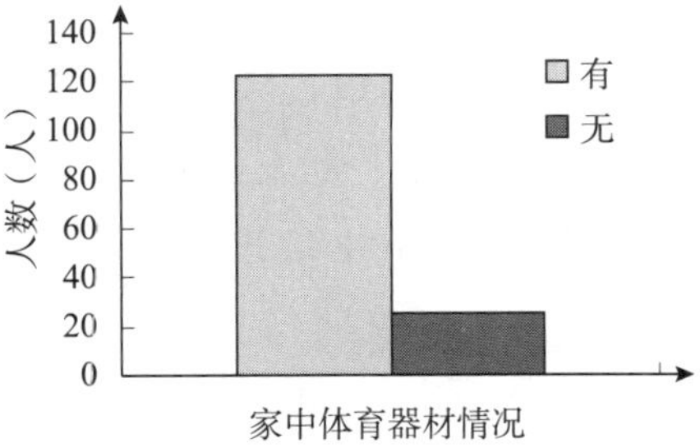

图 2－21　女生家中体育器材情况

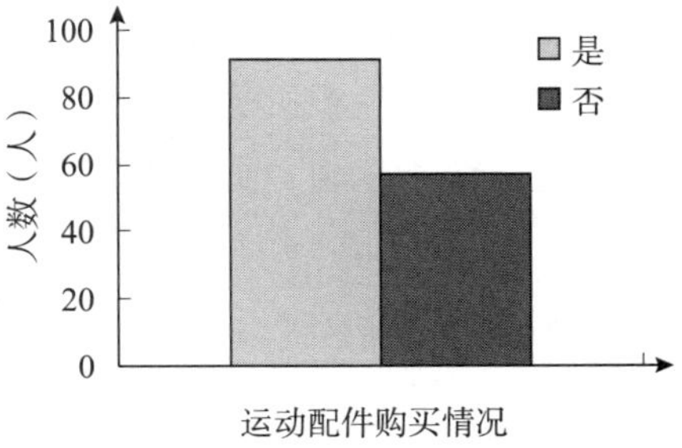

图 2－22　女生运动配件购买情况

2. 体育锻炼行为

“人的行为是个体与环境相互作用的结果”，根据这一行为的定义，体育锻炼行为是人们在内在动因与环境交互作用下表现出来的有利于促进身体健康的躯体活动。即体育锻炼的内涵是人们在促进身体健康的目的下的身体活动，主要表现为运动的频率、运动的时间及运动的空间。

适度的体育锻炼对于学生的身体素质、身心健康发展具有非常重要的意义。我们的调查发现，在过去的一周，男生平均每天用于体育锻炼的时间有 47 人不足 30 分钟，比例占到 27%；82 人的运动时间达到 30～60 分钟；另有 47 人属于经常进行体育锻炼的学生，其中 19 人的运动量偏高，运动量过大可能造成学生长期处于疲劳状态，影响学生正常的学习及生长发育（见图 2－23）。

图 2－24 显示的是女生每周锻炼时间的情况，可以看出平均每天不足 30 分钟的有 36 人，占总人数的 24%；有 69 人在 30～60 分钟之间，比例达到 46%，锻炼时间过长的有 12 人，比例为 8%。锻炼时间不合理的比例为 32%，这部

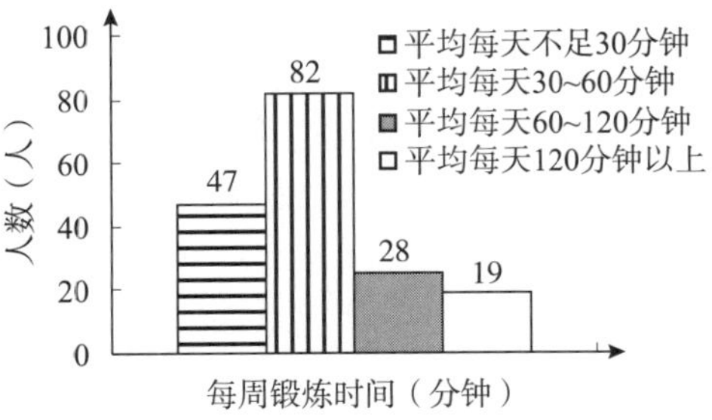

图 2－23　男生每周锻炼时间情况

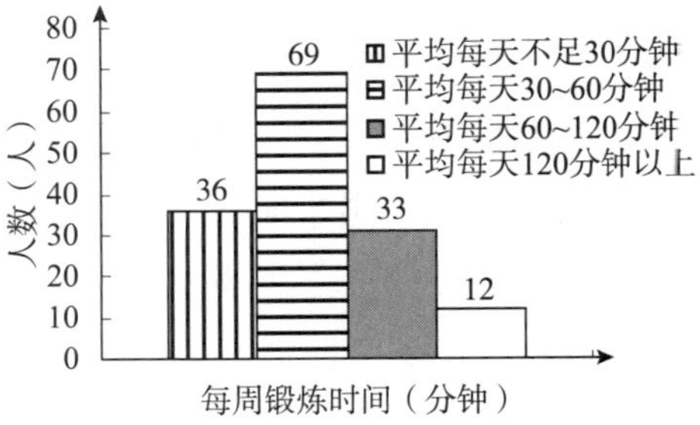

图 2－24　女生每周锻炼时间情况

分女生应该适当调整锻炼时间。

3. 体育氛围

体育氛围是指周围人参与体育活动的气氛和情调，它直接影响着人们的行为和情感。体育氛围越浓，对人体所能引起的认知过程就越深，生理变化相应地增加，产生积极的情绪感受，从而吸引人们主动地投入体育锻炼中。我们的调查结果发现，男生参加体育锻炼主要是与同学、朋友一起练，占半数以上。其次就是与家人一起运动，另有 35 人选择独自进行运动（见图 2 – 25）。

在运动伙伴的选择方面，有 46 名女生选择了与同学或朋友一起运动，占总数比例的 31%，另有 43 人选择了与家人一起运动，这一比例明显高于男生，女生在运动方面与家人的沟通程度要明显高于男生（见图 2 – 26）。

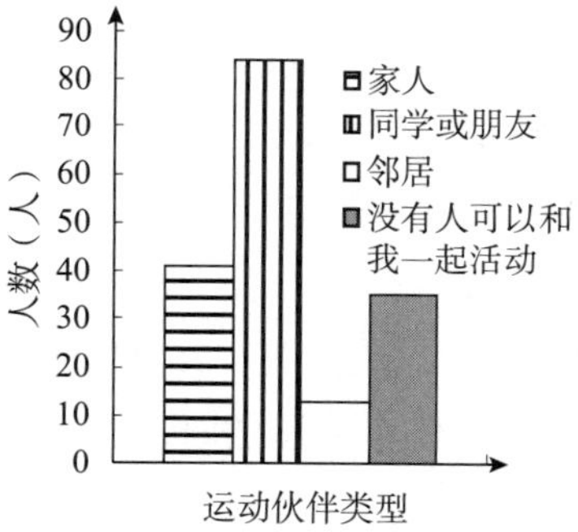

图 2 – 25　男生运动伙伴情况

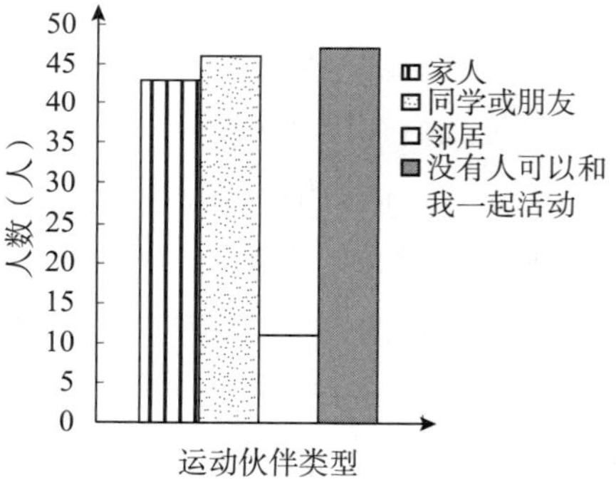

图 2 – 26　女生运动伙伴情况

图 2 – 27 显示的是家人对男生体育锻炼的支持度。其中，选择支持的有 161 人，占 91%；不太支持的仅有 11 人，强烈不支持的仅有 4 人。可以看出男生家长对于“体育运动对学生身体健康有良好的促进作用”这一观念比较认可，这也为学生的全面发展提供了充分的保障。

图 2 – 28 显示的是家人对女生体育锻炼的支持度，选择支持的有 146 人，不太支持的有 4 人，无强烈不支持的家长。在对体育参与的支持度上，女生家长的支持度高于男生家长。可见，家长对“女生通过锻炼增强体质”这一观念更强一些。

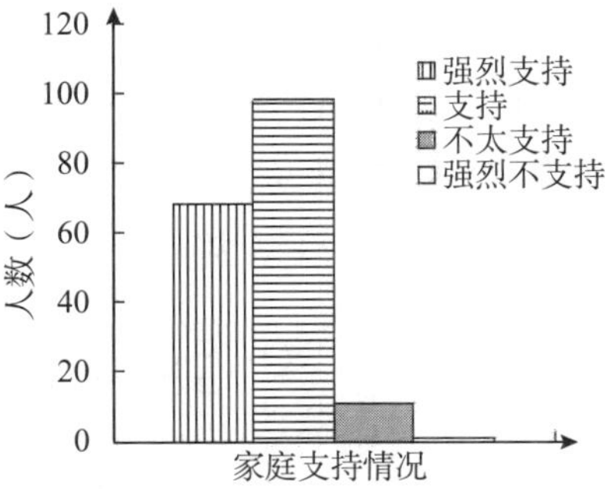

图 2-27　男生家庭支持运动情况

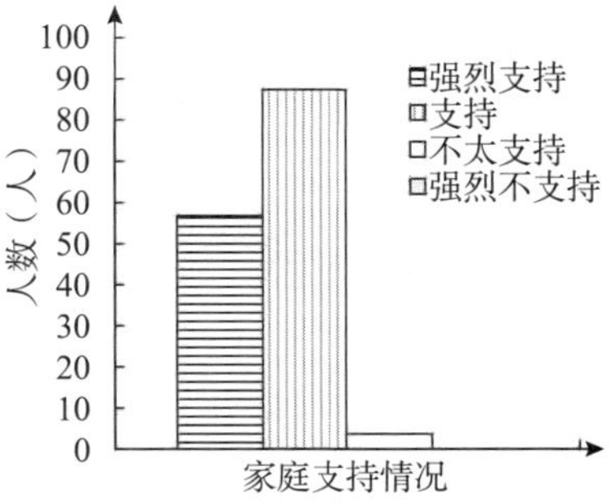

图 2-28　女生家庭支持运动情况

4. 体育锻炼的强度

适度的剧烈运动可以更有效地提高学生的心肺功能、运动能力，缓解学习的压力。男生每周剧烈运动 1～3 天的有 50 人，比较合理的每周剧烈运动 3～4 天的有 59 人，占到男生比例的 34%（见图 2-29）。另有 37 人每周的剧烈运动天数较多，其中 8 人达到了每天均有剧烈运动。这一现象是不合理的，容易导致运动性贫血、情绪低落、食欲不振等问题。

图 2-30 是对男生剧烈体力活动时间的调查，每天 21～40 分钟是最合理的，有 67 人，比例为 38%。进行 60 分钟以上剧烈活动的有 4 人，该部分学生的运动总量偏高，应适度减少。

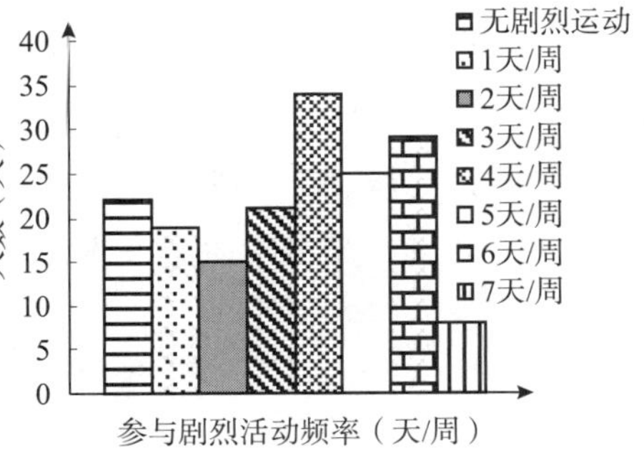

图 2-29　男生参与剧烈体力活动频率情况

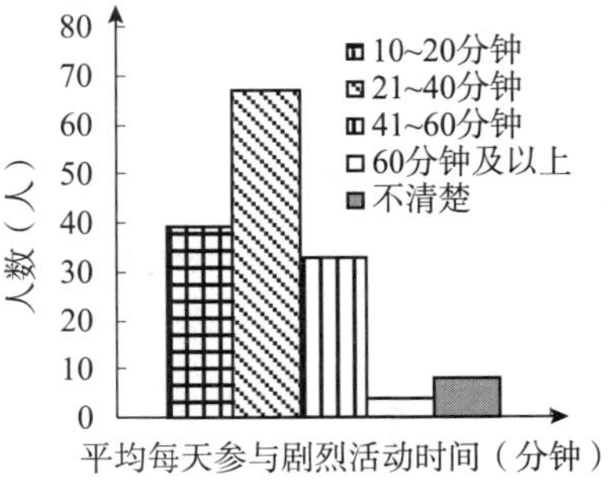

图 2-30　男生参与剧烈体力活动时间情况

女生的生理特点不允许有过量的剧烈运动出现，从图 2-31 可以看出，比较合理的每周 3 天参与剧烈运动的人数有 30 人，占所有女生的 20%；另外每周 5 天及以上运动次数的女生有 19 人，比例为 13%；无剧烈运动的女生有 45 人，比例为总人数的 30%。女生参与剧烈运动的次数相比男生少许多，但是仍有部分女生激烈运动的次数过多，需要提示其注意调整运动方式。

图 2 - 32 是对女生参与剧烈体力活动时间的调查结果，每次 21 ~ 40 分钟是最合理的，有 38 人，占有剧烈运动女生总人数比例的 36%。进行 60 分钟以上剧烈活动的有 3 人，该部分学生的运动总量偏高，应适度减少。

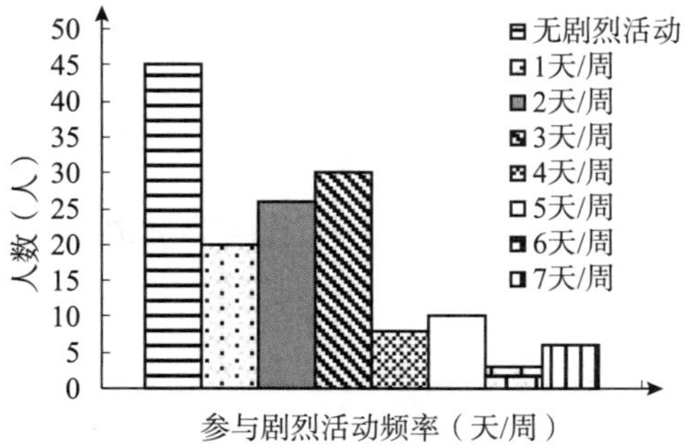

图 2 - 31　女生参与剧烈体力活动频率情况

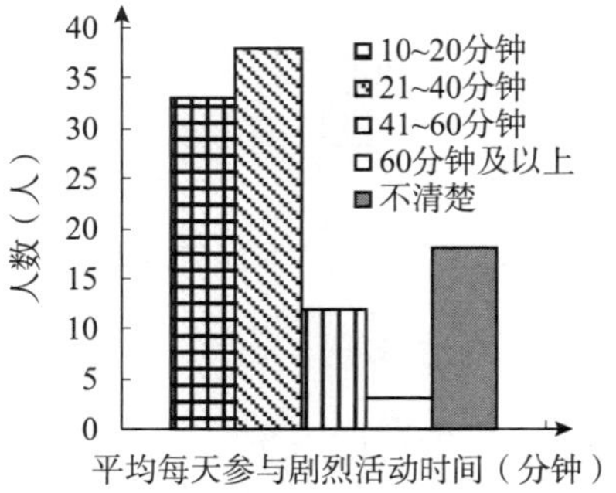

图 2 - 32　女生参与剧烈体力活动时间情况

中等强度的体力活动对于学生调节学习压力、保持良好的体重具有重要的作用。图 2 - 33 调查结果显示男生中有 33 人无中等强度体力活动，其余除 3 天/周及 7 天/周外均分布均匀。总体来讲，少于 4 天/周的中等体力活动是不足的，有 90 人属于此列，占总数的 51%，该部分学生应该多参与体育运动。

图 2 - 34 是对男生参与中等体力活动时间的调查。每天 41 ~ 60 分钟是较合理的，有 35 人，占有中等强度体力活动的男生比例为 24%，另有 77 人运动时间偏短，比例占到一半以上，可能达不到较好的锻炼健身效果。需要指出的是，有 22 人对自己中等强度的运动时间选择了不清楚，说明该部分学生个人体育锻炼

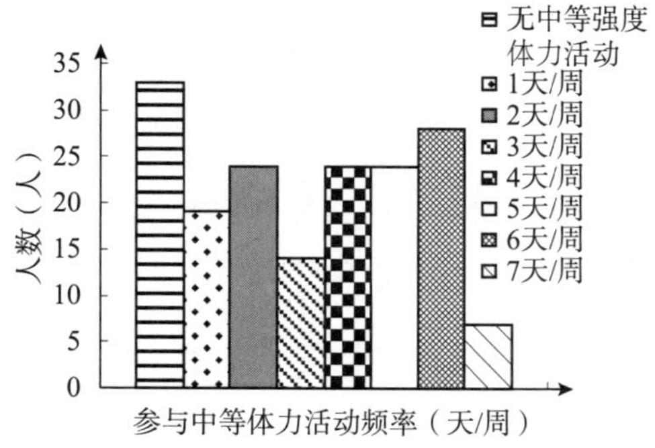

图 2 - 33　男生参与中等体力活动频率情况

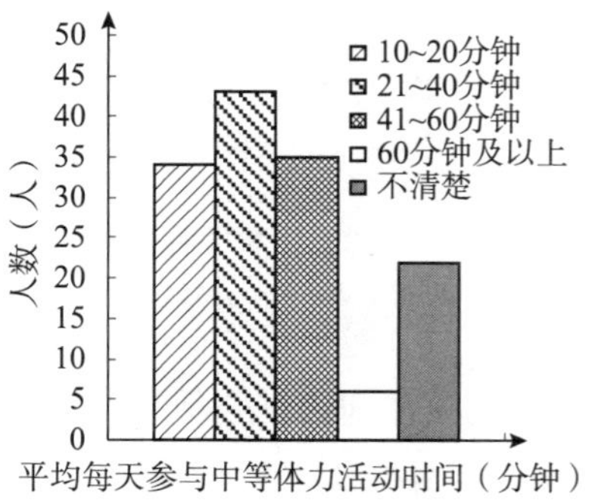

图 2 - 34　男生参与中等体力活动时间情况

并不是一个规律性的行为。

中等强度的体力活动是比较适合女生经常参与的，从图 2 - 35 可以看出，女生的中等强度体力活动主要集中在 3 ~ 4 天/周，人数有 75 人，占所有女生比例的 50%；另外有 60 名女生每周参与次数较少，有 7 人每天都进行中等强度的体力活动。相对来说，女生在频次上要明显低于男生，尤其是每周活动 5 ~ 6天的人数。

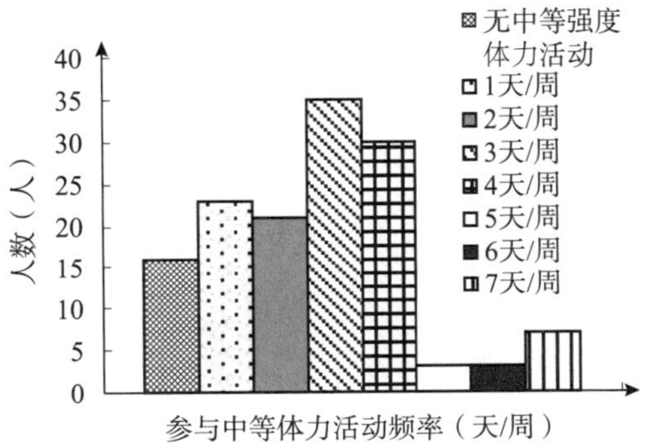

图 2 - 35　女生参与中等体力活动频率情况

步行是人类基本的活动方式之一，整个人体结构似乎就是为步行设计的，步行被公认为世界上最好的运动。步行活动的加强可有效缓解学生久坐时间过长造成的不良问题，对于缓解学习紧张情绪、调节精神状态具有非常好的作用。图 2 - 36 显示有 62 名男生保持着每周 6 天的步行活动，有 78 人低于每周 6 天，青少年学生在步行方面较少的原因可能是其参与的运动大部分都是中等强度以上的以跑步为主的运动。从图 2 - 37 可以看出男生在步行时间方面也偏少一些，大部分在每天 40 分钟以内。

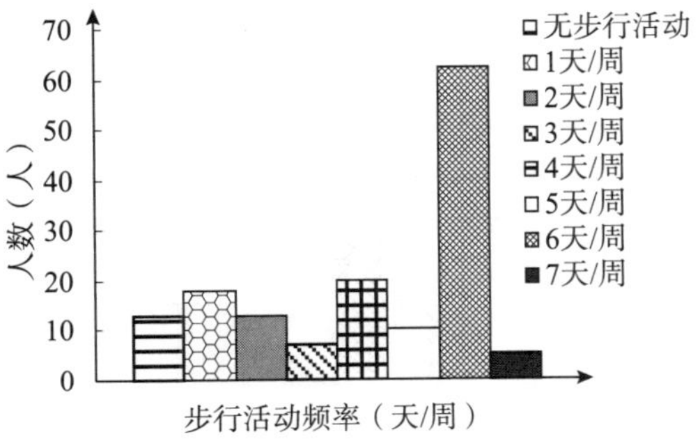

图 2 - 36　男生步行活动频率情况

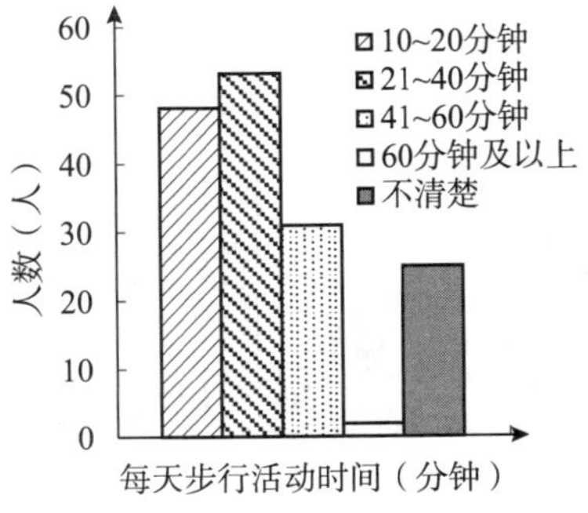

图 2 - 37　男生步行活动时间情况

青少年属于特殊群体，需要完成每天的课程学习，所以久坐时间较长，但除上课时间外，课外作业的繁重及懒惰心理导致许多学生选择坐姿来填充课余时间。久坐对身体的影响是多方面的，如颈椎病、腰椎间盘突出、近视眼、心理自闭等问题均是久坐导致的。图 2－38 显示的是男生久坐时间的分布情况，其中有 92 名男生每天久坐时间在 8～10 小时，按学生上课时间为 6 小时（8 节课）计算，他们的课余久坐时间为 2～4 小时；另有 22 人课余久坐时间超过了 4 个小时，这对于其健康的影响是很大的，应提示其尽量多安排一些体力活动。

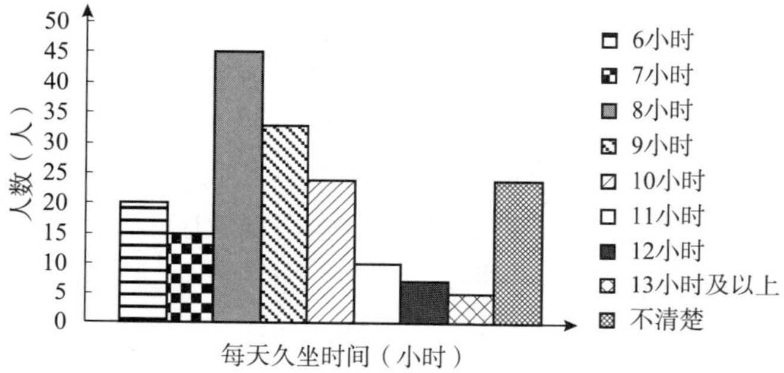

图 2－38　男生久坐时间情况

步行是缓解学习压力、保持身体健康的最好运动方式，在生活中步行次数、时间长短会直接影响到学生的健康成长。图 2－39、图 2－40 显示的是女生参与步行活动的情况，可以看出女生基本维持在每周 4～6 次的频率，占总数的 63%，步行次数偏少的人数为 48 人，比例为 32%。大部分女生处于每次 10～60 分钟的水平。总体上可以看出，女生在步行频数和时间上都要高于男生。

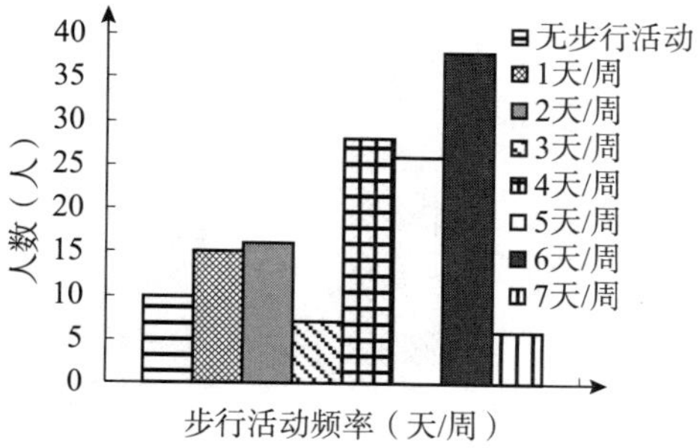

图 2－39　女生步行活动频率情况

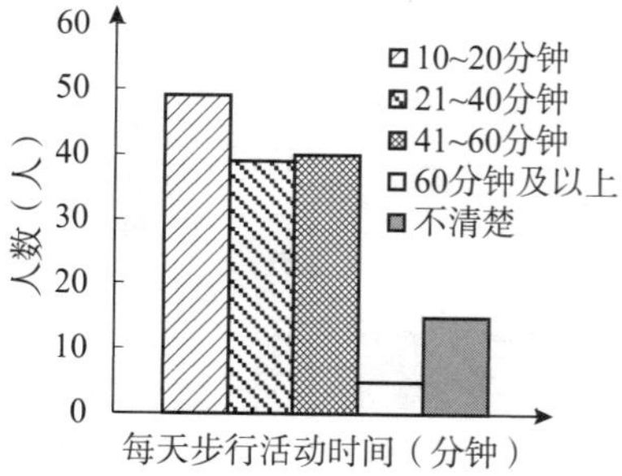

图 2－40　女生步行活动时间情况

图 2－41 显示的是女生每天久坐时间的分布情况，可以明显看出：女生每天久坐在 8～10 小时的人数较多，有 75 人，占所有女生的 50%。女生的情况整体要比男生多一些，尤其是久坐达到 10 小时的人数明显多于男生。

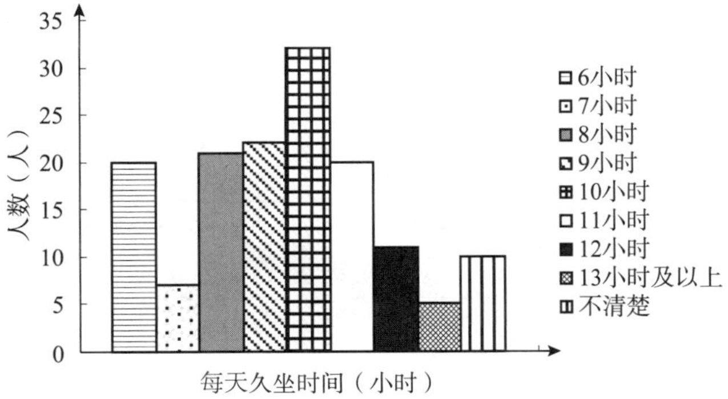

图 2－41　女生久坐时间情况

有 28% 的男生未达到睡眠标准时间，处于睡眠缺乏状态；有 29% 男生认为课业负担过重；在出行方式上选择较多的是能较好锻炼身体的自行车出行，占男生的 55%；总体上看，上下学的时间集中在 20 分钟左右。

饮食方面，有 42% 的男生没有按时吃早餐的习惯，同时对牛奶的摄入大部分较低，近 30% 的青少年能达到每天一袋牛奶的标准，青少年及家长应该重视青少年在营养方面的补充；在零食、碳酸饮料方面，青少年总体上能做到适量摄入，但有 15% 左右的青少年对其摄入量偏高，可能加大影响健康的潜在风险。

在体育消费方面，家庭对体育器材及配件的投入比例还是比较充裕的，有 70% 的家庭近期有体育用品的消费。无论男生还是女生，在体育参与度上都有较大的提升空间。需要指出的是，目前学生在运动强度、运动频度、运动时间上存在较多不合理的现象。以上结果显示，总体来讲青少年在生活方式及运动锻炼上能保持一个较好的规律，但是不良生活方式较多的情况频发，建议家长、学校及社会应该在监督教育方面加大力度。如果不能科学合理地运动，将会大大削弱体育运动对身体健康的促进作用，这需要学校、家长及学生的共同努力。

二、青少年日常体力活动水平现状调研结果

本研究采用 ActiGraph GT3X 型加速度传感器及 ActiLife 5 软件进行体力活

动调查，仪器佩戴于受试者身体右侧髋部，连续佩戴7天（包括5个上学日和2个周末日），在学校正常活动和日常生活中都需佩戴。

1. 不同性别中学生体力活动水平比较

表2－1　不同性别中学生体力活动测试结果（$\overline{X} \pm S$）

性别（样本量）	久坐时间（分钟/天）	中等强度以上体力活动时间（分钟/天）	体力活动能耗PAEE（千卡/天）	体力活动能耗相对值PAEE（千卡/天/千克）
男生（$n=149$）	556.53±88.49	54.69±21.96	686.59±150.86	11.94±3.75
女生（$n=142$）	582.15±92.17	47.43±19.34*	597.07±180.33**	11.09±3.23

注：* $P<0.05$，** $P<0.01$.

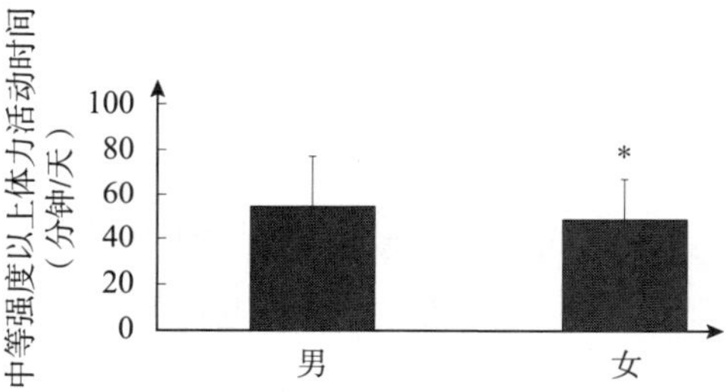

图2－42　学生中等强度以上体力活动时间

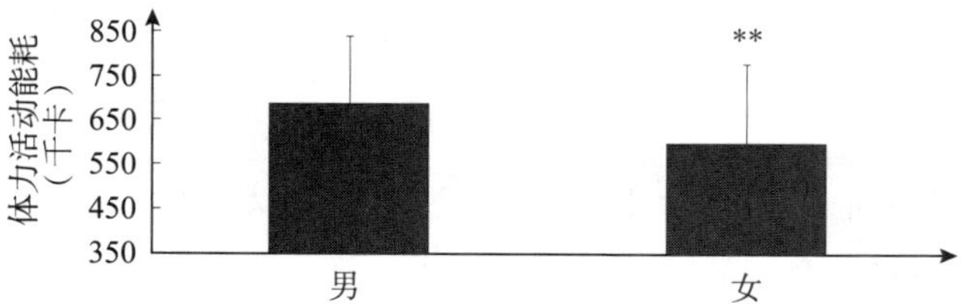

图2－43　男、女生体力活动能耗比较

2. 不同年龄学生体力活动测试结果比较

表2－2　男生体力活动测试结果（$\overline{X} \pm S$）

年龄	久坐时间（分钟/天）	中等强度以上体力活动时间（分钟/天）	体力活动能耗PAEE（千卡/天）	体力活动能耗相对值PAEE（千卡/天/千克）
12岁	541.48±77.27	52.74±16.00	639.57±139.17	12.79±3.42
13岁	563.56±97.61	49.15±23.43	677.92±193.69	11.73±3.47

续表

年龄	久坐时间（分钟/天）	中等强度以上体力活动时间（分钟/天）	体力活动能耗 PAEE（千卡/天）	体力活动能耗相对值 PAEE（千卡/天/千克）
14 岁	569.32 ±76.31	60.83 ±17.68	683.77 ±138.91	12.04 ±3.13
15 岁	531.31 ±105.54	61.65 ±23.52	707.51 ±156.41	13.05 ±4.91
16 岁	553.75 ±84.46	58.11 ±27.63	670.49 ±126.43	11.39 ±3.87
17 岁	568.27 ±92.96	49.78 ±18.15	625.62 ±145.04	10.88 ±4.22

注：* $P<0.05$，** $P<0.01$.

表 2－3　女生体力活动测试结果（$\overline{X}\pm S$）

年龄	久坐时间（分钟/天）	中等强度以上体力活动时间（分钟/天）	体力活动能耗 PAEE（千卡/天）	体力活动能耗相对值 PAEE（千卡/天/千克）
12 岁	563.61 ±109.73	42.99 ±18.94	595.80 ±201.46	10.27 ±2.59
13 岁	574.12 ±83.66	47.47 ±16.98	560.01 ±149.06	11.36 ±2.88
14 岁	574.90 ±82.22	48.67 ±19.19	606.55 ±179.90	11.44 ±3.57
15 岁	597.41 ±88.21	49.52 ±20.06	596.34 ±184.67	11.90 ±2.96
16 岁	586.76 ±103.29	48.98 ±24.24	565.63 ±140.95	10.95 ±4.82
17 岁	603.92 ±96.84	42.07 ±16.91	624.01 ±165.77	10.57 ±2.73

注：* $P<0.05$，** $P<0.01$.

3. 不同 BMI 的学生体力活动水平测量结果比较

合理的体力活动对于维持机体健康具有非常重要的作用。2008 年，美国健康与人类服务部（HHS）在体力活动指南中指出：青少年每天应该进行至少 60 分钟的体力活动，其中包括每天进行至少 60 分钟的中等或高强度的有氧体力活动，中等以上体力活动强度一般需达到 3～6METs。本研究表明，学生每天中等以上体力活动时间都没有超过 60 分钟。根据中国肥胖问题工作组的中国学龄儿童青少年超重、肥胖筛查体重指数值分类标准，对青少年进行 BMI 分组（见表 2－4）可知，男生肥胖组久坐时间高于正常组，有显著性差异，女生肥胖组与正常组久坐时间虽没有显著性差异，但从统计数据可以看出女生肥胖组高于正常组，可推测肥胖青少年除了饮食上摄入过多高脂肪、高热量的食物以外，久坐时间较长、能量消耗少。男、女生肥胖组和正常组的中等强度以上体力活动和体力活动能耗相对值都有显著性差异，肥胖组的体力活动处于较低的水平，久坐时间长及体力活动时间少，这样会降低静息代谢率、减少身体活动时间，能量摄入过多增加了青少年患慢性疾病的风险。根据学生体质综合评价进行分组，优良组中等强度以上体力活动时间明显高于及格组和不及格组，及格组高于不及格组，因此可推断学生综合体质和体力活动有重要的相关作用。

表 2－4　不同 BMI 学生体力活动水平的比较测量结果（$\bar{X} \pm S$）

对象		久坐时间（分钟/天）	中等强度以上体力活动时间（分钟/天）	体力活动能耗 PAEE（千卡/天）	体力活动能耗相对值 PAEE（千卡/天/千克）
男	正常（$n=87$）	544.70 ± 82.30	58.36 ± 23.38	689.19 ± 149.43	12.79 ± 4.09
	超重（$n=30$）	547.22 ± 90.01	53.69 ± 19.82	693.67 ± 141.67	11.31 ± 3.10
	肥胖（$n=30$）	$600.14 \pm 93.59^{*\#\#}$	$45.03 \pm 16.61^{*\#\#}$	671.98 ± 167.35	$10.11 \pm 2.33^{**\#\#}$
女	正常（$n=107$）	585.58 ± 94.20	48.06 ± 18.59	596.24 ± 178.44	11.25 ± 3.18
	超重（$n=23$）	553.17 ± 84.01	52.86 ± 21.62	625.69 ± 208.34	11.71 ± 3.32
	肥胖（$n=14$）	607.09 ± 81.95	$31.44 \pm 13.55^{*\#\#}$	549.54 ± 137.92	$8.52 \pm 2.39^{*\#\#}$

数据来源：中国肥胖问题工作组．中国学龄儿童青少年超重、肥胖筛查体重指数值分类标准［J］．中华流行病学杂志，2004，25（2）：97－102．$^{*}P<0.05$；$^{**}P<0.01$（$^{\#}$代表超重组与正常组、$^{\#\#}$代表肥胖组与正常组、$^{\#\#\#}$代表超重组与肥胖组之间差异显著性）．

近几年调研发现，青少年身高、体重、胸围等形态指标发育持续增长，肺活量、速度、力量、耐力等体能素质在持续下降，肥胖率也在逐年增加，众多流行病学研究已经证实体力活动不足及久坐少运动的现象与体脂含量超标、肥胖的发生相关。中等强度以上体力活动可以加强青少年肌肉力量和提高心肺功能。本研究结果显示，体力活动能耗指标与肺活量具有相关性，中等强度以上体力活动和体力活动能耗与最大摄氧量具有高度相关性。就目前而言，按照国际标准，青少年的体力活动水平都未达标，中等强度以上体力活动水平都低于一小时，而肥胖和超重的人群久坐时间远远大于正常体重青少年，这需要学校和家庭共同来完成对青少年的督促和鼓励。

第二节　影响青少年体力活动的因素

一、影响青少年体力活动的社会学因素

（一）自然环境

近年来世界各国城市化进程加快，导致青少年正不断远离大自然，因此倡导实施废弃地块等改造工作，建成适合不同年龄层青少年相对独立的活动区域，如各种体验馆的健身游乐设施、儿童户外营地及户外游戏空间等，在愉悦青少年身心的同时，可促进其对自然界的了解。在对初中生体育锻炼行为进行研究时，我们发现：

（1）从天气原因看，初一学生受“天气不适”因素的制约程度高于其他两个年级，这可能与初一学生年龄相对较小、对天气更为敏感有关。

（2）从锻炼制约因素的性别特征分布情况看，男生略高于女生，这可能跟男生本身所进行的运动锻炼较多有关。在乡镇中学学生锻炼行为制约因素中，“天气不适”的人数比例高于主城区和区县两类学校，这可能跟乡镇中学的锻炼设施有关，设施的不完备导致学生对天气的依赖度增加。

现在我国仅部分城市的新型社区建造了一些体育设施，但是大多数的居民区还没有建造，因此青少年应多选择一些如跳绳、踢毽子、做游戏、跑步等体育活动项目。但这些体育活动受季节和天气的影响较大，容易影响青少年参与体育运动的积极性，而且项目单一，无法有效地激发青少年的运动兴趣。并且我国有学者在研究中指出，季节性气候变化因素对户外体力活动的影响不容忽视，应充分考虑四季更替的不同特点，开发与之相适应的活动方案以满足户外体力活动的需求。

校园风景（如绿树、草地）也可能影响其身体活动。通过对青少年学生参与身体活动的调查发现，学校绿化环境建设会影响青少年参与校内身体活动的心情，如缺少植被可能会使其置身于烈日或寒风下参与身体活动，从而影响或致使其放弃参与身体活动。环境比较优美，如步行途中可以看到优美的风

景，对青少年参加体力活动还是有积极意义的。气温和校园风景（绿树、草地）也可能影响到青少年体力活动的参与，令人不悦的事情（如在活动场所晒衣服等行为）也可能影响到青少年体力活动的参与。在风和日丽的日子里，青少年更愿意进行体力活动。

（二）社会环境

1. 国家机制、政策

从国际上来看，已有许多国家采取了一系列的宏观政策甚至立法来改善居民身体活动不足的问题，而且已起到了较好的效果。如在美国，涉及增加和改革儿童青少年身体活动教育的立法有 22 项。加拿大政府为促进儿童青少年参加体育锻炼，推出了一项免税政策，如父母为 16 岁以下的青少年注册体育或健康计划，就可以减免部分税收。在巴西，2015 年政府为 4000 个城市的社区免费提供运动设施、设备以及人力资源等。

中国传统观念中的重智育、轻体育思想在学校表现得更加明显，学生每天一小时的体育活动并没有真正得到落实，体育课不能开足开满，中小学的体育课经常被调整。与此相反，西方人往往认为子女成长首要的是身体健康、人格健全，不以考试为中心，倡导快乐教育。上海社科院青少年研究所所长、社会学教授杨雄做过一次有关上海儿童和法国儿童的比较研究，结果显示：法国儿童好动，向往成为棒球运动员，运动健将比比皆是；上海儿童更喜欢静，爱好玩电子游戏、看电视、上网。

当前我国教育与就业、社会竞争等密切相关，以知识掌握程度为内容的考试就成为选拔人才的基本方式。应试教育鼓励单一发展，严重违背全面发展的指导方针，在这种教育模式中，智育被当作学校教育的唯一目标，德育、体育被置于从属地位。应试教育造成学生负担过重，严重影响青少年身心发展。

针对这种情况，近 20 年来我国也出台了多项具体的政策措施，以改善包括青少年在内的全民身体活动不足的现状，对青少年体力活动起到了积极的推动作用。1975 年，国家体委就公布了《国家体育锻炼标准》，鼓励并推动人民群众特别是儿童青少年参加体育锻炼，以增强体质；1995 年颁布的《中华人民共和国体育法》又进一步规定“学校必须实施国家体育锻炼标准”，从而以法律形式保证学生在校期间每天进行体育活动；2002 年，由教育部、国家体育总局联合下发了《国家学生体质健康标准（试行方案）》，促进学生积极参加体育锻炼。但上述法规并未对儿童青少年体育锻炼的时间提出具体要求。

2006 年 12 月，教育部、国家体育总局、共青团中央联合发布《关于开展全国亿万学生“阳光体育运动”的决定》，第一次明确提出要“保证学生平均每个学习日有一小时体育锻炼时间”。2007 年 5 月，中共中央国务院发布了《关于加强青少年体育 增强青少年体质的意见》，对学生在校期间的体育课时间、课外体育锻炼时间以及课间体育活动时间均做了明确要求，以保证学生每天锻炼一小时。我国政府提出的学生每天锻炼一小时的目标与发达国家现行的体力活动推荐量基本一致。从 1985—2010 年全国学生体质与健康调研数据可以看出，尽管从 1985 年以来我国儿童青少年的身体素质呈下降趋势，但 2010 年较 2005 年学生爆发力素质、柔韧素质出现好转，耐力素质显现止跌趋势。2014 年国家建立健全学生体质健康监测评价机制，激励学生积极参与身体锻炼。为进一步促进学生体质健康发展，教育部又印发《国家学生体质健康标准》修订版，该标准符合国家对受教育者的全面发展和人才战略培养的需求，相信对未来会产生极其深远的影响。由此可见，国家对青少年体力活动的重视和给予的社会支持。但少有研究对社会支持来源进行区分，无法得知不同社会支持来源对青少年体力活动的影响机制。

2. 学业压力

针对我国青少年的调查显示，我国青少年课业负担太重，体力活动基本依赖于体育课，仅有约 8% 的人会在课余参加中等强度或高强度运动。初中生锻炼行为的障碍很大一部分来自学习或作业压力。已有运动习惯者，中断运动的原因中，疲劳、身体不舒服、学业压力大等因素是最常被提及的，其中学习压力大是主要原因。特别是随着年级的升高，经常锻炼的人数比例逐渐减少。我们认为，限制中小学生参加学生“阳光体育运动”的因素是多方面的，其中学生的学习负担过重、家长对学生参加体育活动不支持是重要原因。锻炼行为同样随年级升高而呈逐渐下降趋势。许多学校以提高升学率为关键，造成学生课业负担过重，压缩了学生的休息和运动时间，尤其是小学六年级、初中三年级、高中三年级的体育课，课时严重减少，甚至直接取消。此外学校体育比赛的次数也在减少，学生从早到晚坐在教室里，课间仅有 10 分钟的休息时间，在教室与厕所间的往返可能是他们最长的跑步路线。而在假期中，补课现象仍较为普遍。许多农村学生还要在繁重的学习之余承担一定的农业劳动，合理进行体育锻炼的时间同样无法保证。

3. 学校环境

国内关于学校环境和政策对青少年校内体力活动的影响，主要指学校提供的锻炼机会，包括体育课程编排、课外活动课、运动会等方面。学校发挥着体育教育的主要职能，学生的体育运动知识、体育认知水平、对体育活动的态度与价值观、运动技能的获得，以及体育锻炼习惯的养成，受到学校师资力量、学校体育课程、学校体育活动、学校体育设施等软、硬件环境的影响。

一般而言，学校提供的锻炼机会数量与青少年校内体力活动呈正相关。当前，我国中小学校体育课还存在教学内容陈旧、体育项目设置单调的问题。学校体育教育大多采用以教师为中心，以竞技体育项目（跑步、篮球、排球、羽毛球等）为内容，以掌握运动技术为任务，以考核为保证的教学模式。学校体育阶段是形成体育锻炼习惯的关键时期，由学校和体育教师对学生进行全面的、系统的、有目的的教育，其目的是发展学生的身体素质，掌握一定的运动技术、技能和体育理论，学会锻炼的方法，培养锻炼的意识和习惯。如果学校对体育课重视不够，没有在体育器材、场地上投入足够经费，其他学科教师无故占用体育课，将使学生的身体得不到充分的锻炼，也不易激发学生参与体力活动的兴趣和动机。相反，学校提供的锻炼机会越多，青少年校内体力活动越有保障。如中小学校多组织体育比赛和课外体育活动，不仅增加学生参与体育活动的机会，而且极大地影响学生对体育锻炼的兴趣，保证了青少年在校内体力活动的水平。建议学校可以多创造青少年参与体力活动的机会，如上、下午的课间操期间、放学后一小时学校操场和器材对青少年开放；开办篮球、排球、乒乓球等兴趣班；利用中午午休时间，可进行小型的体育竞赛（七人制足球比赛、半场篮球比赛等），可以缩短比赛时间；每月举办不同趣味比赛，邀请教师和学生共同参与。遗憾的是，据中央教育科学研究所吴键的调查显示：小学阶段，开足开齐体育课的学校不足45%；初中阶段，每周开足开齐的学校不足15%；高中阶段，每周开足开齐的学校不足5%。部分省市中小学体育课开设情况已达到国家规定的标准（小学至初中3节/周，高中2节/周），所有学校都有至少1次课间操，但仍然有37%的班级存在挤占体育课的情况。

学校的教师资源对学生体力活动的促进有着不可忽视的作用。有46.7%的学生认为影响体育锻炼习惯形成的因素来自体育课堂和体育教师。针对这种情况，学校要加强师资队伍建设，提高教师的人格魅力。体育教师应更新观念，转变角色，加强体育课程改革，创编丰富多彩的课程内容，增强体育课的趣味性，积极调动学生的学习兴趣，以达到锻炼的目的。

另外，还有 10.5% 和 16.6% 的学生认为班主任和同学能影响体力活动的参与情况。学校的校运动队与学生休息日的体力活动存在相关关系，这可能是榜样示范作用。如果学生在学校运动队的成绩让自身产生自豪感，将非常有利于其参与更多的体育活动。另外，体育特色校的学生体力活动情况一般优于普通学校的学生。除课业压力外，体育特色校的学生在经济因素、政策因素、认识与方法、习惯养成、外部条件等方面明显优于普通学校的学生。学校类型的不同对学生参与体育活动的影响较大，寄宿学校与走读学校差异巨大：寄宿学校学生能有更多的体育锻炼时间，走读学校学生平时久坐时间明显高于周末久坐时间，这表明孩子在校期间课业压力较大，活动时间不足。

4. 家庭环境

家庭环境也是影响青少年体力活动的重要因素。美国社会学家 P. 布劳曾经指出："一个人出身的家庭对他的爱好有着深刻的影响，因为他的爱好取决于他所处的环境教育，而他所处的环境又在很大程度上取决于他的家庭。"社会学家 T. 帕森曾指出："少儿把家庭作为一个'参照群体'来与之认同，从而将家庭作为自己的一部分。"由此可见，家庭因素对青少年的体力活动有很大影响。

我国面临着独生子女逐渐增多、体力活动逐渐减少的现状，"圈养"在家庭和学校屡见不鲜。不少家长怕小孩出现意外，对孩子越来越娇惯，导致孩子上体育课怕苦、怕累、怕受伤，不肯到体育场运动锻炼；放假的时候就把小孩关在家里，很少进行体力活动。许多家长尤其是独生子女的家长缺乏正确的教育观、健康观、成才观：他们只重视孩子的智育，轻视孩子的体育；只重视孩子的营养，轻视孩子的锻炼，多数学生并没有利用在家中的闲暇时间进行体育锻炼。因此如果父母想要促进子女长期进行身体活动、养成运动习惯，应采取较为严格的教育方式，向子女说明身体活动的益处，并对其身体活动进行有效的监督或设定运动标准，这样更有利于促进子女长期积极参与身体活动。体育活动强度较低的家庭，孩子们只参与自发水平的体育活动；相反，参与中等强度或高强度体育活动的父母，他们的孩子更可能参与有规律的体育活动。

家长的支持和家庭器材的中介作用也可以对青少年的体育锻炼行为产生间接的影响。父母通过提供丰富的锻炼器材可间接地影响子女的锻炼行为，这种中介作用对男生的锻炼行为会产生明显的间接影响，而对女生的锻炼行为的间接影响虽然有，但并不明显。不同区域的学生受家长支持体育活动的影响之间并不存在显著的差异，而在家庭体育器材方面则存在明显的差异，即家里有体育器材的学生的体育锻炼行为明显高于家里没有体育器材的学生。

（三）父母的文化程度

父母的文化程度对青少年体育锻炼认知度具有显著性影响。父母的文化层次越高，对体育锻炼的价值和功能认识越深刻，父母越容易对参与体力活动具有积极的态度和行为。一方面，父母自身参与体力活动会比较积极；另一方面，也会鼓励孩子参与体力活动，并且他们会在日常的家庭生活中把这种体育价值观念渗透给青少年。随着年龄的增长，这种影响的程度也会逐渐加深，青少年对体育锻炼的价值认知程度也会逐渐提高。尤其青少年的生活起居大多由母亲照料，母亲的文化程度会影响到青少年的健康成长，文化程度高的母亲掌握一定的健康知识与技能，可能对与学生健康相关的行为更为关注。

国外的体育运动参与具有明显的家庭聚集性，且同辈人参与运动的习惯相近，因此同时针对个体和家庭的干预方案可能更易获得成功。另外，教养类型对学龄前儿童久坐行为也会产生影响，宽松型家长的学龄前儿童屏幕时间多于严厉型家长的孩子。

与国外家长普遍较认同体育的价值与功能不完全相同，国内部分家长对体育价值和功能的认识需进一步纠正与提升，具体表现在：部分家长文化程度与青少年体育锻炼的喜欢度及参与度呈低度负相关，即家庭文化层次高，青少年的体育锻炼意识与行为稍差。但总体来看，国内家长对体育锻炼的价值和功能认识较以往有较大提升，这在一定程度上有利于青少年更积极、更频繁地参与到体力活动中。国内父母的文化程度同样对青少年的体力活动有很大影响，具体表现在：

（1）父母的文化程度越高，青少年进行体育活动的频率越低，但单次体育活动的持续时间越长，主要集中于30～60分钟。

（2）父母的文化程度越高，青少年（尤其是小学生）越倾向于在家长的陪同下进行体育活动。周一至周五非上学时间，文化程度较低的家长认为“作业太多”是减少青少年体育活动的重要原因。

（3）父母的文化程度越高，青少年（尤其是小学生）越倾向于选择距家较远的活动场所，如体育场（馆）、健身俱乐部等；相反，父母受教育程度越低，青少年体育活动场所呈现近家趋势，如家、校及小区等。

（4）母亲的文化程度会影响青少年日常电子屏幕时间，母亲学历越高，孩子平均每天的电子屏幕时间越少，反之越多。

（四）运动场地、设施及环境

人类行为受到客观环境的影响，行为的变化与其所处的特定地点有关，而体力活动作为一种特定的行为同样具有地域属性。某些场所有助于体育活动行为的激发，如操场、健身俱乐部、空地、楼梯、人行道、小径等，但这些场所也可能由于设计不当或管理不佳缺乏吸引力或安全感而影响人们的体力活动行为，如没有步行道和过街斑马线的街道、罪犯出没的公园、关闭的楼梯间等。锻炼场地设施的便利性及安全性等宏观的社会及环境因素融入心理学变量中加以考虑，不仅可以增加对锻炼行为的解释力，而且还可以解释宏观因素对锻炼行为的作用机制。有学者在文章中提出人际因素与个人因素对人们体力活动行为的干预是有限的，而环境因素在改变人们对体力活动行为参与性方面则至关重要。

发达国家早在20世纪20年代就开始关注城市户外环境对青少年成长的影响，并做了大量研究。如国外研究发现，居住在乡村的青少年的体力活动水平较城市青少年高，而到各个目的地的距离、环境安全性与其体力活动水平显著相关。国外关于青少年户外体力活动的大量研究主要集中于20世纪80年代至今，并从20世纪90年代开始付诸应用，西方发达国家已进入将理论研究成果逐渐运用到建设实践阶段。

国内关于户外环境对青少年成长影响的研究和实践相对较少。国内关于青少年户外体力活动的研究始于20世纪90年代，大部分研究集中于近10年间，是基于大量城市建设实践的经验总结。

影响青少年参加学校体育活动的因素是多方面的，其中学校的运动场地不足、学校运动器材短缺等是重要原因。许多学校体育运动场地、运动器材都有很大提升空间，如缺乏场馆器材，学生体力活动没有运动氛围等。加之学习压力大、缺乏组织指导，导致学生体力活动不足，缺乏锻炼的知识。有些学校体育场地狭小，无法满足学生的体育锻炼需求。对于部分场地狭小、学生人数多的学校而言，连开展基本的体育课都很困难。

从锻炼制约因素的性别特征分布情况看，制约因素对男、女生的影响程度整体差别不大。在“缺少场地设施”和“天气不适”方面，男生略高于女生，这可能跟男生本身所进行的运动锻炼较多有关。有学者在文章中指出：大部分学校体育场地设施的配置还不能满足新课程教学训练的要求，学校的体育教师普遍缺乏课程资源的开发意识、知识与能力欠缺、缺乏财力的支持。其次是师生思想观念需要转变、缺乏学校领导的支持等，这些将会对体育课程的有效实施产生严重的影响。

就学校主管部门的支持力度看，学校体育赛事、学校体育场地器材满足度、学校体育单项奖励等方面每提高一个档次，青少年课外体育锻炼参与人次将分别提升至原来水平的 1.053 倍、1.077 倍、1.196 倍。高中阶段的学生在场地、器材支持上较小学和初中稍好。

目前，国内外有关环境与体力活动的研究还需在以下方面进一步深入：第一，影响体力活动的环境因素与体力活动类型、体力活动强度之间的关系研究；第二，关于影响体力活动的城市规划设计因子及户外公共空间构成因子之间缺少系统性及因子的影响叠加分析，很难对城市土地利用规划调整、居住区及其户外公共空间规划设计提供指导；第三，从其研究内容来看，涉及的影响体力活动机会感知的环境因子较少，研究结果很难对邻里及其户外公共空间规划设计提供可操作性的指导，需要纵向的和实验性的研究去进一步探测邻里多项环境因子对儿童青少年的影响；第四，关于影响体力活动的邻里空间因子的分析基于社会调查及直接观察等方法，虽然这些定性的调查数据可被量化，但还缺乏通过借助仪器探测客观的邻里空间物理环境指数及其对儿童青少年体力活动机会的影响；第五，就研究方法来说，缺乏纵向比较研究方法；第六，就其研究理论来看，缺乏从环境心理学及人体感知理论出发分析儿童青少年对户外环境的感知偏好。

二、影响青少年体力活动的经济学因素

（一）家庭经济因素

富裕和清贫家境对青少年体育参与具有重要影响。有学者提出富裕家境和体育参与之间呈正相关，即优越的经济条件对青少年体力活动有积极影响。但在我国，家庭经济条件较好的孩子，体力活动可能会较少，久坐时间会较长，这也许是因为家庭经济条件较好的家长会将孩子送到各种培训班，占用了大量课余时间，体力活动时间就会相应减少。与来自经济状况较好家庭的儿童相

比，来自经济状况较差家庭的儿童体力活动水平较低。大量文章显示，家庭经济收入的高低与体育消费水平存在一定的正相关，体育消费与家庭收入，特别是可支配收入的高低呈正相关。由于受经济能力和消费观念的影响和制约，家庭经济条件差的学生课外体育锻炼参与情况会大打折扣，体育消费水平相对不高，体育消费的意识淡薄，消费的结构呈现多层次。这类学生参加课外体育锻炼多以群体性活动为主，健身方式多选择晨练和晚练。

家庭经济收入对青少年直接参加体育锻炼的影响，一方面表现在随着家庭经济收入的提高，家庭成员的生活方式和价值观念发生了改变，对青少年的教育观念也在发生潜移默化的改变，在某种程度上也改变了家长对青少年参加体育锻炼的认知和态度；另一方面表现在随着家庭经济收入的提高，人们的体育消费意识、健身意识也随之加强，青少年身体健康投资已成为这些家长的共识，这又为青少年直接参加体育锻炼创造了条件。有学者通过对上海中小学生调查发现，不同家庭社会经济地位的父母对孩子体力活动的陪伴不存在显著性差异。但是，从整体数据的变化趋势来看，家庭社会经济地位越高，父母陪伴和父母表率的得分越高。这种现象出现的可能原因是家庭社会经济地位越高，父母对孩子体力活动参与所能提供的经济条件就越充分。

还有学者从其研究中所获得的回归模型，排除了这个变量，他推测目前影响青少年课外体育锻炼参与行为的因素中经济压力不是最关键因素。

（二）学校经济条件

学校位置不同，学校的经济状况也有所不同，制约因素的差异程度明显。这方面的研究大多将学校类型分为主城区、区县和乡镇学校。从学校的总体经济条件来看，最高的是主城区中学，其次是区县中学，乡镇中学最低。中心城区学校青少年在多个制约因素方面明显优于郊区城镇学校。具体而言，学校的经济条件不同，导致学生的体力活动行为有所区别。主城区和乡镇中学学生的锻炼行为显著高于区县中学，在坚持锻炼和对身体运动能力的自信心程度上亦好于区县中学，而在体育锻炼重要性的认知上乡镇中学好于其他两类学校；在体育课的喜爱程度上，乡镇中学显著高于主城区和区县中学；在体育教师的得分上，最高的是乡镇中学，其次是主城区中学，区县中学则最低。

体力活动制约因素的人数比例分布随学校经济条件的不同也存在差别。其中，主城区中学在“学习/作业压力”制约因素上人数比例明显高于区县中学和乡镇中学，而乡镇中学学生在“缺少场地或设施”制约因素上的人数比例则高于主城区中学类和区县中学类学校。这说明，尽管这三类学校学生锻炼行为最主要的制约因素均是学习压力和锻炼条件，但这两个因素对不同学校类型学生的制约程度存在差别。主城区中学学生的锻炼行为受学习压力因素的制约程度高于区县中学和乡镇中学，乡镇中学学生锻炼行为受锻炼条件因素的制约程度高于区县中学和主城区中学。在主城区学校和区县学校群组中，课程教师通过学校条件和锻炼机会的中介作用，对学生锻炼行为的间接影响均达到显著的水平，乡镇学校则未达到显著水平；主城区学校和区县学校的学校条件和锻炼机会对学生锻炼行为的直接影响达到显著水平，而乡镇学校则只有学校条件对学生锻炼行为的影响达到显著水平。

在体力活动时间方面：周末城市学生中等强度体力活动时间少于乡村学生的，周一到周五城市学生高强度体力活动时间多于乡村学生的。但总体而言，城市学生的中等强度体力活动时间比乡村学生的多，高强度体力活动时间比乡村学生的少。男生的能量消耗多于女生。随着年龄的增长，青少年学生体质有所下降，男生的体质状况不如女生，城市学生体质状况要比乡村学生的好。有分析认为初、高年级学生面临升学体育考试，所以学生的体力活动时间有所增加，但以中等强度的体力活动为主。周末城市学生中等强度体力活动时间不如乡村学生的多，可能是因为城市学生的学习压力比乡村学生的大，周末老师布置的课下作业也较多，周末参加各种补习班、写作业、玩电脑或者其他静态活动的时间比较长。究其原因，可能是城市学生家庭条件和生活环境具有一定的优越性，家长希望自己的孩子多才多艺，羽毛球、游泳、篮球、舞蹈等运动项目的学习也少不了，找技能教练、讨论上培训班是很常见的事情。所以，城市学生高强度体力活动量要比乡村学生的大。

（三）地区经济水平

地区的经济水平对学生参与体力活动具有积极影响。以江苏省的中小学生为例，虽然总体上江苏省中小学的体育活动组织情况较好，但学生的体力活动时间存在地区性差异。经济发达的苏南地区的中小学学生体力活动时间与苏中及苏北地区相比较多，而苏中地区的中小学学生体力活动时间高于苏北地区的，这可能是因为经济发达地区的中小学学生的体力活动时间充足。扬州、镇江、徐州三个地区的中小学学生一周的中等强度及高强度体力活动时间存在差异。另外还有学者以八所城市（六个地区）青少年课外体育锻炼参与情况为例分析，情况最好的地区是天津（华北），其次是重庆（西南），第三是北京

（华北），第四是沈阳（东北），第五是西安（西北），第六是武汉（华中），最差的是上海（华东）与芜湖（华东）。不管是中心城区学生还是郊区学生，其体力活动都与住所附近是否有多个供选择的路径呈正相关，因此为提高中学生的体力活动水平，应改善中学生住所附近的街道连接性，即城市道路规划应向网络状发展。郊区学生住所附近每天都可以看到散步、慢跑和骑自行车锻炼的人，其上课日每天步行时间就长，因此在郊区学生的住所附近应该多宣传和组织运动，以增强运动氛围，让中学生多参加户外体力活动。同时发现，主客观测量的郊区学生体力活动水平都与住所附近体育运动场所的可及性呈正相关，因此体育运动场所的可及性对郊区学生体力活动很重要，政府在郊区应多建设一些体育设施，如在郊区推广健身苑的建设、修建乒乓球桌或篮球场等。中心城区学生感知的体力活动行为与各环境因素无统计学关联，而郊区学生主客观测量的体力活动行为都与环境因素相关，因此住所附近的物质环境因素和社会支持对郊区学生的体力活动影响更大。

地区的经济水平对学生体力活动的选择方式也有影响。不同地区、不同年级青少年课间 10 分钟活动选择基本趋于一致，午休活动时间的活动选择与课间 10 分钟恰好相反。地区间的比较发现，沈阳（东北）、西安（西北）青少年的选择更趋合理。年级间的比较发现，高中生的选择更为合理（不同地区、不同年级青少年课间锻炼的形式差异明显），其中上海（华东）青少年课间操内容、形式相对多样化（不同年级的比较中，小学生课间锻炼拥有更多的内容选择）。

总体来看，受经济发展水平的制约，学校体育经费分配不均，加上财政困难，使得中小学人均体育经费很低。在现有水平上，城市、城镇、农村中小学人均体育经费呈逐渐下降趋势。经济较为发达的学校基本能够按照所在地区主管部门要求开足、开齐体育课、大课间体育活动及课外体育活动。青少年普遍认识到体育锻炼的价值，相信体育锻炼能为自身健康、学业成绩及人际交流等方面带来益处，参与体育运动的态度也是积极的。

（四）国家经济水平

国家经济水平对青少年参与体力活动也有一定影响。从全球范围看，在经济发达地区身体活动不足的现象更为普遍，如美洲为 43.3%，地中海地区为 43.2%，欧洲为 34.8%，西太平洋地区为 33.7%；在经济发展水平相对低的地区身体活动不足状况要好些，如非洲地区为 27.5%，东南亚地区为 17.0%；

而且在一个国家内，往往是低收入家庭身体活动不足，较高收入家庭普遍参与活动。一项来自德国儿童青少年的研究发现，儿童（6~9岁）和少年（7~10岁）均是低收入家庭的身体活动较少，同时移民家庭的儿童（6~9岁）也较少。以美国为例，美国不参加体育活动的青少年人数比率要小于中国的青少年，而每天参加体育活动的持续时间明显长于中国的青少年。形成鲜明对比的是，每天花在体育活动上的时间超过61分钟以上的人数比率美国占35.2%，而中国仅占5.3%。美国宣布把体育教育作为儿童青少年体育活动开展和体能教育的主要手段，要求在全国范围内增加能每天提供体育课的学校数量，增加体育课时间及青少年参加体育活动的时间。为支持这项活动，国会通过了《体育进步法令》，并保证5年内为增加学校的体育教育，每年投入40亿美元。美国青少年一天参与体育活动超过30分钟、每周达到2天以上的人数比率已经高达88.5%。

国民体质调研结果表明，近年来我国学生的身体机能和运动素质与前期相比有些年龄段和指标呈下降趋势，这也从实践的层面验证了社会经济发展对身体形态、身体素质、身体机能（生理、心理）均有不同程度的影响，但其影响的方式和力度是不尽相同的。经济发达地区，学校对外开放，基本可以提供学生感兴趣的所有运动项目的场地、器材和设施，有些设施如健身房、游泳池也适当收取一些费用。家所在的社区有公共的体育中心，且多是免费的。随着时代发展，很多社区又专门建设了为跑步和骑自行车所设的专用跑道。政府出台一系列政策鼓励更多企事业单位建造体育场（馆）设施，所有的体育设施多是保险公司为社会所做的福利事业。政府鼓励各界企业、公司支持社会福利事业，每年达到一定的标准就可以减免当年的税收。由此看来，经济条件好的国家会对体育运动给予大量支持，体育运动场地和器材完备，有助于学生参与体育运动。

三、影响青少年体力活动的地理因素

土地开发密度、土地利用特征、城市扩张形态、道路布局、空间通达性、步行可达性、景观布局等是影响青少年体力活动的重要地理因素。

（一）土地开发密度

土地开发密度是指单位面积土地上居住的青少年数量、有青少年居住的住宅单位数量、单位数量的青少年平均居住高度或楼层数等因素的土地使用环境。其中，土地开发密度包括居住密度、人口密度等。

1. 居住密度

居住密度指居住区内的人口数或住房套数与居住区面积之比，是影响青少年体力活动的重要因素之一。有人把低密度和高密度社区青少年的居住环境进行比较，发现低密度社区青少年居住环境交通安全差，但人行道设施较好，这可能是低密度社区青少年体力活动水平与高密度社区青少年并无明显差别的原因。另外，单位面积上居住的青少年越多，则青少年找到的朋友越多，朋友的运动支持对青少年参与体力活动十分重要（青少年之间互相支持运动，并增加支持率），所以单位面积内居住的青少年多少能影响其体力活动。

2. 人口密度

人口密度是指单位面积土地上居住的人口数。许多专家对人口密度与交通性体力活动的关系进行了探讨。多数研究发现社区人口密度可能与青少年的步行和骑自行车的总量呈正相关。来自荷兰的一项研究发现，在人口数少于 5 万人的城镇，人们使用自行车的比例比人口数在 5 万以上的城镇低 33%。还有研究记录了 3161 名青少年两天的出行记录，结果发现人口密度最高的地区青少年步行比率是人口密度最低的地区青少年的 3. 7 倍。另有学者发现青少年步行或骑自行车上学的比例与人口密度的相关系数高达 0. 732。研究发现，挪威人口密度与青少年体力活动呈正比。还有人认为造成人口密度与人们步行或骑自行车高度正相关的主要原因是：高密度的社区使得人们工作、学习和生活所需的配套设施距离更近了。

但不同国家也得出了不同的研究结论。2013 年，一项针对五大洲 11 个国家的调查研究发现，日本人口密度与人们的体力活动呈反比。我国人口密度最高的大城市，人们以步行和自行车作为交通工具的比例可能并不比小城镇高。因此，我国城市人口密度与人们出行方式选择之间可能并不是简单的正相关关系，值得我们深入研究。考虑到不同国家国情的不同，人口密度影响青少年体力活动的结果也是不同的。

（二）土地利用特征

土地利用特征是指能够影响青少年体力活动行为的土地利用模式、交通系统、私人建筑及其周围的空间特征，尤其指那些可以影响青少年体力活动行为，且通过政策、人为行为易改变的环境。包括居住地附近适宜休闲活动场所

（商场、公园、广场、体育运动场馆）的土地使用多样性，土地使用多样性的指数越高意味着区域内越均衡，诱发青少年进行体力活动的环境因素也越多，从中也可看出居住区附近的土地利用混合程度。

有研究发现土地利用混合程度与青少年户外体力活动水平呈正相关，对促进体力活动有重要作用。而土地利用混合程度反映的是某区域内土地使用的均匀程度。法兰克（Frank）的研究表明，生活在高土地混合利用度地区的青少年积极进行体力活动的可行性更大。所以科学的土地混合利用有助于鼓励人们更多地步行和骑自行车。

近 30 年来，关于户外公共空间与青少年体力活动之间的关系成为西方发达国家的研究热点。就研究内容来看，现有成果主要集中于两方面，即影响青少年户外体力活动的城市规划因子及具体微观环境设计因子。另外，居住楼层过高、缺少玩伴等因素影响青少年参加经常性体力活动。利用工业废弃地、矿区等建设郊野公园和户外营地，设立吸引青少年活动的游乐设施，将整个城市的每部分都设计为适合青少年玩耍的场所、积极开发城市郊外活动空间将对促进青少年户外活动具有重要意义。

（三）城市扩张形态

随着城市的发展，城市占地增加限制了校园的发展，目前一些学校，尤其是重点中小学超标准招生，使人均体育活动面积本来就不足的校园中形成大班额、小场地的现象，体育课上整个操场青少年密集。青少年从小学到高中每次体育课、课外活动都是在拥挤、狭小的校园中进行，自然而然也就丧失了对体育锻炼的兴趣。因此，城市占地的增加间接影响了青少年体力活动。

1. 城区布局

近年来，随着人们对汽车使用的过度依赖，许多城市出现中心区衰退、商业带状式开发等现象。目前对城市蔓延特征较为经典的表达为过度依赖机动交通、土地利用无序分割与功能单一、蛙跳式开发以及中心区衰退等方面，蔓延中的城市环境变迁在许多方面不利于青少年日常体力活动的参与。而中心城区的交通安全情况差于郊区，导致中心城区青少年骑自行车时间更少，每天骑自行车时间少于郊区青少年，且至少 50% 的中心城区青少年每天不骑自行车。但是中心城区青少年上课日每天步行时间和周末每天锻炼时间多于郊区青少年的，中心城区青少年所感知的住所附近体育活动场所的可及性好于郊区青少年的。中心城区体育运动场所的可及性好于郊区，可能导致中心城区青少年的锻炼时间更多。由此说明青少年体力活动干预重点应着眼于中心城区青少年的骑自行车时间和郊区青少年的体力活动水平上。

城市化水平、尽端式居住区空间形态、交通基础设施中要穿越的道路数量及道路等级与青少年户外体力活动水平呈负相关。在一份针对西班牙裔美国人的样本中，戈麦斯（Gomez）等人发现从家到最近公园的距离对男孩体力活动有影响，但对女孩没有影响。萨利斯（Sallis）发现青少年家附近公园的数量和距离与学龄前青少年体力活动呈正相关。那些家附近没有公园和操场的青少年，更少步行或者骑自行车。而对黑人青少年样本进行观察，却没有发现操场的距离和青少年体力活动之间存在关联。此外蔓延度大的城市，青少年体力活动活跃的比例要低于紧凑型发展的城市，说明低密度的土地利用对青少年体力活动量存在显著的消极影响。

2. 邻里环境

影响青少年体力活动的邻里户外公共空间特征因子，包括活动场地的数量与大小、建筑立面及户外公共空间的多样性及可探索性、活动场地与室内的视觉联系性、活动场地的可达性、活动设施多少与安全性、是否有可抓及分离的物体、是否可执行攀爬等高强度活动、步行小径的密度与连续性、绿地率及林荫率、户外公共空间中未设计的自然区域的多少及可达性、邻里空间中设施的可修饰和可改动性、可塑性材料多少、可渗透性铺地比例等。青少年活动场地应充分融入城市开放空间系统中，且应分布均匀及安全易达。但是从微观设计角度看，多项研究提出衡量城市居住邻里空间是否以青少年为本的主要标准包括可达性、安全性、可探索性、游憩质量及多功能性。

有学者就北京经济适用房小区邻里环境对青少年体力活动的影响进行研究，发现经济适用房小区内有限的活动场所和设施降低了青少年体力活动的水平，过多的流动人口导致青少年体力活动的看护率上升，减少了青少年高强度体力活动的发生机会。而对绿地适当的管理和维护，可以为青少年提供更多的活动空间和道具，对青少年体力活动有积极影响。社区设计也能够影响青少年的体力活动水平。那些便利性较低的社区里，青少年更可能在家里进行体力活动。社区设计越不规则，青少年肥胖率越高。而社区越不规则的区域可能有更多的活动场所，这可能促进青少年从事更多的散步活动。

澳大利亚、英国、北欧等发达国家与地区也开展了多项关于邻里环境感知及体力活动的相关性研究，结果发现邻里及其周边区域的交通条件如道路交叉口多少、道路等级、邻里内外步行及自行车通道的连续性、运动设施配置多少是影响青少年感知体力活动机会的主要环境因子。邻里社会环境因子，如陌生人、玩伴、家长的可支配时间、家长对邻里环境的感知情况、青少年个体的活动性也对青少年体力活动产生影响，关于青少年环境感知的研究发现：与成人相比，青少年更关注短距离的微观环境元素，如材料、水质、微观的环境现象及几何形状。所以在城市扩建时，要考虑到邻里环境对青少年体力活动的影响。

（四）道路布局

1. 街道连通性

城市的街道网络也是影响人们交通方式选择的重要因素。街道的连通性是指从出发地到目的地之间交通路线的笔直程度，连通性越好意味着目的地更易达到。街道的连通性对青少年体力活动有一定的促进作用。目前大部分研究认为，街道连通性越好、街道越密，越有利于减少人们出行的距离，增加人们路径的选择，从而能鼓励人们更多地选择步行和自行车的交通方式，减少对汽车的依赖。如有研究发现，街道的连通性与人们步行和自行车交通呈正相关。因此为提高青少年的体力活动水平，应改善青少年住所附近的街道连接性，即城市道路规划应向网络状发展。

但是秦（Chin）等人的研究指出连通性好的街道车流量往往较大，而这是不利于青少年步行或骑车的，因此建议研究者把连通性和其他变量（如车流量）配套进行测量。学者们对街道连通性因素影响青少年体力活动的意见不一，还需进一步探讨。

2. 街道布局

有文献表明人行道和自行车道对青少年体力活动的影响是积极的。道路的长度和人行道的比例对青少年骑车或步行去学校会产生积极的影响。传统的城市规则式街道网格布局要比郊区蔓延式街道网格布局更易促进人们采用步行出行方式。其主要原因有：①对于行人和骑车人而言，规则式街道网格布局中点到点之间的路程往往比蔓延式街道网格布局更短；②规则式街道网格布局让可选交通路线更多，使行人和骑车人的多目的地交通更便捷；③规则式街道网格布局更容易让行人辨别方向，而蔓延式街道网格布局容易让人迷路。一项来自美国的研究发现，在城市化水平较低的地区，道路密度与步行、骑自行车、慢跑呈正比。

控制通道（如信号灯、十字路口等）对青少年体力活动有积极影响，青少年不愿意在没有交通信号灯的区域步行或者骑车。此外值得注意的是，通常认为越高行走性（Walk Ability）的环境越有利于人们的体力活动，而麦克法兰（Macfarlane）等的研究指出，在行走性过高的环境（如香港），反而会导致体力活动的减少（过于方便的交通可能导致步行距离的缩短），因此对于环境的研究要针对不同地区的特点。

此外，尤因（Ewing）认为道路的长度和人行道的比例对青少年骑车或步行去学校会产生积极的影响。杰戈（Jago）认为人行道与主干道之间的距离、树的平均高度、人行道的条件（如使用的材料和类型）和青少年体力活动的强度相关。然而，也有研究发现人行道的存在和青少年的体力活动无关。而在城市化水平一般和较高的地区，道路密度与步行、骑自行车、慢跑不相关（男性）或呈负相关（女性）。

所以在进行街道布局规划时要对影响因素进行综合考虑，如某些街道车流量较大时可以考虑建天桥或者立交桥来减缓交通压力；青少年为了自身安全着想，在出行时要尽量避开交通高峰期或者避开车流量较大的街道。

（五）空间通达性

一条路的交叉路口数量、道路障碍、行车速度、堵车程度、行人和非机动车驾驶人的安全性等多个因素和青少年体力活动呈负相关。如果青少年需要走很多路才能找到可以做游戏的地方，或者在他们居住的地方交通比较拥堵，会使得青少年不愿意步行或者骑车。对 11～12 岁的青少年研究发现：如上学途中有拥挤的公路、上学途中遇到下坡路等因素都会使他们不愿意独自走路去上学；如果路不堵且障碍少的话，无论男孩还是女孩都更愿意走路上学。在针对青少年的研究方面，卡罗尔（Carroll）等人的研究调查显示：美国成人步行或骑车出行的比例仅有 17%；68.8% 的受访者提到目的地太远是阻碍其步行或骑车出行的主要因素。萨利斯（Sallis）等学者的研究也指出加强交通安全可能有助于促进骑车出行。

（六）步行可达性

步行可达性是指两地之间的距离可否采用步行到达，如青少年从家到学校、公园、体育场所、公交/地铁站的可达性，通俗地讲是步行到达的便利程度。虽然步行很简单，而且对健康的益处不言而喻，但适宜步行的环境正在迅速减少，导致现在越来越多的人减少了步行，并且形成了久坐的生活方式。城市现代化的住宅生活减少了青少年爬楼的基础体能活动以及户外运动的机会；工业的发展使得交通更加便利，青少年外出、上学车接车送，很少需要步行，从而最大限度地降低了青少年身体活动能力的支出。

近年来，建筑环境对体力活动的影响成为新的研究热点。青少年的户外活动空间包括城市内部的户外活动空间和郊野的户外活动空间。近些年来，快速城市化及城市蔓延使得青少年逐渐远离自然，郊外活动机会的开发逐渐成为研究和建设的热点。西方发达国家特别注重城市周边户外活动空间的设计与建设，往往通过立法的形式建设连接城市与外围自然区域的林荫道，以提高郊外自然区域的可达性。一项关于青少年步行能力的研究提出青少年平均步行距离约为 1.5 千米，在此范围内，青少年的体力活动水平较高。

对于青少年的研究也发现，家庭与学校、休闲场所、运动场所的距离是影响青少年交通性体力活动的重要因素。有人认为最少的到校时间和学校距离与青少年步行上学有明显关联。李（Lee）等人的研究则配对了 601 对青少年，每对青少年家庭住址离学校的距离相同或相近，但是采用了不同的交通方式（步行或私家车）。该研究结果显示，采用步行和私家车的青少年虽然出行的交通距离相同，但是他们所报告的人行道状况、交通情况、步行的舒适度等方面均存在差异，因此人行道的状况可能是影响青少年交通方式选择的重要因素之一。同时，尤因（Ewing）和布拉扎（Braza）还发现学校的规模和学校的地理位置（是否靠近家）与青少年骑车或步行去学校并无关联。

我国研究人员调查发现城市青少年上学和放学采用步行方式的占 15.7%，农村青少年步行上学、放学的占 48.2%，其他均为乘坐各种交通工具。在步行上学时平均每天从家到学校和从学校到家累计时间方面，农村青少年主要集中在 10 分钟以内和 10～20 分钟的时间段内，且比例高于城市青少年；城市青少年主要集中在 10 分钟以内。家距学校的路程每增加一英里（1 英里≈1.6 千米），青少年每周参加中等或高强度运动的时间就会减少 13 分钟。来自加拿大的调查研究发现有一半的青少年从不选择步行上学，3/4 的青少年从不会骑自行车上学，家长们主要认为学校太远。

如果住家附近有较好的运动器材，青少年的体力活动量将会相应增加。相反，如果住家附近没有公园和操场会使青少年步行或者骑自行车的体力活动量更少。所以除了家庭到学校的距离是影响青少年体力活动的因素外，家庭距离休闲场所、运动场所的距离也是影响青少年交通性体力活动的重要因素。

一份上学安全路线评估计划执行情况的报告认为，在有人行道的地方青少年更愿意步行和骑车，人行道与主干道之间的距离、树的平均高度、人行道的条件（如使用的材料和类型）和青少年体力活动的强度有关。与没有人行道的地区相比，有人行道的地区人们选择步行作为交通方式的比率更高。一项针对澳大利亚昆士兰州青少年的研究还发现，家庭住址离人行道的距离及到报摊的距离均可能影响人们是否选择步行。而加拿大学者对人们愿意选择步行和骑自行车的距离研究后发现，人们选择步行的距离在 2.5 千米以内，而骑自行车的距离在 8 千米以内。所以，家庭距离公共空地的距离也是影响青少年选择步行的因素之一。

综上所述，针对增加日常体力活动量这一问题，父母在选择住址时应该考虑到居住地附近的学校、运动场所、商业活动区的距离远近，还要从小培养青少年积极参与体育锻炼的意识、吃苦耐劳及坚韧不拔的性格；青少年自己不要害怕距离远近，要有积极参与体力活动的热情。

（七）景观布局

周边环境的美观程度也是吸引人们步行或骑自行车的重要因素之一。环境比较优美，如步行途中可以看到优美的风景，走在干净整洁的街道上，或是骑车穿行在一个美丽的城市无疑让人心旷神怡，心情放松，这些因素对青少年参加体力活动具有积极意义。相反，社区和街道的混乱（如墙上的涂鸦、堆在地上的空酒瓶、公共场合酗酒和贩卖香烟毒品等），这些现象和青少年低体力活动率有关。另外，城市的犯罪率与青少年户外活动的频率成反比，建成环境与人们的安全感存在相关性，如涂鸦的墙壁、脏乱的街道、年久失修的建筑、昏暗的路灯都容易让人联想到犯罪现场；拥挤的街道、酒吧、当铺周边也容易让人感觉不安全。这些建成环境都可能影响人们是否选择步行或骑自行车。

（八）其他

1. 交通安全

交通安全是影响人们步行或自行车出行选择的重要因素，尤其是对于青少年家长而言，是否允许子女外出进行体力活动往往需要考虑社区治安的好坏和交通安全方面的问题。通过对青少年父母的调查问卷发现，父母不愿意男生在没有交通信号灯的情况下步行或者骑车。在学校的一份安全路线的评估报告中也发现，在安装交通信号灯的区域青少年更愿意步行或者骑车。廷佩里奥（Timperio）发现如果青少年需要走很多路才能找到可以做游戏的地方或者在他们居住的地方交通比较拥堵，会使青少年们不愿意步行或者骑车。他的另一篇文献使用了同一批对象，采用了更客观的环境条件，认为5～6岁和11～12岁的儿童青少年如在上学途中有拥挤的公路，5～6岁儿童青少年上学途中遇到下坡路等因素，都会使他们不愿意独自走路去上学。同样，如果路不堵且障碍少的话，无论男孩还是女孩都更愿意走路去上学，并且如果道路安全性高女孩更愿意步行。从这些研究可以看出，道路有无安装交通信号灯和拥堵状况是影响青少年体力活动的两个因素。

对于在家周围步行或者慢跑是否安全的感知与体力活动是否能够达标呈负相关，即越认为在家周围步行或者慢跑不安全，那么其体力活动达标的可能性就越高。造成这种结果的原因可能是体力活动达标的青少年因为更多地参与了户外活动，所以对居住地周边的道路情况更为了解，更容易发现环境中存在的问题，如交通混乱、有犬和流氓团伙等威胁步行或者慢跑安全的因素。

因此，为了减少交通安全阻碍青少年进行体力活动的情况，相关部门应该在道路拥堵地区设多个交警或警察进行巡逻和指挥，安装多个电子监控信息系统，以保障道路的顺畅和行人安全，从而消除一些担忧；父母要多教青少年一些有关道路安全、交通秩序、信号灯指示及自我保护等知识，有意识地培养青少年安全和自我保护意识，尤其在青少年面前要做好榜样作用，不要有为了赶时间而去闯红灯等不利于自身安全的错误行为；青少年自身要具备相关道路安全知识，了解交通法律法规知识，有较强的自我保护和防范意识，上下学要结伴而行，做到相互提醒互相帮助，看交通灯行走，从多方面促进青少年积极参与体力活动。

2. 娱乐设施

青少年乐园能吸引青少年的注意，在玩耍中就不知不觉地活动，从而可以在一定程度上增加青少年的体力活动量。青少年乐园是娱乐设施中的一种，有研究发现娱乐设施对提高青少年的体力活动量有一定的帮助。在娱乐设施距离居住地大约800米时，青少年及其父母会选择步行或者骑自行车前往，还有证据表明如果选择几千米外进行娱乐活动，他们会选择其他便利的交通工具。也有人认为胡同社区中游玩设施、街道拐弯处、商业店铺更能吸引青少年外出玩要，增加青少年体力活动量。

所以应该基于实践经验并进行大量研究提出城市户外公共空间青少年活动场地设计原则，包括设置足够的游戏空间（充足的游戏空间便于看护）、安全的游戏设施，运用安全的植物、自然元素及材料，考虑季节气候变化的影响进行活动场地色彩设计。场地规划应能引导青少年进行群体性游戏，按年龄层划分相对独立的活动区域，并根据青少年的尺度进行设计，同时重视细节的设计。

四、影响青少年体力活动的生理因素

（一）年龄因素

1. 青少年体力活动的增龄变化

年龄是影响青少年体力活动的因素之一。目前，青少年体力活动随着年龄的增长而呈下降趋势已成为事实，尤其是进入高中后，学生体力活动不足现象更为严重。高中生与小学、初中生每周平均参加体育活动的时间有明显差异，小学、初中生每周平均参加体育活动的时间明显多于高中生，高中生参加体育活动的时间普遍较少，即随着年级升高，青少年体力活动水平逐渐下降。

这主要有两方面原因。首先是心理特点。儿童对所有事物都好奇，爱玩，爱动，其体力活动量得到充足的保证。而随着年龄增加，新奇感随之减弱，且怕苦、怕累、怕晒、怕脏的思想愈加严重，女生更为明显。其次是外界环境。一方面随着年龄的增高，学生上课的时间也不断加长，日常体力活动在学习日期间存在显著性差异。除体育课外，目前绝大部分课程都设置在教室内，学生长久处于坐姿状态；除了上课以外，做作业是另一个时间较长的静态活动。随着年级增长，课业负担越来越重，做作业等静态时间增加，青少年没有足够的时间和饱满的精力参与体育锻炼，因此体力活动呈下降趋势；此外，看电视、上网、玩游戏、看课外书等课外静态活动，也随着年龄的增长而增加。另一方面，到了高中阶段，每天参与课外锻炼时间远远不如小学、初中阶段多。除去正常体育课时间必须参与体育锻炼外，课外时间是否参与体育锻炼基本都靠学生自发及主动与否。如果青少年在儿童阶段没有养成主动参与体育锻炼的好习惯，青春期后将很难培养其主动运动的意识。

青少年自由时间不多，又怕吃苦，且没有养成参加体育锻炼的好习惯，这些因素在一定程度上都会影响青少年参加体育锻炼的积极性，继而会影响青少年的体力活动水平。因此，在儿童时期，家长应多注重培养孩子的运动兴趣及主动参与体育锻炼的习惯；学校领导要注重体育课和课外体育活动的组织；学校教师也要加强青少年思想教育，向其讲授体育健康知识及体力活动的好处，并且减少家庭作业；青少年本人更要见缝插针，多进行体力活动，如走路上学、上下楼梯、课间进行体育活动等。

2. 父母对青少年不同年龄阶段体力活动的影响

随着年龄的增长，父母对青少年体力活动的影响也会随之减弱。儿童阶段（4～12岁），父母的体力活动对其影响较大；而进入青春期（13～18岁），父母的教育水平及父母对孩子参与体力活动的态度对其影响较大。儿童因为年龄小，对父母有崇拜和顺从之意，父母自身的体力活动行为和言语会影响到孩子的体力活动，对于提高孩子的体力活动水平具有积极的意义。而随着年龄增长进入青春期后，他们的自主性逐渐增强，不需要父母的引导和介入，对自身体力活动的认识和支配更加主动和独立，父母自身的体力活动行为和言语对青少年体力活动的影响会随之减弱，但父母有关体力活动的态度会明显影响青少年的体力活动行为。因此，在孩童时期，父母要注重引导孩子养成良好的运动习惯，帮助青少年形成一个良好的体力活动生活方式，从而更好地促进体质健康。

同样，随着年级的升高，父母的陪伴呈现下降的趋势，父母也不会积极主动地鼓励青少年参与体力活动。这种现象出现的原因可能跟青少年面临的学业压力有关。相比低年级而言，高年级学生面临更大的升学压力，而且父母认为学业成绩会更为重要，对学生参加体力活动的时间被学习时间“占据”不以为然，自然父母的陪伴也相对变少。因此，要引起父母对体力活动的重视，改变父母的体育教育观念至关重要。例如，社会或学校可以举办体育健康知识大讲堂，并邀请父母和青少年一起参加；父母本身也要加强体育锻炼，带领孩子一起参与更多的体力活动。

（二）性别因素

1. 青少年体力活动的性别差异

性别是体力活动重要的预测因素之一。多项研究表明体力活动的水平随性别的不同而变化，并且青春期的男生较女生活跃，男生的体力活动水平普遍比女生高。我国学者曾调查发现，在青春期早期男生的体力活动水平达到最高，其他时期的体力活动时间逐渐减少；女生的体力活动高峰期在青春期中期，青春期后期活动时间最少。男生在体育锻炼时间和体育锻炼能量消耗方面明显大于女生，女生的上课时间、家务劳动时间多于男生。

男生的体力活动量明显高于女生，其学习日及周末日的体力活动量均明显高于女生。男女生体力活动的不同还表现在其他方面：骑车的便利使男生骑车的人数降低，而不是升高。郊区男生的体力活动水平高于女生。家长和朋友更倾向于鼓励男生参加体力活动，女生被鼓励去参加体力活动的机会相对少于男生。在体力活动的过程中，特别是和男生一起进行体力活动时，女生的自我意识比较强，这可能是初中女生参加体力活动的最大障碍。不仅如此，女生在认知因素方面也不如男生，对于每天应该运动多长时间的错误认知和对于体力活动益处感知的不足很可能是造成其体力活动落后于男生的另一重要原因。这说明在性别方面，女生相对于男生而言，需要重点进行运动干预。环境特性对男女生体力活动的影响也不完全相同，环境对男生体力活动的影响比对女生更积极一点，提示学校加强管理及提供更多的固定设施能激发学生参与体力活动的积极性。

青春期男女生生理方面的突变，伴随而来的心理变化引起了他们行为方式的变化。首先，女生外形上的变化导致其心理和行为发生变化，其更加注重外表形象、喜欢安静，且女生担心运动后体重增加，而不愿过多地参与体育锻炼。她们担心在生理期期间参加运动会损害身体健康，因此有意识减少体力活动。大多数女生不喜欢激烈竞争的体育活动，她们更喜欢参加运动量不大、柔韧性强、协调性比较强、动作比较优美的运动项目。其中，高强度体力活动以广播操、跑步和步行为主，游戏活动较球类活动多。因此建议在学校，教师要加强体育运动与卫生知识的传播，使女生能正确认识运动的利弊；在业余时间，家长也可以给女生报名参加舞蹈培训班、瑜伽班、游泳兴趣班等；女生本身也可选择自己喜欢的运动项目，并予以坚持。

男生天生活泼好动，再加上青春期荷尔蒙激素的大量分泌，代谢旺盛，精力充沛，更多男生愿意在各项活动中证明和表现自己，以展示男子汉的体魄。初中男生更喜欢在体育课或休息时间进行体育活动，参加篮球、足球等剧烈的、对抗性的运动项目。建议学校多组织业余性比赛、课外体育活动等，教学内容也多选用篮球、足球等教材，以引起更多男生的学习兴趣；家长们也多鼓励男生参加锻炼勇气和力量的运动，如登山、攀岩等。

尽管与女生相比，男生有更多、更积极的体育行为，但是在有关体育课的课时及体育课的形式方面，男、女生存在一定的相似性。即对体育课都有较高的需求，女生多希望每周有 2～3 节体育课，男生多希望每周有 3～4 节体育课，约 25% 的男生希望每周有 7～8 节体育课。在体育课的形式上，除了部分体重较重的学生以外，大多数男、女生都期望教师在体育课上多安排游戏类等趣味比较强的体育运动。因此，确保体育课按时上课，且教师在体育课上多安排游戏类等趣味比较强的体育运动形式，将会吸引更多的青少年参与体育运动。当然，根据不同性别学生身心发展的差异性，可以对青少年有针对性地进行干预。建议在体育教学中，可以尝试男、女生分班教学，选择合适的教学内容，制定适宜的运动强度、负荷及评价标准；在校园足球联赛中，男生进行激烈的球类比赛，女生则可选择简单、有趣的球类游戏比赛（如半场往返运球计时、排球垫球比赛、足球颠球比赛等）；学校组织多项运动兴趣班，让男、女生根据自己的喜好自由选择。

2. 父母对子女体力活动的影响的性别差异

在子女成长过程中，父母对其子女体力活动、锻炼习惯的产生和发展同样有着深远的影响。父母是否热爱体育、父母对于参加体育运动的理解、父母在子女运动方面所能提供的经济上和精神上的支持，以及父母自身体力活动水平（榜样效应），都是影响子女体力活动的因素。有体育活动习惯的父母对子女参与体育运动有积极的作用，即其子女的体育参与趋势往往也比较高。因为对子女而言，家长自身的体育行为也是一种体力活动的参照模式。父母应养成良好的体育行为习惯，并增加在青少年体力活动中的参与度，以及减少自身静态生活时间，以此来影响青少年的体力活动和静态生活。

父母双方的体力活动会影响到子女的体力活动水平，其影响也会存在性别差异，其对儿子的影响大于对女儿的影响。在父母的体育参与和子女的体育参与之间还存在不同的关联性，表现为对同性别的子女有更大的影响。即母亲的体育参与和孩子性别之间有交互作用：相对于男生的体育参与，母亲对女生的体育参与影响更大，尤其是当女生在她的母亲有体育行为时所显示出的身体活动倾向性比其母亲没有体育行为时更高。而男生的体育参与却不受其母亲是否有体育行为的影响。当父亲有体育行为时，男生所显示出的身体活动倾向性比其父亲没有体育行为时更高。这种现象在男生进入青春期以前尤其明显。因此，女生在母亲参与体育运动时的体育参与度更高，而男生的体育参与度则不受母亲是否参与体育运动的影响；男生在父亲参与体育时的体育参与度更高，而女生的体育参与度则不受父亲是否参与体育运动的影响。当父亲不参与而母亲参与体育时，男生和女生参与体育活动的概率相似。

同性别之间的父母和孩子之间关系更加亲密，父亲陪伴男生参加体力活动更多一些，而母亲则是经常性地陪伴女生参与体力活动。可能与青少年生长发育有关，随着年龄的增长，他们会有意识地与父母有性别之分，跟自己同性别父母的关系越来越亲密，而跟自己异性别的父母关系越来越疏远。国外曾有研究显示父亲的体力活动对儿子的影响要大于母亲对儿子的影响。这就提示父母，应该相应地多给同性别儿女更多的体力活动方面的支持。这样不仅有利于青少年身心健康发展，也有利于青少年接受父母的观点，能让他们更好、更多地参与体力活动。

父亲在儿子的体力活动中扮演更重要的角色，父亲的体力活动方式、支持及鼓励对儿子的体力活动水平起到更积极的作用。因此，在平时生活中，父亲应多给儿子一些体力活动方面的支持。比如，男生经常性参加的体力活动主要是篮球、足球等对抗性较强的运动，这时候父亲可以选择陪同和参与，给予男生更多的信心和指导；另外，父亲也可以尝试鼓励男生参与包括体力活动在内的锻炼勇气的活动。相比于父亲，母亲的体力活动对女儿的体力活动有较大影响。女生性格相对比较内向，喜欢安静，母亲可以引导女生做一些家务、散步、跳舞等体力活动。父母的体力活动行为不仅在于他们自身的活动，更多的是陪伴、支持和鼓励孩子增加体力活动。父母应为子女树立好榜样，以自身的行为去影响孩子的生活方式，引导孩子参与更多的体力活动。

（三）肥胖因素

除了年龄的变化和性别的差异，青少年是否肥胖也会影响青少年体力活动的参与度，一般青少年肥胖者比正常体重者参与更少的体力活动。其原因包括主观原因和客观原因。主观上，由于本身体质欠佳和身体沉重，肥胖青少年运动起来更加困难，参与活动时间不久后就会有疲劳感，因此不愿意持续进行体力活动。客观上，与体重正常者相比，肥胖者更易遭受同龄人的嘲笑、威胁，甚至暴力。肥胖青少年因为肥胖动作变得笨重，其他同伴不愿意和他们一起活动，所以他们很容易成为被排除或被排斥的某一类社会群体，这在一定程度上会减少其参与体力活动的概率。如此一来，青少年肥胖者变得懦弱、孤僻，远离集体活动，参与体力活动的机会和时间会大大减少，从而导致其有更多的久坐时间，由此可能进入一个恶性循环。即青少年肥胖者参与体力活动的机会和时间大大减少后，其肥胖程度可能会加剧，由此导致其体力活动水平更低。

当然，也有一些超重或肥胖的青少年敢于面对严峻的现实并积极改善。尤其是进入青春期以后，青少年更加注重自己的外表形态，为了健康和苗条，他们愿意主动付出更多时间和精力投入体育活动中。从这个角度而言，超重和肥胖也可以在某种程度上促进体力活动的增加。

因此，作为体育教师，在检验课程达标时，要针对不同超重及肥胖程度的学生，采取不同的评价标准，给予其更多的信心和鼓励。同时也要积极引导其他学生对肥胖学生建立正确的认识和态度，若发现其他同学对肥胖者有威胁、嘲笑等行为时，要加以阻止并言语劝告。家长要鼓励和支持孩子多进行体力活动，培养孩子养成良好的饮食、生活习惯，预防超重或肥胖的发生。青少年超重肥胖者要保持积极乐观的心态，督促自己进行更多体力活动。青少年不能因为同学的超重或肥胖而嘲笑或远离他们，鼓励和陪同他们参与更多的体力活动将有助于缓解上述恶性循环。

五、影响青少年体力活动的心理因素

（一）运动动机

运动动机是指引起和维持个体进行活动，并力求达到运动目标的内在动力。它是一种心理现象，又可通过行为的选择性、坚持性和积极性体现出来，是引起和维持青少年体育运动行为的推动力。因此，激发青少年体育运动动机是推动青少年参与更多体力活动，帮助青少年养成终身体育锻炼习惯的关键。

青少年对体育锻炼的功能在认识上没有地域差异，主要体现在使身体健康、放松愉悦心情和磨炼意志三个方面。也有相当一部分的青少年认为体育运动还具有加深亲朋好友之间的情感、提高学习效率及促进其他方面发展的辐射功能。关于学生不参加体育锻炼的原因，调查发现：学生认为怕累、怕吃苦是阻碍他们参加体育锻炼的最主要原因。其次是多数学生没有养成参加体育锻炼的习惯，对于小学和初中阶段的学生而言，没有养成体育锻炼的习惯是阻碍他们参加体育运动的第二大障碍。当前教育与就业、社会竞争等密切相关，以知识掌握程度为内容的考试就成为选拔人才的基本方式。应试教育鼓励单一发展，严重违背全面发展的指导方针，在这种教育模式中，智育被当作学校教育的唯一目标，德育、体育被置于从属地位。

青少年在关于参与体育活动的认知态度上也存在很大的偏差。多数青少年对《国家学生体质健康标准》的目的、意义不了解，并且认为只要测试及格达到标准就足矣。究其原因是青少年学生处于青春焕发的年龄段，缺乏对疾病的危机意识与风险认知，难以产生进行体育锻炼、健身强体的意识。

（二）兴趣爱好

在国内，学而优则仕的传统文化观念依然比较普遍，上大学、上好大学成为家长及青少年努力的方向。

许多青少年本身很喜欢体育运动，但是最后主动进行体育锻炼的并不多。其主要原因有：一方面，我国中小学体育课呈两极分化趋势，竞技性太强或者“放羊式”散养。两种类型体育课的共性是课堂教学内容单一，趣味性不够，能够体现学生个性、让学生自由发挥的内容不多，学生难以根据个人爱好去选择、学习、掌握一种能使自己受益终身的体育项目和运动技能，学生的兴趣很难调动起来。另一方面，学生在课外锻炼又缺乏运动场所和有效组织，且无人传授自己感兴趣的项目的技战术方法，这极大地影响了学生参加体育运动的积极性。这种现象在广大农村地区尤为突出。由此，青少年易缺乏主动学习的积极性，不会在课余去应用这些项目锻炼身体，体育教学与体育锻炼没能做到有机结合。

当前，青少年体育锻炼参与类型主要包括球类运动、体操类运动、骑自行车、步行和上下楼梯等体力活动，而其他类型的体力活动参与相对较少。上述体力活动形式中，前两者属于休闲体力活动中的体育活动，是有目的、有组织的促进体质健康的主要运动形式；骑自行车、步行则属于交通性体力活动，是青少年学生上学和放学必需的体力活动。从青少年体力活动集中的不同形式可看出，青少年体育运动项目比较单一，有待提高。

随着社会的发展，精神文化生活的日益丰富多彩，媒体、明星对人们的影响越来越广泛，而且青少年时期对于明星、偶像的崇拜尤为突出。基于媒体和明星倡导的关于加强青少年的体力活动项目，对于改善青少年的身体素质具有重要作用。

（三）自我效能感

自我效能（Self－efficacy），也称自我效能感，是1977年由美国心理学家班杜拉最早提出来的。它是社会学习理论中的一个核心概念，是指个体对自己能否完成某一活动所具有的能力判断、感知、信心或信念，或自己在面临某一任务活动时的胜任感及其自信、自尊等方面的自我感受。

在影响体力活动的心理因素中，自我效能感与体力活动的关系最密切。自我效能感对于青少年体力活动的参与有着重要的影响，对于促进个体参与体育锻炼的频率和坚持性方面都有积极影响。在体力活动的参与性和期望性方面，自我效能感高者要高于自我效能感低者。而且，通过自我效能感知的干预能提高青少年的体力活动参与。同时，体力活动水平高的女性拥有较高的运动自我效能感，自我效能感和愉悦感是青少年体力活动的预测因子。青少年由于高度紧张、持续的学习，极易造成身心疲劳和精神衰弱，积极地参加体育锻炼可以使他们的身心放松，消除疲劳。可见，自我效能感越强，青少年参与体力活动的积极性越高，提高自我运动效能是参与体力活动的关键。

自我效能感高的人，会为自己设定适合自己能力水平并富有挑战性的任务，在遇到困难时，会将注意力和努力集中在情境中，并被障碍激发出更大的努力，并且愿意以最大的努力去迎接困难和挑战，越努力越能坚持。如何提高自我效能感？首先应了解自我效能感的影响因素。班杜拉认为，影响自我效能感的形成因素可分为四个方面：以往的成败体验、替代性经验、言语劝导、情绪和生理状态。本书以学校环境为中心，列举以下几种增强青少年自我效能感的方法。

以往成败的体验对于个体自我效能感的形成影响最大。成功的经验可以形成较高的自我效能感，多次失败则可能降低个体的自我效能感。要培养和提高学生的自我效能感，关键是让学生不断获得成功的体验。在学校环境中，给青少年多创造表现的机会，让他们经常获得成功的体验。比如，可以组织简单的业余性体育竞赛、趣味活动、游戏比赛等，不仅可以为青少年提供面对挑战的机会及检验完成任务能力的机会，同时可以在体育比赛中一次次地证明自己的能力，获得满足感。需要注意的是，这些比赛形式要根据青少年的身心特点（年龄、身高、性别等），对比赛场地、人数、比赛器材自由选择，制定适宜的比赛规制。如十一人制足球比赛可改为七人制、篮球场地由全场改为半场比赛、排球网高可以适当降低、排球比赛 25 分制改为 11 分制，争取让每位青少年都能参与进来，经常体验成功的感受。

替代性经验是指青少年看到同伴和朋友的成功能增强他们的自信心，促进其自我效能感的提高；反之，若看到更多的是失败，则会降低他们的自我效能感。其他观看的学生看到同伴的成功，想象同伴的成功操作，能提高观察者的自我效能判断，并确信自己亦有能力完成，对提高青少年自我效能感有积极作用。因此建议，在体育课堂上，体育教师多鼓励那些技术动作做得好的学生出来做示范，或者教师也可尝试经常组织学生观摩一些优秀运动员的录像带，使学生通过观察学习帮助其形成良好的自我效能感，从而增强他们的替代经验。需要强调的是，有些学生运动能力不强，很难完成教学目标，教师就要适当地降低标准，以免打消他们的自信心和学习的积极性。当学生能达成体育学习目标时，会获得成功感和满足感，其自信心得到加强，就会有效增强自我效能感。

言语劝导是指在直接经验或替代性经验基础上，来自教师、家长和同学的说服建议、劝告、解释和鼓励，也包括自我规劝，用来说服青少年去相信自己的能力，对提高自我效能感有积极影响。因此，在教学中，体育教师要善于发现和挖掘学生的闪光点，找出他们每个人的优点和特长，并给予适当的言语赞赏和肯定；教师和家长不应只看重成绩，应强调孩子的进步空间，只要与自己相比有所进步，就应不失时机地进行鼓励和表扬，以提高他们的自我效能感。除了发挥教师和家长的主导作用外，还要注意青少年的主体角色，引导青少年积极主动进行自我劝导、自我暗示、自我鼓励。如果把偶尔失败归因于外界环境、在练习中反复默念“用力”“我一定能成功”等鼓励词，也可以增强自我效能感。

人们在评估自己的能力时，经常会受到情绪和生理状态的影响和干扰。积极的情绪、生理状态可以增强自我效能感，反之则可能削弱自我效能感。青少年学习压力大或动作难度大导致的紧张情绪、生理周期、体育活动中出现的疲惫感和肌肉疼痛等都会影响到积极自我效能感的形成。另外，少部分学生认为自己的运动技术差，对自己信心不足。加上场地、器材情况的不足和家长、老师的限制等原因也使得有些想锻炼的学生失去了锻炼的机会。DeBate 及其同事对 322 名 8 ~ 12 岁的女孩进行“女孩跑步计划”，并评估其自尊。结果显示，进行每周 2 天、每天 60 分钟体力活动干预的女生，其自尊心明显增强。克鲁斯（Crews）的一项随机实验表明中等到高强度的体力活动干预可减轻抑郁症状。安内西（Annesi）及其同事对 90 名 9 ~ 12 岁的孩子进行 12 周非随机运动干预研究，发现抑郁症状明显减轻、情绪明显改善，上述结果均表明体力活动能有效降低焦虑症状测量得分。因此，建议教学中穿插一些有趣的游戏活动，营造和谐、愉快的课堂学习氛围，可提高学生良好的生理唤醒水平和积极的情绪状态；同时加强体育健康知识的传播，消除青少年心理阴影，鼓励女生在生理期进行适量运动。以上这些措施可以帮助青少年从运动中获取愉悦的心理感受，产生积极的自我评价，提高他们的自我效能感，进一步促进青少年自觉参与体育锻炼，逐渐形成良好的体力活动方式。

（四）个体及社会支持

社会支持与青少年体力活动存在一定的相关性。在国家层面，我国的体育场馆发展远远低于经济发达国家人均体育场地标准。新中国成立以来，我国的体育事业一直围绕竞技体育这一主线来运行，场馆多以竞技体育的大型场馆为建设主流，全民健身事业的场馆尤其是社区体育场地设施有待进一步增加。我国有关体育部门和政府部门倾向于大型场馆的建设，这种场馆存在占地面积大、功能单一、造价昂贵、维护困难等问题，场馆开放度不高，多以封闭式管理为主，且以营利为目的，使得大多数学生的体育健身需求得不到满足。各大媒体对青少年体力活动的宣传度不高，不利于激发青少年参与体育活动的兴趣。同时，政府部门及体育行政部门在社区体育健身设施的布局、器材的配置等方面未充分考虑青少年的身心特点，多数社区只有老年人的健身路径而没有适合青少年的健身器械，所在的社区很少提供青少年可以使用的体育锻炼器械，从而限制了青少年体育活动参与的积极性。

在学校、社区等环境中，青少年的体力活动参与情况同样受诸多因素影响。学校领导对体力活动给予经费、场地、师资等方面的有力支持，校园活动才会有充足的后勤保障，学生参加课余活动的积极性也会提高。有许多基层学校领导亲临比赛和训练现场，会给参加校园活动的老师和同学带来极大的鼓舞。在学校提供的锻炼机会方面，学校提供的锻炼机会数量（如课外活动课、运动会）和青少年校内体力活动有关；在学校条件方面，学校的运动场地和器材的数量与青少年校内体力活动有关。有学者针对环境对初中学生的体力活动的影响研究发现，运动场所的可及性、可选择性对初中学生体力活动有显著影响。另外，老师、同学及其他同学朋友的言语、行动上的鼓励赞许，对减少静态生活方式也有显著影响。

相反，如果学校没有发展各类业余体育俱乐部及体育社团，无法实现体育爱好者的自主管理，将不利于激发青少年参与体育活动的兴趣。除了课程表里安排的体育课及课间操，青少年课间及课余时间都被满满的补习冲刺班占据，体育活动和日常体力活动都大大减少。学生课间情愿在桌子上趴上一会儿也不愿意走出教室活动，下课后回家做完功课已是夜晚，只想睡觉而且睡眠时间还不足 8 小时。应试教育将青少年的精力消耗殆尽，就算想出门活动一下也是心有余而力不足。

来自家人、朋友的影响也被证明是体力活动的重要影响因素。孩子的很多生活习惯也会从小受父母的影响，平时有锻炼习惯的父母也会很支持自己的孩子参与体育锻炼，并且可以很大程度上带动鼓舞青少年也加入体育锻炼的队伍中，从小培养体育锻炼的意识有益于青少年的身心健康发展，父母的积极参与为青少年参加体育锻炼提供了良好的家庭支持。有些家庭的父母会拒绝孩子看会儿体育节目的要求，这是孩子们体育兴趣养成的阻碍。良好的同伴关系是满足青少年社交需要的关键条件。在体育锻炼的过程中，有共同锻炼的同伴一起前往不仅可以增加青少年之间的情感交流，还可以互相鼓励、互相支持，培养他们吃苦耐劳的宝贵品质。

家人支持和体育课这两项可调控的环境因素都同青少年的体力活动水平存在较为稳定的正向关联。强化家人支持和体育课可以作为青少年体力活动综合干预的一个组成要素，因此家长不仅要鼓励青少年多做运动，最好还要同其一起参与运动。而不想活动、疲劳是青少年参与体力活动最主要的阻碍因素。与家人和朋友的电话联络及与朋友的见面和更高的体力活动水平有关，但有趣的是，与家人的见面却可能降低其体力活动水平。但是，绝大部分家长不会陪伴孩子进行体育锻炼。据《中国青年报》报道：74% 的家长从不带孩子运动，部分家长（25%）本身就“不喜欢体育运动”。陪学生进行体育锻炼的家长仅占小部分，在一定程度上影响了小学生参加体育锻炼的积极性。

同伴对青少年参与体育活动有积极影响，同伴群体在青少年中普遍存在，他们兴趣爱好相仿，时常聚集和交往，相互间的影响较大，甚至可能超过父母和教师，是社会化过程中的重要环境因素。苏传令认为来自同伴的支持也是青少年体力活动获得社会支持的重要来源。兄弟姐妹的支持与青少年参与体力活动之间显著性相关。朋友的支持与青少年参与体力活动之间也显著性相关，对青少年参与体力活动影响最大的社会支持是朋友，而影响最大的支持类型是观看他们参与体力活动。究其原因，可能是来自同伴的社会支持可以使青少年与社会融合，并且发展青少年之间的友谊；在情感支持方面，可以互相鼓励，并分享各种信息；在器械支持方面，可以一起分享运动设备和交通工具；可以获得自尊上的支持，在遇到困难时可以互相安慰；通过合作可以完成期望的任务，克服各种困难。

（五）其他影响青少年体力活动的因素

根据中国互联网络信息中心2015年7月发布的《第36次中国互联网发展状况统计报告》，我国网民规模达6.68亿，其中青少年网民群体的占比最高，为24.6%。网民规模的飞速增长，说明越来越多的青少年开始使用互联网。2005年，青少年健康相关危险因素行为检测显示，青少年长时间上网（4小时及以上）的占7.1%，每天玩游戏4小时及以上的占8.3%，有网络成瘾倾向的占8.9%。而且随着网络技术的进步和计算机、手机的普及，玩游戏和使用计算机的时间显著增长。

静态活动是指闲暇时间里参加的、身体移动很少的、消耗的能量接近于静息代谢率的一类活动，看电视、看书、使用计算机（包括上网）及玩电子游戏四类活动被归为闲暇静态活动。一项调查结果显示，青少年静态活动时间为2.2小时/天，其中占第一位的为看电视，其次是上网或玩电脑游戏。以上静态活动不仅能耗较少，而且挤占了青少年参加体育锻炼和体力活动的时间。静态活动增加、体力活动减少，严重威胁人们健康。一周屏幕使用时间过长可能是超重的危险性因素。青少年在日常体育锻炼缺乏、体力活动行为减少的同时，静止性活动有显著的增加趋势。这种情况的出现，一方面是因学业压力导致，老师布置大量的作业留给青少年回家完成，占去青少年的运动时间；另一方面，不少同学还缺乏足够的自制力来控制自己上网、看电视或玩游戏的时间。

1. 网络

现代人的生活方式极富吸引力使广大青少年养成了久坐少动的习惯。随着现代化智能家用电器的出现，人们不再需要花费大量的时间和体力进行家务劳动。互联网、信息化使得网络文化生活成为现代人生活中不可或缺的一部分，大量的网络生活占据了青少年课余文化生活时间。由于上网时间过长，会占据参加体育活动的时间，减少消耗过多脂肪的机会，所以会增加脂肪堆积和超重肥胖的风险。有调查显示，县级市市区的青少年明显比地级市市区和农村的青少年更喜欢上网。

有资料显示在13~17岁的青少年网民中网瘾比例高达17.1%，其中男生网瘾比例高于女生7%。目前70%的青少年犯罪是受网络影响而诱发的，许多青少年并不认为自己的行为是犯罪，而把它看作一种智力的“游戏”或“挑战”。所以，网络成瘾已成为日益突出的社会问题。对于身心发展尚不健全的青少年来说，一旦深陷网络，除了浪费大量的时间、精力、金钱外，还会引发肥胖、颈椎、腰椎等疾病，出现免疫力下降、身体素质下降等情况，长此以往将不利于青少年身心健康发展。

随着科技水平的迅猛发展，电子产品推陈出新，计算机、智能手机在我们的日常生活中随处可见。目前，智能手机的功能可以和计算机相媲美，上网、玩游戏都可以。手机的便利性使其更受广大青少年的喜爱。青少年的心智发育还不完全，不能很好地把握自己对于电子产品的控制程度。即使课业负担有所减轻，青少年课后选择的放松方式还是和以前不同。以前的青少年，课后放松主要是以“动”为主，如打篮球、踢足球、滑冰。现在则主要是以“静”为主，将大量的时间都用在了使用电子产品上，大大减少参与体力活动的时间。部分青少年不仅在家整天抱着手机玩，还把手机带到学校，严重干扰学习生活。甚至有些青少年难以抵抗网络世界的诱惑，整日沉迷其中，使得作息时间混乱、睡眠不足，几乎不参与体育锻炼，严重影响身心健康。

体力活动缺乏的青少年手机使用依赖的发生率高于体力活动充足的青少年，表明体力活动和手机使用依赖存在关联。Fontes Ribeiro CA. 等通过动物实验也证实了规律的体力活动可以防止大鼠物质成瘾行为。手机使用依赖作为一种行为成瘾，可能和物质成瘾存在共同的发生机制，因此，今后的研究可探讨体力活动和体育锻炼等干预措施对手机使用依赖的影响。

为了帮助青少年走向正常的生活轨道，政府部门要健全对网络管理的相关法律法规，净化网络环境；父母应该经常和青少年沟通，了解青少年的想法，培养青少年的运动兴趣，转移他们对网络的注意力；在必要情况下，父母要限制青少年上网时间，避免青少年对计算机或手机形成依赖，导致网瘾；青少年自身要树立积极健康的网络使用观，学会用坚强的意志去抵制网络所带来的各种诱惑，学会自我调控，自觉抵制网络成瘾。广大青少年还要积极参加各种实践活动，培养诸如听音乐、看书、散步、郊游等广泛的兴趣爱好，尽量建立与父母、老师、同学、朋友等面对面交流沟通的良好人际关系，转移对网络的注意力，将生活的中心从虚拟世界转移到现实生活中来。

2. 网络游戏及电子游戏

社会的快速发展，使得青少年的活动形式发生了很大的变化。相对静止的各种网络游戏已经取代了曾经的跳房子、丢沙包等以身体活动为主的传统游戏。北京市西城区有 11.9% 的青少年每天玩电子游戏超过 4 小时。青少年的休闲时间被网络和电子游戏占用，如果过度沉迷将会影响其学习生活，使他们抑郁无助，产生社交能力障碍，性格孤僻，孤独感增强，由此会进入恶性循环，会严重损害他们的身心健康以及影响其社会化进程。研究显示，男生玩电子游戏行为报告率为 13.5%，高于女生的 10.4%。随着学习成绩和母亲文化程度的提高，青少年玩电子游戏行为报告率逐渐降低。

有趣的是，有研究认为，通过选择适当的电子游戏可以培养游戏者手眼、视觉与上肢、视觉与上下肢、视听觉与四肢、视听觉与上肢的协调能力，从而提高身体运动智能。不过由于青少年自制力不足、好奇心强等原因，大多数青少年很难主动、有意识地去控制玩电子游戏的时间。因此，笔者认为，电子游戏在提高运动智能的同时，对于青少年的健康也会产生不利的影响。

近些年来，伴随着我国科学技术的飞速发展，体感游戏应运而生。体感游戏是一种通过肢体动作来进行操作，具备立体显示和肢体感知的全身互动电子游戏。它区别于传统电子游戏的最大特征是，体感游戏的操控方式发生了革命性变化。传统电子游戏以游戏机手柄或键盘为主要输入终端，而体感游戏则主要是通过肢体动作进行游戏输入。

尽管体感游戏不是解决青少年体力活动下降最理想的方式，但它是一种潜在的可被用于减少久坐时间、增加锻炼项目、提高体力活动愉悦感的创新性方式。对于危险人群，特别是超重青少年特别重要。体感游戏的能量消耗属于轻度至中等强度体力活动，对调节身体成分、降低体重及预防肥胖有重要意义。尽管体感游戏可为青少年提供较好的替代久坐游戏的活动方式，但也有学者认为体感游戏不能充分替代传统体力活动，如竞技比赛及户外活动等。人们对体感游戏的褒奖不一，可能与体感游戏要求使用者模拟运动时的运动强度不一有关。体感游戏对改善青少年静态行为、提高体力活动量有一定促进作用，它在体力活动的干预实验中属于新兴领域，相关研究还有待我们进一步探索。

3. 看书和写作业

当前，国内许多家长因为担心青少年参与体力活动占用过多时间和精力而影响学习成绩，限制青少年参加体力活动。调查数据显示，我国青少年平均每天上课 5.1 小时，写作业 1.4 小时。更有甚者，江苏省青少年平均每天上课和写作业的时间为7.4小时，除了上课和写作业，看电视和看课外书的时间占据了青少年较多的课余时间，并且随着年级的增加，青少年上课时间和课后作业时间逐渐增加。

长此以往，青少年参加体力活动的时间和兴趣必然会受到影响，不利于青少年身心健康发展。为此，父母需要改变自身对参与体力活动的偏见，做好榜样，教会青少年管理好自己玩和学习的时间，并且引导青少年积极参与体力活动。

4. 看电视

看电视时间的长短与青少年体力活动之间存在一定的相关性。长时间看电视是导致青少年体力活动不足的重要原因之一，同时将增加其患超重肥胖的风险，并引起一系列不良后果。平均每天看电视超过4小时的青少年患超重肥胖的危险是平均每天看电视不足1小时青少年的1.755倍。

与国内类似，国外青少年的静态方式同样以看电视和玩电脑游戏为主。如美国有26%的女孩、33%的男孩，英国有29%的女孩、30%的男孩一周看电视的时间超过14个小时。其中，美国青少年看电视的时间是逐年增加的，平均每天看电视时间为3.3小时，有6%的青少年的卧室内有电视机，比例逐年增至77%。每天在家看电视在3小时及以上者，从7%上升为60%，其中1/3的人每天花4小时或者更长的时间躺在床上看电视。

周末青少年活动排在第一位的是看电视、操作计算机等久坐少动型体力活动，动态体力活动时间远远不足。尽管家长通过自身的体力活动对高年级青少年的影响不大，但是如果经常和高年级青少年一起看电视，则会明显增加青少年静态生活方式的时间。

可见，每天看电视是影响青少年动态体力活动的危险因素。

此外，电视作为一种传播媒介，在向人们传播知识信息的同时，也带来了一些负面影响。例如，电视播放各种类型的广告，其中就有食品广告，这些食品广告中不乏高热量、高糖等类物质，人体摄入过量会对身体产生危害。在美国，青少年看电视高峰时间播出的食品广告90%属高脂、高糖、高盐食品。广告极大影响着青少年的食品选择，看电视时间与他们要求父母购买、家长购买、青少年实际消费这些广告食品（主要有各种饮料、酒类、快餐和零食）的频率及比例均是呈正相关的。长时间看电视，青少年的不健康饮食行为增加，饮料、零食、薯条、快餐等高能量、高糖食物摄入过多。目前各种方便食品（包括快餐、零食和半成品）占发达国家食品支出的45%～60%，在我国沿海城乡也以每年10%的速度猛增，所以青少年看电视问题是一个不容忽视的影响因素。

由于青少年处于从幼稚转向成熟的阶段，其生理和心理状态均未成熟。社会、学校及家庭对他们的正确引导和干预是预防成瘾行为的重要环节，社会各界应该携手为青少年创建一个良好的媒体环境。学校通过教师授课尽可能地向青少年传播健康饮食的知识；父母要做好榜样，不受食品广告的影响，理性且有节制地购买零食，多学习一些健康和运动保健知识，限制青少年看电视时间，通过良好的沟通来建立和谐的人际关系；同时需要培养青少年广泛的兴趣爱好，尤其是运动爱好，使其掌握一项或多项运动项目的技能，转移其对电视的注意力，增加体育锻炼的时间，增强运动锻炼效果。青少年可以根据自己的兴趣爱好，合理分配和管理好自己看电视、学习和运动的时间。

第三节　传统的体力活动测量技术与方法

有效和适当地测量体力活动是一项具有挑战性的任务，因为这些测量结果可以在不同的个人和群体中产生很大的影响。体力活动在热量消耗、负重、柔韧性和运动强度等方面的差异可能会对特定疾病的预防具有一定的影响。例如，游泳消耗100卡的热量可能特别有益于心血管健康和预防相关的疾病；而重量训练消耗100卡的热量可能更有利于调整骨量和骨质疏松。在检查体力活动和疾病或身体状况之间的关系时，重要的是要专注于最有可能与特定结果相关联的体力活动。

体力活动评估工具已经被用于测量各种维度和类别的体力活动。大多数用于测量体力活动的评估工具都集中于测量能量消耗。这些不同方法的优点和缺点取决于正在研究的对象和研究目标。

目前，关于体力活动的测量技术与方法已有数十种。这些方法有些属于早期体力活动的评价方法，我们称之为传统的体力活动测量技术与方法，如直接观察法、问卷调查法、直接测热法、间接测热法、心率监测法、双标水法、气体代谢法等。流行病学研究通常采用主观的测量（如问卷调查法）来评估人群的体力活动，采用客观的测量（如双标水法等）来验证主观活动的测量。

本节主要介绍这些传统的体力活动测量技术与方法。

一、青少年体力活动调查问卷

青少年经常参加体力活动不仅对促进他们的生长发育和健康起着十分重要的作用，而且在这个时期形成的体力活动模式可持续到成年期，这对预防以后生活中慢性疾病的发生有着积极的作用。体力活动对青少年健康的良好作用使研究他们的体力活动变得非常重要和富有挑战性。本书共介绍了15种青少年体力活动调查问卷，从不同层面对青少年体力活动进行评价和测量。

国际体力活动问卷（International Physical Activity Questionnaire，IPAQ）是澳大利亚学者为了建立一套标准的体力活动测试方法，采集、归纳、整理分析有关体力活动的资料而研制出来的。该体力活动量表以过去7天的活动量为期，共分为4套版本，即自填长版、自填短版、电话长版及电话短版。

国际体力活动问卷（自填长版）❶

编号：____________________　　　　日期：____________________

请回顾一下过去7天您的体力活动情况，包括日常工作、日常生活、日常交通、运动锻炼以及休闲娱乐的情况。

请回顾一下过去7天您所从事的体力活动状况（重度体力活动是指那些使您呼吸心跳明显加快的活动，中度体力活动是指那些使您呼吸心跳略微加快的活动）。

第一部分：日常工作

本部分内容是关于您的工作情况，这里的工作包括有偿工作、农活和其他您在家庭外从事的无偿工作，不包括家务劳动（这方面的问题将在第三部分涉及）。

---

❶ International Consensus Group on Physical Activity Measurement. The International Physical Activity Questionnaire（Long Last 7 Days Self-administered Format）[EB/OL]. http：//www. ipaq. ki. se，2002 - 10.

1. 您目前是否外出工作？

□是　　□否

2. 下面的问题是关于您在过去7天内进行的有偿或无偿工作中的体力活动，不包括上下班时路上的体力活动状况。请只考虑那些每次至少进行10分钟的体力活动。

3. 在过去的7天内，您在工作过程中有几天参加了重度体力活动（如搬运重物、挖掘、爬楼梯等）且持续时间超过10分钟（注意不包括工作以外的活动）？

________天/周

4. 您在工作中每天有多长时间进行重度体力活动？

______小时/天

5. 在过去的7天内，您在工作中有几天参加了中度体力活动（如提拎小型物品等）且持续时间超过10分钟（注意不包括工作以外的活动）？

________天/周

6. 您在工作中每天有多少时间进行中度体力活动？

______小时/天

7. 在过去的7天内，您在工作中有几天步行时间持续超过10分钟（注意不包括上下班路上的步行时间）？

________天/周

8. 在工作中，您每天花多长时间步行？

______小时/天

第二部分：日常交通

9. 在过去的7天内，您有几天乘车外出？

________天/周

10. 您每天乘车花多少时间？

______小时/天

11. 在过去的7天内，您有几天骑自行车外出，且骑行时间超过10分钟？

________天/周

12. 您每天骑自行车花多长时间？

______小时/天

13. 在过去的 7 天内，您有几天步行外出，且步行时间超过 10 分钟？

________天/周

14. 您每天步行花多长时间？

______小时/天

第三部分：日常生活

本部分涉及您工作之余所进行的家务劳动及日常生活，如清洁卫生、整理房间、做饭洗衣、照顾婴儿等。

15. 在过去的 7 天内，您有几天参加了重体力家务劳动（如搬运重物、砍柴、扫雪、拖地板等）且持续时间超过 10 分钟？

________天/周

16. 您每天花多长时间进行重体力家务劳动？

______小时/天

17. 在过去的 7 天内，您有几天参加中度体力家务劳动（如拎小型物品、扫地、擦窗户、整理房间、做饭、洗衣服等）且持续时间超过 10 分钟？（不包括工作以外的活动）

________天/周

18. 您每天花多长时间进行中度体力家务劳动？

______小时/天

第四部分：运动锻炼及休闲娱乐

本部分是关于您在过去 7 天内在闲暇时间进行的体育锻炼或运动，请只考虑那些每天进行至少 10 分钟的体力活动，也不要包括那些您在前面已经回答过的体力活动。

19. 在过去的 7 天内，您有几天外出散步且持续时间超过 10 分钟？（不包括您前面已经描述过的步行时间）

________天/周

20. 您每天花在散步上的时间是多少？

______小时/天

21. 在过去的 7 天内，您有几天参加了重度体力活动的体育锻炼（如有氧健身、跑步、游泳、足球及篮球等活动）且持续时间超过 10 分钟？

________天/周

22. 您每天花多长时间进行重度体力活动的体育锻炼?

______小时/天

23. 在过去的7天内，您有几天参加了中度体力活动的体育锻炼（如快步行走、跳交谊舞、打保龄球、乒乓球、羽毛球等）且持续时间超过10分钟?

________天/周

24. 您每天花多长时间进行中度体力活动的体育锻炼?

______小时/天

25. 您参与的运动形式有哪些?

____

国际体力活动问卷（自填短版）❶

编号：____________________　　　　日期：__________________

请回顾您在过去7天内进行体力活动所花费的时间，包括工作、做家务、整理庭院/阳台、交通，及您在娱乐、运动等活动中所花的时间。

您在过去7天内的体力活动与过去3个月的体力活动相比，________。

□比较多　　　　□比较少　　　　□差不多

请回想过去7天内，所有您做过的重度体力活动。这些活动会让您的身体感觉费力，呼吸比平常喘很多，但请只考虑那些一次您至少会持续10分钟以上的体力活动。

1. 过去7天内，您有多少天进行了重度体力活动?例如跑步、上山爬坡、持续性的快速游泳（不含慢游、玩水、泡水)、上楼梯、有氧舞蹈/运动、快速骑自行车、打球（如网球单打、篮球、足球)、跳绳、重量训练、搬运重物（大于10千克）或铲土。

   □________天　　　　□没有做费力的体力活动→请跳转至问题3

2. 您通常一天花多少时间进行重度体力活动?

   □一天________小时________分钟　　　　□不知道/不确定

❶ International Consensus Group on Physical Activity Measurement. The International Physical Activity Questionnaire（Short Last 7 Days Self - administered Format）[EB /OL]. http://www.ipaq.ki.se, 2002.

请回想过去7天内您做过的所有中度体力活动。中度体力活动指那些会让您觉得身体有点费力、呼吸比平常困难些的活动，但请只考虑那些您每次至少持续10分钟的体力活动。

3. 过去7天内，您有多少天进行中度体力活动？例如下山健步走、用一般速度游泳、下楼梯、跳舞（不含有氧舞蹈、慢舞、国际标准舞或元极舞）、太极（不含外丹功）、用一般速度骑自行车、携带较重的东西步行（如买菜和背抱小孩。较重是指4.5~9千克：如两包A4纸、两瓶家庭装鲜奶、一个小玉西瓜、3个带皮凤梨、5公斤的米、3块红砖头、7瓶玻璃罐的台湾啤酒或米酒、一箱24瓶易拉罐饮料）、整理庭院/阳台、费力的家务（清洗窗户、用手擦地、铺床、手洗衣服、手工洗车），或是网球双打、羽毛球、桌球、排球、棒球。请不要将提轻物的步行算进去。

□________天　　　□没有做中度体力活动→请跳转至问题5

4. 您通常一天花多少时间在中度体力活动上？

□一天________小时________分钟　　　□不知道/不确定

回想过去7天内，您步行时间有多久？（包括工作、居家和外出交通时的步行，以及您纯粹为了娱乐、运动及休闲而步行的时间，不含上下楼梯、爬山的时间）

5. 过去7天内，您有多少天步行持续10分钟以上？

□________天　　　□没有步行持续10分钟以上→请跳转至问题7

6. 您通常一天步行时间有多久？

□一天________小时________分钟　　　□不知道/不确定

最后一个问题是：过去7天的工作中，您坐着的时间有多久？请将工作、居家、做功课及休闲的时间都算进去，包括坐在桌前、用计算机、拜访朋友、吃饭、阅读、坐着或斜躺着看电视，但请不要将睡着的时间算进去。

7. 过去7天的工作日中，您一天久坐时间多长？

一天________小时________分钟

国际体力活动问卷（电话长版）❶

请回顾一下过去7天您的体力活动情况，包括日常工作、日常生活、日常交通、运动锻炼以及休闲娱乐的情况。

请回顾一下过去7天您所从事的体力活动状况（重度体力活动是指那些使您呼吸心跳明显加快的活动，中度体力活动是指那些使您呼吸心跳略微加快的活动）。

第一部分：日常工作

1. 您目前是否外出工作？

   □是　　□否→跳转至第二部分：日常交通

2. 在过去的7天内，您在工作过程中参加了几天的重度体力活动（如搬运重物、挖掘、爬楼梯等）且持续时间超过10分钟？（注意不包括工作以外的活动）

   □________天/周　　□无工作相关的重度体力活动→跳转至问题4

3. 在工作中，您每天花多长时间进行重度体力活动？

   □______小时/天　　□________分钟/天

4. 在过去的7天内，您在工作过程中参加了几天的中度体力活动（如提拎小型物品等）且持续时间超过10分钟？（注意不包括工作以外的活动）

   □________天/周　　□无工作相关的中度体力活动→跳转至问题6

5. 在工作中，您每天花多长时间进行中度体力活动？

   □______小时/天　　□________分钟/天

6. 在过去的7天内，您有几天进行中等步行的时间超过10分钟？（注意不包括上下班路上的步行时间）

   □________天/周　　□无工作相关的步行→跳转第二部分：日常交通

7. 在工作中，您每天花多长时间步行？

   □______小时/天　　□________分钟/天

---

❶ International Consensus Group on Physical Activity Measurement. The International Physical Activity Questionnaire（Long Last 7 Days Telephone Format）［EB/OL］. http：//www. ipaq. ki. se/ipaq. htm，2002.

第二部分：日常交通

8. 在过去 7 天内，您有几天乘车外出？

☐________天/周　　☐未乘车外出→跳转至问题 10

9. 您每天乘车花多长时间？

☐______小时/天　　☐________分钟/天

10. 在过去 7 天内，您有几天骑车外出，且持续时间超过 10 分钟？

☐________天/周　　☐未骑自行车外出→跳转至问题 12

11. 您每天骑自行车花多长时间？

☐______小时/天　　☐________分钟/天

12. 在过去的 7 天内，您有几天步行外出，且持续时间超过 10 分钟？

☐________天/周　　☐未步行外出→跳转至第三部分

13. 您每天步行花多长时间？

☐______小时/天　　☐________分钟/天

第三部分：日常生活

本部分涉及您工作之余所进行的家务劳动及日常生活，如清洁卫生、整理房间、做饭洗衣、照顾婴幼儿等。

14. 在过去的 7 天内，您有几天参加了重体力家务劳动（如搬运重物、砍柴、扫雪、拖地板等），且持续时间超过 10 分钟？

☐________天/周　　☐无工作之余的重度体力活动→跳转至问题 16

15. 您每天花多长时间进行重体力劳动？

☐______小时/天　　☐________分钟/天

16. 在过去的 7 天内，您有几天参加了中度体力家务劳动（如提拎小型物品、扫地、擦窗户、整理房间、做饭、洗衣服等），且持续时间超过 10 分钟？

☐________天/周　　☐无工作之余的中度体力活动→跳转至第四部分

17. 您每天花多长时间进行中度体力劳动？

☐______小时/天　　☐________分钟/天

第四部分：运动锻炼及休闲娱乐

18. 在过去的7天内，您有几天外出散步，且持续时间超过10分钟？（不包括您前面已经描述过的步行时间）

□________天/周　　□无外出散步→跳转至问题20

19. 您每天花在散步上的时间是多少？

□______小时/天　　□________分钟/天

20. 在过去的7天内，您有几天参加了属于重度体力活动的体育锻炼（如有氧健身、跑步、快速骑车、游泳及足球、篮球类活动等），且持续时间超过10分钟？

□________天/周　　□无重度体力活动的体育锻炼→跳转至问题22

21. 您每天花多长时间进行重度体力活动的体育锻炼？

□______小时/天　　□________分钟/天

22. 在过去的7天内，您有几天参加了中度体力活动的体育锻炼（如快速行走、跳交谊舞、打保龄球、乒乓球、羽毛球等），且持续时间超过10分钟？

□________天/周　　□无中度体力活动的体育锻炼→跳转至第五部分：坐姿时间

23. 您每天花多长时间进行中度体力活动的体育锻炼？

□______小时/天　　□________分钟/天

第五部分：坐姿时间

本部分问题是关于过去7天您花在久坐上的时间（包括工作及生活中），如伏案工作、坐着闲聊、读书、看报、看电视、上网、游戏等。

24. 在过去7天内，您工作日每天久坐时间多长？

□______小时/天　　□________分钟/天

25. 在过去7天内，您周末或休息日每天久坐时间多长？

□______小时/天　　□________分钟/天

第六部分：睡眠时间

26. 在过去7天内，您在工作日每天花在睡眠（包括午睡）上的时间是多少？

□______小时/天　　□________分钟/天

27. 在过去7天内，您在周末或休息日每天花在睡眠上的时间是多少？

□______小时/天　　□________分钟/天

（一）计算方法

问卷中记录的体力活动能量消耗根据各种活动的代谢当量计算，如表2－5所示：

表2－5　国际体力活动问卷中各项体力活动强度

体力活动强度	地点/项目	代谢当量值
重度*	工作、闲暇*	8.0
	庭院	4.5
中度**	庭院、工作**	4.0
	家庭	3.0
	步行（中速）	3.3
	自行车（中速）	6.0
轻度	休闲	1.5
	久坐	1.1
	睡眠	1.0

注：* 短问卷体力活动以8计算；** 短问卷体力活动以4计算。

一天总能量消耗（代谢当量·分钟/天）＝体力活动能量消耗＋久坐能量消耗＋睡眠能量消耗

轻度体力活动时间（分钟）＝1440－久坐时间－睡眠时间－中度以上体力活动时间

Caltrac加速度计一天总能量消耗（代谢当量·分钟/天）＝24小时总能量消耗/24小时静息能量消耗×1440

（二）信度效度检验

长问卷各项体力活动组内相关系数均在0.7以上。长问卷的体力活动能量消耗与体力活动记录接近，其记录人每日久坐时间与体力活动记录的无显著性差异。

计算将调查对象划分为达标与未达标两类，根据问卷和体力活动记录中的体力活动时间，计算两者的一致百分比。计算两次调查的各项活动能量消耗的组内相关系数（ICC），见表 2－6。根据数据的分布情况，用威尔克逊法比较问卷和体力活动记录的各项活动能量消耗，计算两者的斯皮尔曼等级相关系数；用配对 t 检验比较问卷和体力活动记录的久坐时间、问卷与 Caltrac 加速度计的每日总能量消耗，计算两者的皮尔逊相关系数（见表 2－7）。

短问卷与体力活动记录的总体力活动、中度体力活动、步行能量消耗之间均有显著性差异（$P<0.01$）。长问卷与体力活动记录的步行能量消耗差异有显著性（$P<0.05$）。长问卷和短问卷的重度体力活动达标一致率均高于中度体力活动。

长问卷、短问卷和体力活动记录的每天平均久坐时间分别为 501 ±157 分钟、480 ±176 分钟和 508 ±156 分钟，相互间差异无显著性（$P>0.05$），长问卷、短问卷分别与体力活动记录比较，$r=0.767$ 和 $r=0.760$。

长问卷两次调查的各项体力活动能量消耗的组内相关系数均高于短问卷。

表 2－6　各项体力活动能量消耗和组内相关系数❶

单位：代谢当量・分钟/天

体力活动项目		第一次调查	第二次调查	组内相关系数（95% 置信区间）
长问卷	总体力活动	365.6 ±364.2	350.4 ±370.1	0.927（0.892～0.951）
	重度体力活动	67.1 ±118.9	59.2 ±122.6	0.780（0.686～0.848）
	中度体力活动	132.6 ±145.2	121.9 ±135.5	0.888（0.836～0.924）
	步行	165.9 ±224.6	169.4 ±236.9	0.898（0.850～0.931）
	工作	29.8 ±112.3	22.0 ±81.7	0.689（0.566～0.782）
长问卷	交通	193.8 ±198.3	172.6 ±168.1	0.738（0.630～0.818）
	家务	35.4 ±42.6	35.1 ±46.0	0.689（0.566～0.782）
	闲暇	106.6 ±140.7	120.8 ±187.9	0.674（0.547～0.770）
	久坐时间（分钟）	548.5 ±188.7	566.8 ±184.0	0.934（0.903～0.956）
短问卷	总体力活动	225.3 ±194.0	216.0 ±217.5	0.779（0.685～0.848）
	重度体力活动	50.9 ±95.4	53.4 ±117.6	0.626（0.468～0.735）
	中度体力活动	49.7 ±87.3	44.1 ±83.0	0.657（0.524～0.758）
	步行	124.7 ±115.1	118.5 ±121.6	0.831（0.756～0.884）
	久坐时间（分钟）	554.4 ±189.3	555.7 ±194.4	0.887（0.834～0.923）

❶ 屈宁宁，李可基. 国际体力活动问卷中文版的信度和效度研究［J］. 中华流行病学杂志，2004，25（3）：265－268.

表 2-7　问卷和体力活动能量消耗之间的相关性

单位：代谢当量·分钟/天

体力活动项目	体力活动记录的能耗	长问卷		短问卷	
		能量消耗	r	能量消耗	r
总体力活动	250.5 ±141.2	264.5 ±260.9	0.821	185.4 ±128.9 **	0.598
重度体力活动	39.5 ±67.0	47.3 ±81.7	0.808	39.2 ±76.0	0.775
中度体力活动	61.3 ±72.0	81.7 ±165.4	0.626	32.0 ±42.5 **	0.597
步行	149.7 ±108.5	135.5 ±181.3 *	0.712	114.2 ±103.3 **	0.646

注：* $P<0.05$；** $P<0.01$.

长问卷和短问卷与 Caltarc 加速度计的总能量消耗的皮尔逊相关系数分别为：$r=0.504$；$r=0.600$。长问卷和短问卷与体力活动记录的总能量消耗的皮尔逊相关系数分别为：$r=0.743$；$r=0.718$。

国际体力活动问卷（电话短版）[1]

请回顾您最近 7 天内做过的所有重度体力活动（重体力活动是指费力的身体负荷且让您的呼吸较正常更为急促的活动），仅回想您所做过每次至少 10 分钟的那些体力活动。

请在横线上填写对应的内容。

1. 最近 7 天内，您花多长时间做重度体力活动，如提重物、苦力、有氧运动或快速骑自行车？

   □________天/周　　□没有重度体力活动→跳转至问题 3

2. 在参与重度体力活动的那些天，您通常每天花多长时间做重度体力活动？

   □每天________小时　□每天________分钟　□不知道/不确定

回忆您最近 7 天做过的所有中度体力活动，中度体力活动是指以适度的身体负荷并且让您呼吸比正常费力一些的活动。

[1] International Consensus Group on Physical Activity Measurement. The International Physical Activity Questionnaire (Short Last 7 Days Telephone Format) [EB/OL]. http://uacc.arizona.edu/sites/default/files/ipaq_english_telephone_short.pdf, 2002.

3. 最近7天内，您花多长时间做中度体力活动，如提轻的物品、正常速度骑自行车或网球双打？（不包括步行）

□每周________天　　□没有中度体力活动→跳转至问题5

4. 在参与中度体力活动的那些天，您通常花多长时间做适度的体力活动？

□每天________小时　□每天________分钟　□不知道/不确定

回忆您最近7天内花多长时间步行，包括工作中、在家中、徒步旅行中、娱乐、游戏或休闲时的步行时间。

5. 最近7天内，有多少天单次步行在10分钟以上？

□每周________天　　□没有步行→跳转至问题7

6. 在步行的那些天，您步行时间通常有多长？

□每天________小时　□每天________分钟　□不知道/不确定

最后的问题是在最近的7个非节假日时间（周六与周日除外）您久坐时间有多长（包括花在工作、家里、做作业及休闲时的，也包括花在书桌前、拜访朋友时、读书、躺着或坐着看电视时）？

7. 在最近的7天内，您每天久坐时间有多长？

□每天________小时　□每天________分钟　□不知道/不确定

在国际体力活动问卷的基础上，我国学者根据中国人口的特点和行为习惯，对问卷进行了修订，并形成了中国体力活动调查表（长问卷）及中国体力活动调查表（短问卷）。

中国体力活动调查表（CPAQ）（长问卷）

（适用于15～59岁人群）

在下列问题中，

• 重度体力活动指非常用力或很用力的活动，明显感觉到吃力和疲惫，感觉呼吸急促或比较急促，活动中不愿或不能交谈。

• 中度体力活动指比较用力的活动，吃力和疲惫感觉不明显，呼吸加快，活动中可以交谈。

请回忆您过去一个月内各种体力活动的情况。

第一部分：日常工作中的体力活动情况

本部分请您回忆日常工作中的体力活动情况。这里的工作可以是您的职业活动，也包括农活、其他（您在家庭外从事的义工或志愿者工作）。不包括家务劳动，家务劳动将在第三部分涉及。

CPAQ－Q1

在通常情况下，您工作的性质是________

①以坐着的读写和交谈为主（学习、文秘、管理等）；

②以上肢或下肢参与但用力不多的活动为主（如缝纫、操控汽车或机器、售货）；

③以用力但不吃力的活动为主（装修工、瓦工、保洁）；

④有很多体力消耗大的活动（如手工搬运、拉纤）；

⑤没有工作（跳转至第二部分：交通性体力活动情况）。

CPAQ－Q2

以一周计算，工作中平均有几天您需要进行重度体力活动，如搬（举）重物、挖掘、铲土、装卸货物？（只计算那些每次10分钟以上的活动）

①每周____天；

②平均每天____小时____分钟。

CPAQ－Q3

以一周计算，工作中平均有几天您需要进行中等强度体力活动，如搬（举）轻物（不包括步行，只计算那些每次10分钟以上的活动）？

①每周____天；

②平均每天____小时____分钟。

CPAQ－Q4

以一周计算，工作中平均有几天您步行每次至少10分钟？（请勿包括上下班和工作以外的步行）

①每周____天；

②平均每天____小时____分钟。

第二部分：交通性体力活动情况

CPAQ－Q5

以一周计算，您学习、上下班、购物等外出有几天驾/乘机动车？

①每周____天；

②平均每天____小时____分钟；

③您通常使用的交通工具是：□火车　□公共汽车　□电动车　□轿车

CPAQ－Q6

以一周计算，您学习、上下班、购物等外出有几天骑自行车单次在10分钟以上？

①每周____天；

②平均每天____小时____分钟；

③速度：□较慢　□中等　□较快

CPAQ－Q7

以一周计算，您学习、上下班、购物等外出有几天步行单次在10分钟以上？

①每周____天；

②平均每天____小时____分钟；

③速度：□较慢　□中等　□较快

第三部分：与家务有关的体力活动情况

CPAQ－Q8

以一周计算，您在家有几天进行了重度体力活动，如搬（举）重物？（只计算那些单次在10分钟以上的活动）

①每周____天；

②平均每天____小时____分钟。

CPAQ－Q9

以一周计算，您在家有几天进行了中等强度体力活动，如擦窗户、手洗衣服、拖地板、吸尘、扫地、搬（举）轻物？（只计算那些单次在10分钟以上的活动）

①每周____天；

②平均每天____小时____分钟。

第四部分：闲暇时间的体力活动情况

CPAQ－Q10

以一周计算，不包括您前面已经提过的工作中和外出往来的步行，闲暇时您有几天步行单次在10分钟以上？

①每周____天；

②平均每天____小时____分钟；

③步行速度：□较慢　□中等　□较快

CPAQ－Q11

以一周计算，您在闲暇时有几天进行了高强度的体育锻炼（重度体力活动），如游泳、足球、篮球、羽毛球、跳绳、迪斯科、健身操等？（只计算那些单次在10分钟以上的活动）

①每周____天；

②平均每天____小时____分钟。

CPAQ－Q12

以一周计算，您在闲暇时有几天进行了中等强度的体育锻炼（中度体力活动），如太极拳、关节操、乒乓球、扇子舞、交谊舞、秧歌等？（只计算那些单次在10分钟以上的活动）

①每周____天；

②平均每天____小时____分钟。

第五部分：基本不活动的时间

本部分的问题是关于您基本不活动的时间，包括您在学校、工作单位和家中处于活动很少的坐位或站位的时间，如坐在办公桌前、电脑前，坐着或躺着看电视、看书等的时间，但不包括坐在车里的时间。

CPAQ－Q13

以一周计算，您的工作日有________天，休息日有________天。

CPAQ－Q14

通常情况下，每个工作日您处于活动很少的坐位或站位的时间大约为

平均每天____小时____分钟。

CPAQ－Q15

通常情况下，每个休息日您处于活动很少的坐位或站位的时间大约为

平均每天____小时____分钟。

中国体力活动调查表（CPAQ）（短问卷）

根据您过去一个月的平均情况，请回忆您各种体力活动的通常水平。

CPAQ－Q1

以一周计算，平均有几天您需要进行重度体力活动，如搬（举）重物、游泳、踢足球、打篮球、打羽毛球、跳绳、跳健身操等？（只计算那些单次在10分钟以上的活动）

①每周____天；

②平均每天____小时____分钟。

CPAQ－Q2

以一周计算，平均有几天您需要进行中等强度体力活动，如搬（举）轻物、骑自行车、跳交谊舞、打太极拳、擦窗户、手洗衣服、拖地板、吸尘、扫地等？不包括步行。（只计算那些单次在10分钟以上的活动）

①每周____天；

②平均每天____小时____分钟。

CPAQ－Q3

以一周计算，平均有几天您每次步行至少10分钟以上？（这里的步行包括您工作中和居家时的步行、外出往来的步行以及为了锻炼身体进行的步行）

①每周____天；

②平均每天____小时____分钟。

CPAQ－Q4

以一周计算，平均有几天您单次基本不活动在10分钟以上？（这里的基本不活动包括您工作时和家中的处于活动很少的坐位或站位的时间，如在办公桌前、电脑前，看电视、阅读等，以及乘车时的久坐时间）

大约为平均每天____小时____分钟。

计算方法

问卷和体力活动记录的体力活动能量根据各种活动的代谢当量计算（见表2－5）。

由于短问卷没有分类询问体力活动情况，每一种强度的体力活动只有一个问题，因此不利于调查对象全面回忆。

采用中国体力活动调查表短问卷测量体力活动推荐量达标率，可以有效、简便、快速地评价人群体力活动水平。

短问卷测量每日总能量消耗的结果与体力活动能量消耗的结果相似，明显偏低，如果体力活动的测量目的包括估测能量消耗，则不宜采用短问卷。

学生体力活动和日常生活习惯调查问卷❶

同学们：你们好！

本问卷属于研究性问卷，目的是想通过这份问卷了解一下你们平时的饮食、运动情况。公布结果时不会出现学校、班级、个人的名字等信息，我们将对同学们回答的问题严格保密，不让其他同学知道；这也不是考试，无所谓答案正确与否，希望你们根据你们的真实想法或行为做出真实的回答。请认真阅读每一个问题，按照答题要求填写。（表格题中，请参照范例如实填写相应数值；选择题中，请在选择的答案编号上画√）谢谢合作！

家庭地址：________________________________

学校地址：________________________________

表 2-9 学生日常生活体力活动调查表

在过去的一周中，您经常参加下列哪些活动？	您是否经常参加这项活动？	周一至周五总共参加了多少小时？	从周六至周日总共参加了多少小时？	在这些活动期间，您是否有吃零食的习惯？ ①从不 ②很少 ③有时 ④经常
例如：看电视/电影	是√ 否	5 小时	4.5 小时	③
1. 上课	是 否			
2. 做作业/课外补习	是 否			
3. 看电视/影碟	是 否			

❶ 家科技支撑计划《青少年日常体力活动水平测量与能量消耗关键技术的研究与应用》调研组. 学生体力活动和日常生活习惯调查问卷［EB/OL］. http://wenku.baidu.com/link?url=1i4slMmKov5LncwLAwa-VmJmAwRwIkgcK-xzls2uOnuJzS7wrsG_mjDdVOVbQzG0I5O2K1l0H_vuZLCm5oLJE24Kkyfw4n_t2pHbLhx4GKe，2011.

续表

在过去的一周中，您经常参加下列哪些活动？	您是否经常参加这项活动？	周一至周五总共参加了多少小时？	从周六至周日总共参加了多少小时？	在这些活动期间，您是否有吃零食的习惯？ ①从不　②很少　③有时　④经常
4. 上网	是　否			
5. 玩电脑游戏/游戏机	是　否			
6. 看课外书	是　否			
7. 乘车上下学	是　否			
8. 其他（如聊天、练习乐器等）	是　否			

表 2－10　学生参加的体育项目调查表

活动项目	您是否经常参加这项活动？	周一至周五		周六及周日		自我感觉	组织类型
		总共参加了几次？	总共参加了多少分钟？	总共参加了几次？	总共参加了多少分钟？	①轻松 ②有点累 ③很累	①学校 ②个人
例如：跑步	是✓　否	2	40	1	15	②	①　②
1. 篮球	是　否						
2. 排球	是　否						
3. 足球	是　否						
4. 羽毛球	是　否						
5. 乒乓球	是　否						
6. 手球	是　否						
7. 广播操	是　否						
8. 舞蹈	是　否						
9. 健身操	是　否						
10. 体操（引体向上、仰卧起坐等）	是　否						
11. 武术（太极拳、跆拳道等）	是　否						

续表

活动项目	您是否经常参加这项活动?	周一至周五		周六及周日		自我感觉	组织类型
		总共参加了几次?	总共参加了多少分钟?	总共参加了几次?	总共参加了多少分钟?	①轻松 ②有点累 ③很累	①学校 ②个人
12. 跑步	是　否						
13. 跳高	是　否						
14. 跳远	是　否						
15. 投掷	是　否						
16. 跳绳	是　否						
17. 游泳	是　否						
18. 轮滑旱冰	是　否						
19. 踢毽子	是　否						
20. 户外游戏	是　否						
21. 骑自行车	是　否						
22. 步行	是　否						
23. 劳动	是　否						
24. 上、下楼梯	是　否						
25. 其他	是　否						

1. 您是否参加学校运动队/俱乐部?

□是（请注明队名或俱乐部名称：________）　　□否

2. 您是否有擅长的某项体育活动?

□有　　　　　　　　　　　　　　　　□没有

3. 在过去的一周，您每天平均睡眠时间为(包括午睡时间，“6～7小时”指等于或超过6小时，但不足7小时，其余时间段相同)：

□不足6小时　　□6～7小时　　□7～8小时

□8～9小时　　□9～10小时　　□10小时及以上

4. 您每天上学和放学时采用的主要交通方式是：

□步行（选择此项的请继续填第5题）

□自己骑自行车（选择此项的请继续填第5题）

□乘公交车或轨道交通　　□乘私人小汽车

□乘坐他人的自行车　　□我住在学校

5. 您每天从家到学校的时间是：

□10分钟以内　　□10~20分钟　　□21~30分钟

□31~40分钟　　□41~50分钟　　□50分钟以上

6. 在过去的一周，您上了几节体育课？

□0节　　□1节　　□2节

□3节　　□4节及以上

7. 在过去的一周，您做了几次课间操？

□0次　　□1次　　□2次

□3次　　□4次及以上

8. 在过去的一周，您平均每天体育锻炼的时间有多长？（体育锻炼是指学生在校期间参加的所有体育活动，包括课间操、体育课和课外体育活动）

□不足0.5小时　　□0.5~1小时　　□1~2小时

□2小时以上

9. 您认为目前的课业负担如何？

□很重，应付不过来　　□比较重，很吃力

□一般，应付得了　　□不重，轻松应付

10. 您放学后平均做家庭作业的时间多长？

□0.5小时以内　　□0.5~1小时　　□1~2小时

□2~3小时　　□3小时以上

11. 您母亲的文化程度是________；您父亲的文化程度是________。

□小学　　□初中　　□高中/技校/中专

□大专　　□本科及以上

12. 您是否有兄弟姐妹？

□有____个　　□无

13. 您家中是否有运动器材？

□有　　　　□没有

14. 您的父母是否定期（不超过 6 个月）为您购买运动服装和运动鞋？

□是　　　　□否

15. 您家里是否有下列设备？

□电视机　　　　□影碟机

□电子游戏机　　　　□电脑及互联网

□您自己卧室里的电视机

16. 在您居住地附近（步行或搭交通工具 10 分钟内能到达的）是否有下列运动场所？

□公园　　　　□游泳馆

□露天运动场　　　　□室内体育馆

17. 您通常和谁一起参加活动？

□没有人和我一起运动　　　　□家人

□同学或朋友　　　　□邻居

18. 您的家人是否经常和您一起做下列事情？

□看电视　　　　□玩电脑游戏

□做作业

19. 您的家人和朋友会鼓励您参加体育运动吗？

□非常支持　　　　□支持

□不太支持　　　　□非常不支持

20. 您的父母亲在业余时间经常参加体育活动吗？

□父母都不参加　　　　□父亲参加

□母亲参加　　　　□父母都参加

21. 下列关于您居住地及周围环境的描述是否正确？

□我家周围的马路有人行道

□我家周围的马路交通秩序良好

□走在路上时我经常担心会有陌生人威胁我的安全

□我家附近有很多朋友可以与我一起活动

22. 您的父母对您有如下要求吗？

□控制看电视、玩游戏机、使用电脑和互联网的时间

□用餐时间不允许看电视

□完成作业后才能看电视或玩电脑游戏

□父母在我看电视、玩游戏机、使用电脑和互联网时进行监督

23. 您每天吃早餐吗？

□从来不吃　□每周吃 1～2 次

□每周吃 3～5 次　□天天都吃

24. 您经常喝牛奶吗？（一袋牛奶 250～500 毫升）

□从来不喝　□有时喝

□每天一袋牛奶　□每天两袋牛奶

25. 您经常吃鸡蛋吗？

□从来不吃　□每周吃 1～2 次

□每周吃 3～5 次　□天天都吃

26. 您每天吃零食吗？

□从来不吃　□1～2 天吃一次

□3～5 天吃一次　□每天吃 1 次

□每天吃 2 次　□每天吃 3 次

□每天吃 4 次或以上

27. 在通常的一周里，您每天吃肉（如畜肉/禽肉/鱼）吗？

□从来不吃　□1～2 天吃一次

□3～5 天吃一次　□每天吃 1 次

□每天吃 2 次　□每天吃 3 次

□每天吃 4 次或以上

28. 在通常的一周里，您喝汽水、可乐等碳酸饮料吗？

□没喝过　□每周 1～3 次

□每周 4～6 次　□每天喝 1 次

□每天喝 2 次　□每天喝 3 次

□每天喝 4 次或 4 次以上

29. 在通常的一周里，您有几天在晚上睡觉前还吃东西？

□0 天　□1 天　□2 天　□3 天

□4 天　□5 天　□6 天　□7 天

30. 在过去 7 天内，您有几天进行了重度体力活动？重度体力活动是指每次至少 10 分钟、需要大力气完成、感到呼吸急促或较安静状态明显

增强，以及心跳明显加快的活动。例如：搬（举）重物、挖掘、快速骑自行车、剧烈的体育锻炼（如篮球、足球、网球、有氧运动），等等。

□________天/周　　　□没有剧烈的体力活动（跳转至第 32 题）

31. 每次进行上述剧烈的体力活动通常需要多长时间？

□________小时/天　　□________分钟/天

□________不知道/不清楚

32. 在过去 7 天内，您有几天进行了中等强度的体力活动？中度体力活动是指每次至少 10 分钟、需要中等力气完成、呼吸较安静时稍微增强，以及心跳稍微加快的活动。例如搬（举）轻物、中等速度骑自行车或是参加中等强度体育锻炼（如乒乓球），注意不包括步行。

□________天/周　　□没有中等强度的体力活动（跳转至第 34 题）

33. 每次进行上述中等强度的体力活动通常需要多长时间？

□________小时/天　　□________分钟/天

□________不知道/不清楚

34. 在过去 7 天内，您通常有几天进行持续 10 分钟以上的步行活动？（包括在家或工作场所、外出步行以及闲暇时间的散步、娱乐、锻炼等各种生活状态下的步行活动）

□________天/周　　□从不步行（跳转至第 36 题）

35. 在上述情况中，您通常每天要步行多长时间？

□________小时/天　　□________分钟/天

□________不知道/不清楚

36. 在过去 7 天内，您通常每天处于久坐的身体状态有多长时间？（包括在家、在学校或工作场所及闲暇时间里，可能出现在拜访亲友、看书读报、坐着或躺卧着看电视以及电脑前）

□________小时/天　　□________分钟/天

□________不知道/不清楚

有氧运动研究问卷[1]

一、信效度检验

表2－11　有氧运动研究问卷信效度检验

参考	方法	样本	结果		
科尔等人的研究	跑步机上显示的运动时间与调查中的各种体力活动相关系数之间的关系（相关性系数）	来自于库伯诊所的374名患者，平均年龄47.1岁	壁球运动		0.01
			骑车运动		0.06
			游泳		−0.11
			其他重度体力活动		0.19*
			出汗的频率		0.51*
			快跑、慢跑和步行的人	1.6千米/次	0.35*
				锻炼次数/周	0.29*
				平均耗时/1.6千米	−0.39*
奥利韦里亚等人的研究	每周体力活动的能量消耗和跑步机最大锻炼时间的关系（相关性系数）	7570名受过大学教育的已婚男性白种人，年龄20～80岁	早期进行的体力活动		0.41
			后续进行的体力活动		0.32

注：* $P<0.05$.

这项调查由美国公共卫生服务部提供资金并且由有氧运动研究所（一个非营利组织）进行管理，是研究库珀诊所患者生活方式与健康关系的一部分。通过这项调查，您有机会了解怎样预防疾病并且在一生中怎样维持较高的生活质量。

* 通过对大多数人调查发现，人们可以在20～30分钟完成本问卷。
* 库珀诊所患者（健康或不健康、运动或不运动的人）的反馈都很重要。
* 尽可能准确，但如果您记得不准确的话，请记录您最接近的估计。
* 您的所有相关信息及内容都将严格保密。

❶ KOHL HW, BLAIR SN, PAFFENBARGER RS, et al. The Aerobics Center Longitudinal Study Physical Activity Questionnaire [J]. Med. Sci. Sports Exerc, 1997, 29 (6): 10－14.

本问卷是关于体力活动及定期执行情况的调查，请尽可能准确地回答，同时在对应的结果上画圈或提供一个具体的数字。如果您对此问卷还有要补充的内容，请写在空白区域。

二、有氧运动问卷

在过去的三个月里，您定期做以下中度或重度体力活动吗？（如果是请圈“是”，如果不是请圈“否”，并且对所有标“是”的活动进行活动量的估计）

表 2－12　有氧运动调查问卷

步行	否	是	
		每周有多少次？	________
		每次多少英里？	________
		平均每次持续多长时间？	________（分钟）
		您平常步行的速度是多少？（请圈出一个）	
		□休闲或散步（ <3.2 千米/小时）□适当或正常（3.2 ~4.8 千米/小时） □迅速（4.8 ~6.4 千米/小时）□相当迅速或大步行走（6.4 千米/小时）	
爬楼梯	否	是	
		您每天爬多少段楼梯？（1 段 =10 级）	________
慢跑或跑步	否	是	
		每周多少次？	________
		每次多少千米（或段）？	________
		平均每次持续多长时间？	________（分钟）
跑步机	否	是	
		每周多少次？	________
		平均每次持续多长时间？	________（分钟）
		速度？ ________（千米/小时）　　级别？ ________（%）	
骑自行车	否	是	
		每周多少次？	________
		每次多少千米？	________
		平均每次持续多长时间？	________（分钟）
游泳	否	是	
		每周有多少次？	________
		每次多少千米（或段）？	________
		平均每次持续多长时间？	________（分钟）

续表

有氧舞蹈/健美操/自由体操	否	是	
		每周有多少次？	________
		平均每次持续多长时间？	________（分钟）
中度运动［如休闲性排球、高尔夫（不包括在马背上）、社交舞、网球双打］	否	是	
		每周有多少次？	________
		平均每次持续多长时间？	________（分钟）
重度体力活动（如壁球、网球单打）	否	是	
		每周多少次？	________
		平均每次持续多长时间？	________（分钟）
其他重度体力活动或锻炼（涉及赛跑，如篮球、足球）	否	是	
		请指定：________________________	
		每周多少次？	________
		平均每次持续多长时间？	________（分钟）
其他活动	否	是	
		请指定：________________________	
		每周多少次？	________
		平均每次持续多长时间？	________（分钟）
重量训练（器械、自由重量）	否	是	
		每周多少次？	________
		平均每次持续多长时间？	________（分钟）
家庭活动（扫地、吸尘、洗衣服、擦地板）	否	是	
		每周多少小时？	________
草坪工作和园艺	否	是	
		每周多少小时？	________

您一周进行多少次重度体力活动？________（次/每周）

三、计算

（次/周）×（分钟/次）×（小时/分钟）×（代谢当量）

=代谢当量·小时/周

四、举例

从美国学术团体协会问卷上得到的原始数据：

骑自行车：3 次/周，16 千米/次，30 分钟/次

游泳：2 次/周，1.6 千米/次，60 分钟/次

骑自行车的代谢当量值是4，游泳的代谢当量值是10。

骑自行车：（3 次/周）×（30 分钟/次）×（1 小时/60 分钟×4 代谢当量）=6（代谢当量·小时/周）

游泳：（2 次/周）×（60 分钟/次）×（1 小时/60 分钟×10 代谢当量）=20（代谢当量·小时/周）

总能耗=6+20=26（代谢当量·小时/周）

布沙尔三天体力活动记录[1]

一、布沙尔三天体力活动记录信度和效度研究

表 2－13　布沙尔三天体力活动记录信效度检验

文献	研究方法	研究对象	结果	
布沙尔等人	第一次测试和6～10天重测之间的关系（组内相关系数）	61名年龄在10～50岁之间的法国人	儿童，青少年	0.91*
			成人	0.97*
			总计	0.96*
	亚极限自行车测试（亚极限定量负荷运动试验）和体脂百分比之间的相关性（组内相关系数）	150名成年人，平均年龄42岁±4岁；150名孩子，平均年龄15岁±3岁	亚极限定量负荷运动试验	0.31*
			体脂百分比	−0.13*

注：* $P<0.05$.

[1] BOUCHARD C, A TREEMBLAY C. LEBLANC, et al. Bouchard three－day physical activity record [J]. Med. Sci. Sports Exerc., 1997, 29 (6): 19－24.

二、布沙尔三天体力活动记录表

表 2－14　布沙尔三天体力活动调查记录表（一）

第一天　　　　日期：____年____月____日

<table>
<tr><td rowspan="25">姓名：________

在每个空格里，写出数字对应的活动，这些活动您已经进行了 15 分钟。请查阅活动卡片并确定对应的能量消耗值。如果是较长时间内进行的活动（如睡觉），就在方框中画出一条连续的线，直到有一个新的活动出现。为了更好地理解，我们建议您参考下面给出的示例。</td><td>分钟
小时</td><td>0 ~ 15</td><td>16 ~ 30</td><td>31 ~ 45</td><td>46 ~ 60</td></tr>
<tr><td>0</td><td></td><td></td><td></td><td></td></tr>
<tr><td>1</td><td></td><td></td><td></td><td></td></tr>
<tr><td>2</td><td></td><td></td><td></td><td></td></tr>
<tr><td>3</td><td></td><td></td><td></td><td></td></tr>
<tr><td>4</td><td></td><td></td><td></td><td></td></tr>
<tr><td>5</td><td></td><td></td><td></td><td></td></tr>
<tr><td>6</td><td></td><td></td><td></td><td></td></tr>
<tr><td>7</td><td></td><td></td><td></td><td></td></tr>
<tr><td>8</td><td></td><td></td><td></td><td></td></tr>
<tr><td>9</td><td></td><td></td><td></td><td></td></tr>
<tr><td>10</td><td></td><td></td><td></td><td></td></tr>
<tr><td>11</td><td></td><td></td><td></td><td></td></tr>
<tr><td>12</td><td></td><td></td><td></td><td></td></tr>
<tr><td>13</td><td></td><td></td><td></td><td></td></tr>
<tr><td>14</td><td></td><td></td><td></td><td></td></tr>
<tr><td>15</td><td></td><td></td><td></td><td></td></tr>
<tr><td>16</td><td></td><td></td><td></td><td></td></tr>
<tr><td>17</td><td></td><td></td><td></td><td></td></tr>
<tr><td>18</td><td></td><td></td><td></td><td></td></tr>
<tr><td>19</td><td></td><td></td><td></td><td></td></tr>
<tr><td>20</td><td></td><td></td><td></td><td></td></tr>
<tr><td>21</td><td></td><td></td><td></td><td></td></tr>
<tr><td>22</td><td></td><td></td><td></td><td></td></tr>
<tr><td>23</td><td></td><td></td><td></td><td></td></tr>
</table>

表 2－15　布沙尔三天体力活动调查记录表（二）

第二天　　　　　　　　　　　　　　　　日期：____年____月____日

<table>
<tr><td rowspan="25">姓名：________

在每个空格里，写出数字对应的活动，这些活动您已经进行了 15 分钟。请查阅活动卡片并确定对应的能量消耗值。如果是较长时间内进行的活动（如睡觉），就在方框中画出一条连续的线，直到有一个新的活动出现。为了更好地理解，我们建议您参考下面给出的示例。</td><td>分钟
小时</td><td>0～15</td><td>16～30</td><td>31～45</td><td>46～60</td></tr>
<tr><td>0</td><td></td><td></td><td></td><td></td></tr>
<tr><td>1</td><td></td><td></td><td></td><td></td></tr>
<tr><td>2</td><td></td><td></td><td></td><td></td></tr>
<tr><td>3</td><td></td><td></td><td></td><td></td></tr>
<tr><td>4</td><td></td><td></td><td></td><td></td></tr>
<tr><td>5</td><td></td><td></td><td></td><td></td></tr>
<tr><td>6</td><td></td><td></td><td></td><td></td></tr>
<tr><td>7</td><td></td><td></td><td></td><td></td></tr>
<tr><td>8</td><td></td><td></td><td></td><td></td></tr>
<tr><td>9</td><td></td><td></td><td></td><td></td></tr>
<tr><td>10</td><td></td><td></td><td></td><td></td></tr>
<tr><td>11</td><td></td><td></td><td></td><td></td></tr>
<tr><td>12</td><td></td><td></td><td></td><td></td></tr>
<tr><td>13</td><td></td><td></td><td></td><td></td></tr>
<tr><td>14</td><td></td><td></td><td></td><td></td></tr>
<tr><td>15</td><td></td><td></td><td></td><td></td></tr>
<tr><td>16</td><td></td><td></td><td></td><td></td></tr>
<tr><td>17</td><td></td><td></td><td></td><td></td></tr>
<tr><td>18</td><td></td><td></td><td></td><td></td></tr>
<tr><td>19</td><td></td><td></td><td></td><td></td></tr>
<tr><td>20</td><td></td><td></td><td></td><td></td></tr>
<tr><td>21</td><td></td><td></td><td></td><td></td></tr>
<tr><td>22</td><td></td><td></td><td></td><td></td></tr>
<tr><td>23</td><td></td><td></td><td></td><td></td></tr>
</table>

表 2 – 16　布沙尔三天体力活动调查记录表（三）

第三天　　　　　　　　　　　　　　　　　　　　　　　　日期：____年____月____日

<table>
<tr><td rowspan="25">姓名：________

在每个空格里，写出数字对应的活动，这些活动您已经进行了 15 分钟。请查阅活动卡片并确定对应的能量消耗值。如果是较长时间内进行的活动（如睡觉），就在方框中画出一条连续的线，直到有一个新的活动出现。为了更好地理解，我们建议您参考下面给出的示例。</td><td>分钟
小时</td><td>0 ~ 15</td><td>16 ~ 30</td><td>31 ~ 45</td><td>46 ~ 60</td></tr>
<tr><td>0</td><td></td><td></td><td></td><td></td></tr>
<tr><td>1</td><td></td><td></td><td></td><td></td></tr>
<tr><td>2</td><td></td><td></td><td></td><td></td></tr>
<tr><td>3</td><td></td><td></td><td></td><td></td></tr>
<tr><td>4</td><td></td><td></td><td></td><td></td></tr>
<tr><td>5</td><td></td><td></td><td></td><td></td></tr>
<tr><td>6</td><td></td><td></td><td></td><td></td></tr>
<tr><td>7</td><td></td><td></td><td></td><td></td></tr>
<tr><td>8</td><td></td><td></td><td></td><td></td></tr>
<tr><td>9</td><td></td><td></td><td></td><td></td></tr>
<tr><td>10</td><td></td><td></td><td></td><td></td></tr>
<tr><td>11</td><td></td><td></td><td></td><td></td></tr>
<tr><td>12</td><td></td><td></td><td></td><td></td></tr>
<tr><td>13</td><td></td><td></td><td></td><td></td></tr>
<tr><td>14</td><td></td><td></td><td></td><td></td></tr>
<tr><td>15</td><td></td><td></td><td></td><td></td></tr>
<tr><td>16</td><td></td><td></td><td></td><td></td></tr>
<tr><td>17</td><td></td><td></td><td></td><td></td></tr>
<tr><td>18</td><td></td><td></td><td></td><td></td></tr>
<tr><td>19</td><td></td><td></td><td></td><td></td></tr>
<tr><td>20</td><td></td><td></td><td></td><td></td></tr>
<tr><td>21</td><td></td><td></td><td></td><td></td></tr>
<tr><td>22</td><td></td><td></td><td></td><td></td></tr>
<tr><td>23</td><td></td><td></td><td></td><td></td></tr>
</table>

三、布沙尔三天体力活动记录的活动规范

表 2－17　各类体力活动能量消耗表

活动范畴	每类体力活动的实例	能量消耗近似值（千卡/千克/15 分钟）
1	躺下：－睡觉　－在床上休息	0. 26
2	坐着：－上课听讲　－吃东西 －手写或打字　－阅读 －听广播或看电视　－淋浴	0. 38
3	站着或轻度体力活动： －洗澡　－剃胡子 －理发　－除尘 －烹饪	0. 57
4	－穿衣服　－淋浴 －开车　－散步	0. 70
5	轻度体力活动：－家务劳动（如擦窗户、扫地……） －裁缝　－烤面包 －啤酒制造　－鞋匠 －机械　－电工 －画家　－实验室工作 －骑助力车 －较快的步行（去学校，购物） －砌石　－开农用拖拉机 －剪树枝　－打印 －在化工厂或电力企业工作 －在农场饲养动物　－造床 －木工	0. 83
6	轻度的运动或休闲活动： －轻划独木舟　－棒球 －棒球（投手除外）　－骑自行车（休闲） －划船　－射箭 －保龄球　－乒乓球 －航行　－高尔夫	1. 20

续表

活动范畴	每类体力活动的实例	能量消耗近似值（千卡/千克/15分钟）
7	中度体力活动： －机器操作（建筑业） －修理篱笆 －装入袋或箱 －栽植工作 －林业工作（使用锯和伐木工具） －采矿工作 －铲雪	1.40
8	中度运动或休闲活动： －棒球（投手） －羽毛球 －越野 －骑自行车（赛自行车） －跳舞 －网球 －骑马 －高山滑雪 －独木舟 －滑雪（休闲） －游泳 －体操 －轻快的散步 －慢跑	1.0
9	重度体力劳动： －用斧头砍伐树 －用手锯 －用干草叉的工作（在农场） －切割树枝 重度体力运动或休闲活动： －在赛跑中赛跑 －拳击 －登山 －壁球 －越野滑雪 －冰球 －篮球 －足球	1.95

四、说明

三天的体力活动记录是用来记录日常三天以上的体力活动的（两个工作日和一个周末）。实验室前一天的检测结果不应该作为三天检测结果来记录。记录的体力活动分为九类。参与者填写与体力活动表现相应的表格时应在特定的时间段。

以下是对体力活动记录的解释：

（1）总结体力活动记录的目的。

（2）关于记录：

①将会维持三天（两个工作日和一个周末），选择方便参与的人。

②将完成在同一天的食物记录（如果适用）。

③不得提前在任何实验室完成测试。

（3）请在指定空格内填上他/她的姓名和出生日期。

（4）提示如何完成记录。

①阅读记录表格左边第一个句子的解释性文本。

②解释每一项活动的得分系统，并阅读每一组前两页给的例子。

③转到下面的例子。

④提到的每一个问题都应该填写。

⑤建议尽可能地在重复做相同活动的方框内画一条直线（见例子）。

⑥注意只有一个数/方框（在给定时间内，答题者经常做的体力活动）。

⑦个体应真实反映参加的体力活动（如参加一个小时的曲棍球，应写成：3×15 分钟“坐”和 1×15 分钟的“重度体力活动”）。

⑧个体不应该改变他/她原有的生活及体力活动习惯。

在收集记录时，建议面试官按照以下去做：

①核对每一个空格是否都填写了。

②询问某些活动是否难以编码。

③确认三天内的日期填写。

五、计算

三天记录分为 15 分钟间隔，体力活动能量消耗量化为 1～9 级，这是由巴思穆和德宁等人发表的，千卡/千克/15 分钟间隔的平均能量消耗可以用来计算每日能量消耗。

六、每天参加体力活动的时间

表 2－18　每天参加体力活动的时间调查表

第三天　　　　日期：____年____月____日

<table>
<tr><td rowspan="25">姓名：________

在每个空格里面，写出数字对应的活动，这些活动您已经进行了 15 分钟。请查阅活动卡片并确定对应的能量消耗值。如果是一个在很长一段时间内进行的活动（如睡觉），您可以在矩形框中画出一条连续的线，直到有一个活动的变化。为了更好地理解，我们建议您参考下面给出的示例。</td><td>分钟
小时</td><td>0－15</td><td>16～30</td><td>31～45</td><td>46～60</td></tr>
<tr><td>0</td><td>2</td><td></td><td></td><td>1</td></tr>
<tr><td>1</td><td></td><td></td><td></td><td></td></tr>
<tr><td>2</td><td></td><td></td><td></td><td></td></tr>
<tr><td>3</td><td></td><td></td><td></td><td></td></tr>
<tr><td>4</td><td></td><td></td><td></td><td></td></tr>
<tr><td>5</td><td></td><td></td><td></td><td></td></tr>
<tr><td>6</td><td></td><td></td><td></td><td></td></tr>
<tr><td>7</td><td></td><td></td><td></td><td></td></tr>
<tr><td>8</td><td></td><td></td><td></td><td></td></tr>
<tr><td>9</td><td>3</td><td>4</td><td>3</td><td>4</td></tr>
<tr><td>10</td><td>5</td><td></td><td></td><td></td></tr>
<tr><td>11</td><td></td><td></td><td></td><td></td></tr>
<tr><td>12</td><td></td><td></td><td></td><td>2</td></tr>
<tr><td>13</td><td></td><td></td><td>5</td><td></td></tr>
<tr><td>14</td><td></td><td></td><td></td><td></td></tr>
<tr><td>15</td><td></td><td></td><td>2</td><td></td></tr>
<tr><td>16</td><td></td><td></td><td></td><td></td></tr>
<tr><td>17</td><td></td><td></td><td>4</td><td>2</td></tr>
<tr><td>18</td><td></td><td></td><td>4</td><td></td></tr>
<tr><td>19</td><td>2</td><td></td><td></td><td></td></tr>
<tr><td>20</td><td></td><td></td><td></td><td></td></tr>
<tr><td>21</td><td>8</td><td></td><td></td><td>4</td></tr>
<tr><td>22</td><td></td><td></td><td>2</td><td></td></tr>
<tr><td>23</td><td></td><td></td><td></td><td>1</td></tr>
</table>

七、输入数据——布沙尔三天体力活动记录

姓名：小艾　　　　　日期：________　　　　　星期：________

表 2-19　各类型体力活动能量消耗情况表（每 15 分钟）

体力活动类型	$n\times15$	体力活动类型	$n\times15$
1	34	6	0
2	30	7	0
3	2	8	3
4	8	9	0
5	19	总计 = 96	

八、举例

体力活动类型 1：0.26（千卡/千克/15 分钟）×34 = 8.84（千卡/千克）

体力活动类型 2：0.38（千卡/千克/15 分钟）×30 = 11.40（千卡/千克）

体力活动类型 3：0.57（千卡/千克/15 分钟）×2 = 1.14（千卡/千克）

体力活动类型 4：0.70（千卡/千克/15 分钟）×8 = 5.60（千卡/千克）

体力活动类型 5：0.83（千卡/千克/15 分钟）×19 = 15.77（千卡/千克）

体力活动类型 6：1.00（千卡/千克/15 分钟）×3 = 3.00（千卡/千克）

一天中上述 6 种体力活动能耗总计 = 45.75（千卡/千克）

以 70 千克计算，一天耗能：45.75 千卡/千克 ×70 千克 = 3203 千卡

卡尔迪亚体力活动回顾[1]

一、卡尔迪亚体力活动回顾信度和效度研究

表 2-20　卡尔迪亚体力活动回顾信效度检验（一）

文　献	研究方法	研究对象	结　果	
雅各布斯等人	分别于起始和两周后重测中高强度、中等强度及体力活动总量之间的关系（皮尔逊相关[†]）	129 位年龄在 18～74 岁之间的男性和女性；男性占 46%，就业者占 80%，家庭主妇占 19%，37% 为高中或以下教育	中等强度	0.77
			高强度	0.84
			强度合计	0.79
	分别于起始和一个月后重测高强度、中等强度及体力活动总量之间的关系（皮尔逊相关系数）	年龄在 20 岁和 59 岁之间，28 名男性和 50 名女性，主要是白人	中等强度	0.66 *
			高强度	0.91 *
			强度合计	0.88

注：$^{*}P<0.05$；[†] 没有相关价值的报告。

---

❶ JACOBS, D R Jr, L P HAHN, et al. CARDIA Physical activity history [J]. Med. Sci. Sports Exerc., 1997, 29 (6): 25-32.

表 2－21　卡尔迪亚体力活动回顾信效度检验（二）

<table>
<tr><th>文　献</th><th>研究方法</th><th>研究对象</th><th colspan="5">结　果</th></tr>
<tr><td rowspan="6">雅各布斯等人</td><td rowspan="3">中、高强度体力活动和四个部位皮褶厚度、热量摄入、平板运动试验，和高密度脂蛋白胆固醇之间的关系（皮尔逊相关系数[†]）</td><td rowspan="3">18～30 岁受试对象共计 5069 名，其中 54% 为女性，52% 为黑人，40%受教育年限低于 12 年</td><td>性别</td><td>皮褶厚度</td><td>卡路里</td><td>运动平板试验</td><td>高密度脂蛋白胆固醇</td></tr>
<tr><td>男性</td><td>－0.12</td><td>0.21</td><td>0.25</td><td>0.11</td></tr>
<tr><td>女性</td><td>－0.15</td><td>0.07</td><td>0.36</td><td>0.13</td></tr>
<tr><td rowspan="3">中、高强度体力活动和最大摄氧量，体脂百分比，Caltrac（代谢当量·分钟/天），四周活动史（代谢当量·分钟/天）（斯皮尔曼相关系数）</td><td rowspan="3">28 名男性和 50 名女性，主要是白人，年龄为 20～59 岁</td><td>强度</td><td>最大摄氧量</td><td>体脂百分比</td><td>Caltrac</td><td>四周活动史</td></tr>
<tr><td>中度</td><td>0.08</td><td>－0.09</td><td>0.11</td><td>0.08</td></tr>
<tr><td>重度</td><td>0.63*</td><td>－0.35*</td><td>0.31*</td><td>0.54*</td></tr>
</table>

注：* $P<0.05$；† 没有统计学意义。

二、卡尔迪亚体力活动历史

现在我要问您做了哪些具体活动。注意只包括真实做的活动，坐在泳池边不能算作游泳时间，坐在滑雪缆车上不能算作滑雪。

首先，关于您参加的重度体力活动。重度体力活动是指能使您的心率增加、出汗、呼吸困难或体温升高的活动。

1. 在过去的 12 个月中，您是否每个月做一个小时以上的跑步或慢跑？(比如，在一个月中你可能做了 3 次 20 分钟以上的活动，如背包徒步旅行、登山)

□是　→2. 您有多少月做了这种体力活动？________

□否　↓3. （有多少月/这个月）您每周做这种活动一小时以上？________

4. （有多少月/这个月）您每周做这种活动 2 小时以上？________

5. 在过去的 12 个月中，您是否每个月做一个小时以上的用力挥拍的运动(网球、羽毛球、波板球、壁球、手球、墙网球)？

□是　→6. 您有多少月做了这种体力活动？________

□否　↓7. （有多少月/这个月）您每周做这种活动一小时以上？________

8. （有多少月/这个月）您每周做这种活动 3 小时以上？________

9. 您骑自行车的速度比 16 千米/小时快或在练习自行车过程中非常努力吗？在过去的 12 个月中，每个月总时间是否在一小时以上？________

□是 →10. 您有多少月做了这种体力活动？________

□否 ↓11.（有多少月/这个月）您每周做这种活动一小时以上？________

12.（有多少月/这个月）您每周做这种活动2小时以上？________

13. 在过去12个月中，您每个月游泳的总时间是否在一小时以上？（浮潜、潜水）

□是 →14. 您有多少月做了这种体力活动？________

□否 ↓15.（有多少月/这个月）您每周做这种活动一小时以上？________

16.（有多少月/这个月）您每周做这种活动2小时以上？________

17. 您做过比较剧烈的运动或跳舞吗？在过去的12个月中，每个月总时间是否在一小时以上？

□是 →18. 您有多少月做了这种体力活动？________

□否 ↓19.（有多少月/这个月）您每周做这种活动一小时以上？________

20.（有多少月/这个月）您每周做这种活动3小时以上？________

21. 在过去的12个月中，您每个月是否做了一小时以上的重度体力活动，如起重、搬运或挖掘？（装载卡车、堆放木材）

□是 →22. 您有多少月做了这种体力活动？________

□否 ↓23.（有多少月/这个月）您每周做这种活动一小时以上？________

24.（有多少月/这个月）您每周做这种活动3小时以上？________

25. 在过去的12个月中，每个月是否做了一小时以上的家庭或休闲活动，如雪铲、搬重物或举重？

□是 →26. 您做了多少月的活动？________

□否 ↓27.（有多少月/这个月）您每周做这种活动一小时以上？________

28.（有多少月/这个月）您每周做这种活动3小时以上？________

29. 在过去的12个月中，您每个月是否做了一小时以上的其他重度体力活动，如篮球、足球、滑冰、滑雪？（武术、足球、橄榄球、滑冰或轮滑）

□是 →30. 您有多少月做了这种体力活动？________

□否 ↓31.（有多少月/这个月）您每周做这种活动一小时以上？________

32.（有多少月/这个月）您每周做这种活动3小时以上？________

现在，我想问您的休闲活动情况。

33. 在过去的12个月中，您每个月是否做了一小时以上之前我们没有填写的轻度体力活动，如垒球、投篮、排球、乒乓球、休闲性慢跑、游泳或骑自行车？

□是　→34. 您有多少月做了这种体力活动？ ________

□否　↓35.（有多少月/这个月）您每周做这种活动一小时以上？ ________

36.（有多少月/这个月）您每周做这种活动 3 小时以上？ ________

37. 在过去的 12 个月中，您每个月是否做了一小时以上的散步、徒步旅行或步行上班？（溪边垂钓、狩猎）

□是　→38. 您有多少月做了这种体力活动？ ________

□否　↓39.（有多少月/这个月）您每周做这种活动一小时以上？ ________

40.（有多少月/这个月）您每周做这种活动 4 小时以上？ ________

41. 在过去的 12 个月中，您每个月是否打了一小时以上的保龄球或高尔夫球？

□是　→42. 您有多少月做了这种体力活动？ ________

□否　↓43.（有多少月/这个月）您每周做这种活动一小时以上？ ________

44.（有多少月/这个月）您每周做这种活动 3 小时以上？ ________

45. 在过去的 12 个月中，您每个月是否有一小时以上在家进行锻炼或做健美操？（轻度的锻炼或划船器练习）

□是　→46. 您有多少月做了这种体力活动？ ________

□否　↓47.（有多少月/这个月）您每周做这种活动一小时以上？ ________

48.（有多少月/这个月）您每周做这种活动 3 小时以上？ ________

49. 在过去的 12 个月中，您每个月是否做了一小时以上家庭维修和园艺，包括木工、绘画、割草？（挂壁纸、除草、园艺）

□是　→50. 您有多少月做了这种体力活动？ ________

□否　↓51.（有多少月/这个月）您每周做这种活动 2 小时以上？ ________

52.（有多少月/这个月）您每周做这种活动 5 小时以上？ ________

53. 在列表中没有列出的其他体育或活动

运动：________________________________

54. 您已经计算过这类了吗？

□是（如果是，不要在这里记录）　　□不是：______月，______小时/月

三、说明

问卷要求个人从列表中列出的所有活动中指出在过去12个月中参加的一小时以上（总时间）的13类活动。对于那些特定的活动，均报告参与了几个月和哪几个月参与的。以下是对频繁参与的定义。

活动类别A（慢跑或跑步），C（自行车）和D（游泳）：2小时或以上；

活动类别B（激烈的球拍运动），E（剧烈运动类或剧烈跳舞），F（家庭或休闲活动，如铲雪），H（剧烈运动，如篮球、足球、滑冰和滑雪），I（不激烈的运动，如保龄球、高尔夫球）和L（家里锻炼、健美操）：3小时或以上；

活动类别J（步行或徒步旅行）：4小时或以上；

活动类别G（精力充沛地工作）和M（整理房子）：5小时或以上。

四、计算

体育锻炼单元 = 总和（中度、重度或所有活动）：

（强度）×［（很少进行体力活动的月数）+（3×频繁进行体力活动的月数）］

体育锻炼单元可以分别计算中度、重度或所有体力活动类型；100个运动单位约相当于一年中从事4个月的重度体力活动（如慢跑）。活动强度水平见表2－22：

表2－22　体力活动强度表

体力活动	强度（代谢当量/分钟）*	活动时间（小时/周）
高强度体力活动：		
A. 慢跑或快跑	8	2
B. 剧烈的有球拍运动	8	3
C. 骑自行车10英里/小时	6	2
D. 游泳	6	2
E. 激烈的活动类别或充满活力的舞蹈	6	3
F. 非工作活动，如铲、举重和移动重物	6	3
G. 剧烈的工作活动，如起重、搬运或挖掘	5	5
H. 其他剧烈运动，如篮球、足球、滑冰或滑雪	8	3
中等强度体力活动：		
J. 散步或远足或步行去上班	4	4
K. 打保龄球或高尔夫	3	3
L. 家庭健身、健美操	4	3
M. 家居维修和园艺，包括木工、油漆、拔草或割草	4	5

注：* 约等于70千克个体消耗的热量（千卡）。

五、举例

假设一个人的活动：

举重：2 个月内 3 小时/周以下和 1 个月内 3 小时 /周以上；

高尔夫球：3 个月内 3 小时/周以下；

步行：6 个月内 4 小时/周以下和 6 个月内 4 小时/周以上；

中度体力活动得分：4 × ［6 + （3 ×6）］散步 +3 × （3 +0）高尔夫 =105；

重度体力活动得分：6 × ［2 + （3 ×1）］举重 =30；

总分：105 +30 =135（体育锻炼单元）。

戈丁的闲暇时间运动问卷[1]

一、戈丁的闲暇时间运动问卷信度和效度研究

表 2 –23　戈丁的闲暇时间运动问卷信效度检验（一）

文献	研究方法	研究样本	结果	
戈丁和谢泼德	第一次测试和两周后复测的活动类别、总分和出汗问题之间的关系（相关系数）	53 名健康成年人	轻的	0.48 *
			适中	0.46 *
			费力	0.94 *
			合计	0.74 *
			流汗	0.80 *
萨利斯	第一次测试和两周后复测的戈丁的总分之间的关系（相关系数）	319 名男性和女性，第 5 级、第 8 级和第 11 级学生，69% 白人，12% 黑人，10% 拉丁美洲人，9% 亚洲人	第 5 级	0.69 *
			第 8 级	0.80 *
			第 11 级	0.96 *
			总样本	0.81 *
雅各布斯等人	第一次测试和一个月后复测的活动类别，总分和出汗问题之间的关系（相关系数）	28 名男性和 50 名女性，主要是白人，年龄在 20 岁和 59 岁之间	轻的	0.24 *
			适中	0.36 *
			费力	0.84 *
			合计	0.62 *
			流汗	0.69 *

注：* $P<0.05$.

[1] G GODIN，RJ SHEPHARD. Godin leisure – time exercise questionnaire ［J］. Med. Sci. Sports Exerc.，1997，29（6）：36 –38.

表 2-24　戈丁的闲暇时间运动问卷信效度检验（二）

参考文献	方法	样本	结果		
戈丁和谢泼德	最大摄氧量和体脂肪之间的关系（皮尔逊相关系数）；根据最大摄氧量和体脂肪的活动数据采用判别分析法对个体进行分类	年龄在 18～65 岁之间，含 163 名男性和 143 名女性	分类	最大摄氧量	体脂肪
			费力	0.38*	0.21*
			适度	0.03	0.08
			轻微	0.04	0.06
			共计	0.24*	0.13*
			出汗	0.26*	0.21*
			正确率	69%	66%
雅各布斯等人	闲暇得分、出汗问题、Caltrac、四周体力活动史（FWH）、跑步机上的运动时间、体脂率、最大呼气量和最大摄氧量之间的关系（相关系数）	年龄在 20～59 岁之间，28 名男性和 50 名女性，白人为主	指标	休闲	流汗
			Caltrac†	0.32*	0.29*
			体力活动史#	0.36*	0.31*
			测试请求信息	0.57*	0.52*
			体脂率	-0.43*	-0.40*
			最大呼气量	0.03	-0.11
			最大耗氧量	0.56*	0.57*
萨利斯等人	戈丁问卷总得分和其他活动方式之间的关系（相关系数）	102 名男生和女生，分别是五年级、八年级和高二的学生	活动评定量表		0.32*
			千卡/天		0.39*
米勒等人	戈丁问卷总得分和千卡值（来自于 Caltrac 活动监视器和问卷估算）之间的关系（斯皮尔曼相关性）	平均年龄在 28 岁，26 名女性和 7 名男性的健康治疗师	Caltrac		0.45*
			问卷		
			美国国家航空和宇宙航行局		0.54*
			巴克		0.61*

注：* $P<0.05$；† 代谢当量×分钟/每天；# 明尼苏达州闲暇时间体力活动问卷中的四周体力活动史。

二、戈丁休闲锻炼的调查问卷

在上周空闲时间中，您做下面的练习平均有多少次在 15 分钟以上（把相应的数字写在空格内）？

表 2－25　戈丁休闲锻炼的调查问卷

休闲锻炼	每周次数
A）重度体力活动（心跳快），如跑步、慢跑、曲棍球、足球、英式足球、壁球、篮球、越野滑雪、柔道、滑旱冰、剧烈的游泳、剧烈的长距离骑自行车	
B）中度体力活动（不力竭），如快走、棒球、网球、简易自行车、排球、羽毛球、轻松游泳、高山滑雪、民间舞蹈	
C）轻度体力活动，如瑜伽、箭术、从河中捕鱼、保龄球、骑马、高尔夫、雪地摩托、轻松的步行	

在上周空闲时间，您做下面的练习平均有多少次在15分钟以上？

□经常　　　　　　　　□有时　　　　　　　　□从不/很少

每周休闲活动＝（9×重度）＋（5×中度）＋（3×轻度）

重度体力活动＝3次/周

中度体力活动＝6次/周

轻度体力活动＝14次/周

休闲体力活动总成绩＝（9×3）＋（5×6）＋（3×14）

＝27＋30＋42＝99

三、说明

要求回答在空闲时间锻炼中最常做的四个活动。

四、计算

对于第一个问题，每周重度、中度、轻度体力活动分别乘以9、5、3个代谢当量，再把它们三者的积相加就是每周空闲活动，如以下公式所示：

每周闲暇活动＝(9×重度体力活动）＋（5×中度体力活动）＋（3×轻度体力活动)

第二个问题是用来计算每周闲暇“活动得足以出汗”的运动频率。

五、举例

重度体力活动＝3次/周

中度体力活动＝6次/周

轻度体力活动＝14次/周

总的空闲时间活动分数＝（9×3）＋（6×5）＋（14×3）＝99

休闲活动回顾❶

一、休闲活动回顾问卷信度和效度研究

表 2－26　休闲活动回顾问卷信效度检验（一）

文献	研究方法	研究对象		结果	
克里什卡等人	第一次测试和 1～3 周复测之间的关系（斯皮尔曼相关性†）	29 名比马印第安人，年龄在 21～36 岁之间	年龄段	包括步行*	除步行*外的
			12～18 岁	0.78	0.90
			19～30 岁	0.76	0.96
			合计	0.77	0.93
	第一次测试和 2～3 个月复测之间的关系（斯皮尔曼相关性†）	在 223 人中随机抽取 10% 的白人，平均年龄为 58 岁的绝经妇女	合计（步行除外）		
			14～20 岁	0.69	
			50 岁 †	0.85	

注：* 包括和不包括步行的数据的相关性；† 无 P 值报道。

表 2－27　休闲活动回顾问卷信效度检验（二）

文献	研究方法	研究对象		结果	
克里什卡等人	50 年以上的时间§和来自 Paffenbarger 问卷的千卡/周和来自大规模综合活动监控的计数/小时以及握力之间的关系（皮尔逊相关）	223 名绝经后的女性，主要为白人妇女，平均年龄为 57.6 岁	Paffenbarger	包括步行*	除步行*外的
			街道步行	0.22†	0.09
			运动指数	0.41†	0.46†
			总指数	0.41†	0.38†
			大规模综合活动监控		
			白天	0.12†	0.13†
			夜晚	0.01	0.03
			握力指数	0.19†	0.23†

注：* 步行运动的相关性计算和排除分析；$^{\dagger}P<0.05$；§ 请注意，这项研究提供的验证数据为 50 年以上的时间。

❶ KRISKA A M，W C KNOWLER，R E LAPORTE，et al. Historical leisure activity questionnaire［J］. Med. Sci. Sports Exerc.，1997，29（6）：43－45.

二、休闲活动回顾调查问卷

表 2－28　休闲活动回顾调查表

休闲活动和代码	12～18 岁（共计 7 年）		
	几岁	多少个月/年	多少小时/周

到目前为止，下列哪些活动您做过 10 次以上？请在相应的项目前勾选。

□慢跑（户外，跑步机）　□足球　□楼梯机/台阶器
□游泳/潜水　□回力网球、手球和壁球　□击剑
□骑自行车（室内、室外）　□骑马　□徒步旅行
□垒球/棒球　□打猎　□网球
□排球　□钓鱼　□高尔夫
□保龄球　□有氧舞蹈/有氧踏板　□独木舟/皮划艇
□篮球　□水中有氧健身操　□水橇
□滑冰（辊、冰、刀具）　□舞蹈（广场，舞厅）　□跳绳
□武术（空手道、柔道）　□园艺或庭院　□越野滑雪
□太极　□羽毛球　□下坡滑雪
□健美操　□强度/重量训练　□穿滑雪鞋走
□伐木练习　□攀岩运动　□瑜伽
□水/煤搬运　□潜水运动　□其他
□步行锻炼（户外，室内，在商场或健身中心，跑步机）

三、说明

面试官先大声阅读休闲娱乐活动列表，要求他/她识别所有的在他/她的一生中（不包括学校体育课）参与过的活动。之后所有的人围成一个圈，访问者用几分钟的时间写下每个活动圈根据各自的代码（“休闲活动和代码”）列的矩阵（一定要查询是否有额外的活动没有提到，如果有，在“其他”行写上新活动和代码等）。

对于每个具体的活动，在问卷上从左到右，对每个人按照做活动的年龄/时间段中所花的总时间进行量化，包括：① 年数；② 平均每年活动几个月；③ 每周平均的小时数（四舍五入为最接近的半个小时）。

四、计算

（1）在规定时间内完成的体力活动平均时间以每周几小时来计算：

（年参加活动）×（月/年）×（4 周/月）×（小时/周）÷（总年期）÷(52 周/年)

（2）每周报告在每个时间段内的所有活动是对估计的总活动的年龄/时期的总结。

（3）估计到目前为止，平均每周几小时？

（4）评估每个活动的相对强度。代谢当量 × 小时/每周，每个活动可以添加在一个时间段，然后平均在所有时间中。

五、举例

排球（运动 5 年，每周 12 小时，从 5 月到 8 月，时间从 12 岁到 18 岁）

在 12 ~ 18 岁期间排球运动的平均时间：

(5 年）×（4 月/年）×（4 周/月）×（12 小时/周）÷（这一时间段为 7 年）÷（52 周/年）=2.6 小时/周

在 12 ~ 18 岁期间排球运动的平均时间（如果排球的运动当量是 3）：

(3 代谢当量）×（2.6 小时/周）=7.8（代谢当量 · 小时/周）

其他所有的活动也使用同样的方法计算。

注解：因为很多人报道步行锻炼的时间是不可靠的，故建议的数据分析中没有加入这个活动。原来的皮马人问卷调查还包括评估的历史职业体育活动。读者应该参考克里什卡等人的研究来说明历史活动评估类型的管理。

青少年体力活动问卷（修订版）[1]

一、青少年体力活动问卷信度和效度研究

表 2-29　青少年体力活动问卷信效度检验（一）

<table>
<tr><th>文　献</th><th>研究方法</th><th>研究对象</th><th colspan="3">结　果</th></tr>
<tr><td rowspan="14">亚伦等人</td><td rowspan="14">第一次测试与一个月后、一年后复测间的关系（斯皮尔曼相关系数）</td><td rowspan="14">100 名初中生（83% 白人）</td><td colspan="3">1 个月</td></tr>
<tr><td rowspan="3">男生</td><td>小时/周</td><td>0.78*</td></tr>
<tr><td>代谢当量·小时/周</td><td>0.78*</td></tr>
<tr><td>剧烈体力活动时间（小时/周）</td><td>0.73*</td></tr>
<tr><td rowspan="3">女生</td><td>小时/周</td><td>0.75*</td></tr>
<tr><td>代谢当量·小时/周</td><td>0.79*</td></tr>
<tr><td>剧烈体力活动时间（小时/周）</td><td>0.87*</td></tr>
<tr><td colspan="3">1 年</td></tr>
<tr><td rowspan="3">男生</td><td>小时/周</td><td>0.54*</td></tr>
<tr><td>代谢当量·小时/周</td><td>0.54*</td></tr>
<tr><td>剧烈体力活动时间（小时/周）</td><td>0.48*</td></tr>
<tr><td rowspan="3">女生</td><td>小时/周</td><td>0.65*</td></tr>
<tr><td>代谢当量·小时/周</td><td>0.71*</td></tr>
<tr><td>剧烈体力活动时间（小时/周）</td><td>0.61*</td></tr>
</table>

注：$^{*}P<0.05$.

表 2-30　青少年体力活动问卷信效度检验（二）

<table>
<tr><th>文　献</th><th>研究方法</th><th>研究对象</th><th colspan="3">结　果</th></tr>
<tr><td rowspan="9">亚伦等人</td><td rowspan="6">过去一年的问卷与过去四周问卷的平均数之间的相关关系（斯皮尔曼相关系数）</td><td rowspan="9">100 名高中学生，平均年龄 15 ~ 18 岁（83% 的白人）</td><td rowspan="3">男生</td><td>小时/周</td><td>0.55*</td></tr>
<tr><td>代谢当量·小时/周</td><td>0.57*</td></tr>
<tr><td>剧烈体力活动时间（小时/周）</td><td>0.67*</td></tr>
<tr><td rowspan="6">女生</td><td>小时/周</td><td>0.82*</td></tr>
<tr><td>代谢当量·小时/周</td><td>0.83*</td></tr>
<tr><td>剧烈体力活动时间（小时/周）</td><td>0.73*</td></tr>
<tr><td rowspan="3">实际参加运动的学生占总体学生的百分比</td><td>秋季</td><td>100%</td></tr>
<tr><td>冬季</td><td>86%</td></tr>
<tr><td>春季</td><td>95%</td></tr>
</table>

注：$^{*}P<0.05$.

---

❶ AARON D J, A M KRISKA, et al. Modifiable activity questionnaire for adolescents [J]. Med. Sci. Sports Exerc., 1997, 29 (6): 79-82.

二、青少年体力活动问卷（修订版）

日期________　姓名 ________　学校 ________　班级________

1. 在过去的两周，您有多少次做了20分钟以上的重度体力活动，能够使呼吸困难、心跳加快？（重度体力活动，如打篮球、慢跑、快速骑自行车，包括体育课时间）

□没有　□1～2天　□3～5天

□6～8天　□9天及以上

2. 在过去的两周，您有多少次做了20分钟以上的轻度运动，不能使呼吸困难、心跳加快？（轻度体力活动，如打篮球、散步、慢骑自行车，包括体育课时间）

□没有　□1～2天　□3～5天

□6～8天　□9天及以上

3. 通常一周内，您每天看电视、玩电脑或电子游戏多久？

□没有　□1小时　□2～3小时

□4～5小时　□6小时及以上

4. 在过去12个月中，您参与了多少次社团、个人运动或体力活动？（包括大专、大学或校外）

□没有　□1次　□2次

□3次　□4次

5. 如果有，您参加了哪些体力活动？

____

____

____

____

表 2－31　青少年体育活动项目表

足球	体操	游泳
篮球	啦啦操	水橇
排球	有氧操	自行车
网球	舞蹈	徒步旅行
羽毛球	跑步	摔跤
棒垒球	滑旱冰	重量训练（竞争）
橄榄球	滑雪	其他________________
曲棍球	滑冰	其他________________
保龄球	滑板运动	其他________________

将表 2－31 中的活动在表 2－32 中列出。同时，对您每个月做的每一项活动进行回忆，然后估计每个活动花费的时间。在对应表格中画"√"。

表 2－32　青少年体力活动情况调查表

活动名称	一月	二月	三月	四月	五月	六月	七月	八月	九月	十月	十一月	十二月	月/年	天/周	分钟/天

三、说明

在进行问卷调查之前，问卷调查者应首先阅读问卷列出的体力活动列表。参与者根据调查者的提示从列表中选择过去一年中参与过 10 次以上的休闲活动（调查者对参与者所有的积极回应进行核查）。在体力活动列表栏被通读及所有的积极体验被核查后，调查者在"体力活动栏"中记下满足条件的每项活动，并对参与每项活动的频率、持续时间进行评估。主要是注明在过去一年中，每项活动参与了几个月、每周多少天、每天多少分钟等。除此以外，参与者需要对过去两周的体力活动进行评价，包括体力活动强度（由难到易）、每天看电视时间、观看体育竞赛等。

四、计算

过去一年中，每周体力活动时间是每周所有体力活动时间的总和。它也可以根据每项体力活动估算的每周能量代谢当量乘以每项体力活动的持续时间来表示。

过去的一年里：（多少月）×（4.3 周/月）×（天/周）×（分钟/天）÷（60 分钟/小时）÷（52 周/年）=在过去的一年中，多少小时/周

五、举例

表 2-33　青少年体力活动调查示例表

活动	一月	二月	三月	四月	五月	六月	七月	八月	九月	十月	十一月	十二月	月/年	天/周	分钟/天
英式足球					√	√	√	√	√				5	5	90
篮球	√	√	√							√	√	√	6	5	120

（5 个月）×（5 天/周）×（4.3 周/月）×（90 分钟/天）÷（60 分钟/小时）÷（52 周/年）=3.1 小时/周

（6 个月）×（5 天/周）×（4.3 周/月）×（120 分钟/天）÷（60 分钟/小时）÷（52 周/年）=5.0 小时/周

全年休闲活动时间=3.1 小时/周+5.0 小时/周=8.1（小时/周）

转换为代谢当量·小时/周：

足球：3.1 小时/周×7.5 代谢当量=23.3（代谢当量·小时/周）

篮球：5.0 小时/周×9.0 代谢当量=45.0（代谢当量·小时/周）

过去一年总的休闲活动量=23.3 代谢当量·小时/周+45.0 代谢当量·小时/周=68.3（代谢当量·小时/周）。

7天体力活动回忆问卷❶

一、7天体力活动回忆问卷信度和效度研究

表2-34　7天体力活动回忆问卷信效度检验（一）

文　献	研究方法	研究对象	结　果	
格罗斯等人	1. 第一次测试和两周复测问卷评分（总千卡）的录像访谈之间的关系（相关系数†）	21~52岁之间的19名采访者；体育教师，30%男性	0.99	
	2. 两个不同的面试官，第一次测试和同一天复测之间的关系（皮尔曼相关†）	20名受试者，年龄在13~50岁之间	0.86	
萨利等人	第一次测试和两周复测之间的关系（皮尔曼相关）	53名男性和女性，平均（±SD）年龄分别是41岁±16岁和39岁±16岁	睡觉	0.74*
			适度活动	0.08
			激烈运动	0.31*
			非常剧烈运动	0.61*
迪仕曼与斯坦哈特	第一次测试和九周复测之间的关系（相关系数）	163名大学生	5周	0.58*
			2~9周	0.42*
			5~9周	0.63*
萨利等人	第一次测试和7天内二次复测总千卡/天之间的关系（相关系数）	102名男性和女性，他们是5年级、8年级、11年级的学生；69%白人，12%黑人，10%拉丁美洲人，9%的亚洲人	5年级	0.47*
			8年级	0.59*
			11年级	0.81*
雅各布斯等人	第一次测试和一个月的复测为小时/周或关于剧烈的运动每天的代谢当量（分钟）（调整性别，皮尔逊相关）	74名男性和女性，以男性为主，年龄在21~59岁之间	合计	0.34*
			睡眠	0.76*
			轻的	0.56*
			适度	0.12
			困难	0.31*
			非常困难	0.33*
			重的	0.37*
			工作	0.42*
			不工作	0.41*

---

❶ L GROSS, J ROBY, S BAZZO, et al. Seven-day physical activity recall [J]. Med. Sci. Sports Exerc., 1997, 29 (6): 89-103.

续表

文　献	研究方法	研究对象	结　果	
劳等人	第一次测试和两周复测之间的关系（相关系数）	45名拉丁美洲人，年龄在18～55岁之间	适度活动	0.52^{*}
			费力的活动	0.33^{*}
			非常费力的活动	0.86^{*}
			千卡/千克/周	0.69^{*}
萨利斯等人	第一次考试和同一天复测与不同面试官之间的关系（相关系数†）	43名小孩和成年人	0.78	

注：$^{*}P<0.05$；† 没有统计学意义的报告。

表2－35　7天体力活动回忆问卷信效度检验（二）

参考文献	研究方法	研究对象	结　果		
泰勒等人	7天体力活动回忆问卷得分与周末自我感觉日志得分、工作日自我感觉日志得分之间的关系（相关系数）	30名男性，年龄在34～69岁之间		周末	工作日
			适度活动	0.70^{*}	0.75^{*}
			困难/非常困难	0.66^{*}	0.39^{*}
华莱士等人	7天体力活动回忆问卷得分与直接观察比较（百分比的精确度）	11名白人男孩，年龄在11～13岁之间的生活在营地里的超重儿童	体力活动	46%	
			体力活动强度	75%	
萨利斯等人	7天体力活动回忆问卷中非常剧烈的体力活动小时数与监测心率≥160次/分之间的关系（相关系数）	93名男性和女性，样本量是102名5年级、8年级、11年级学生；69%白人，12%黑人，10%拉丁美洲人，9%亚洲人	5年级	0.29^{*}	
			8年级	0.45^{*}	
			11年级	0.72^{*}	
迪仕曼和斯坦哈特等人	7天体力活动回忆问卷与7天体力活动日志之间的关系（皮尔逊相关）	158名大学生	—	0.71^{*}	—
					—
	7天体力活动回忆问卷、过去一年的活动问卷和最大耗氧量之间的关系（皮尔逊相关）	24名男学生，年龄在18～31岁之间	过去一年的活动	0.83^{*}	—
			最大摄氧量	0.61^{*}	—

续表

<table>
<tr><th>参考文献</th><th>研究方法</th><th>研究对象</th><th colspan="5">结　果</th></tr>
<tr><td rowspan="7">布莱尔等人</td><td rowspan="3">7天体力活动回忆问卷和能量摄入之间的关系（斯皮尔曼相关）</td><td rowspan="3">495名男性和545名女性，年龄在16～74岁之间</td><td colspan="2"></td><td>周末</td><td colspan="2">工作日</td></tr>
<tr><td colspan="2">男性</td><td>0.16*</td><td colspan="2">—</td></tr>
<tr><td colspan="2">女性</td><td>0.09*</td><td colspan="2">—</td></tr>
<tr><td rowspan="4">7天体力活动回忆问卷中千卡/千克/天在3个月、6个月和12个月的变化之间的相关性，最大摄氧量、体脂肪百分比和跑步英里数之间的关系（斯皮尔曼相关）</td><td rowspan="4">41名男性参加运动干预组</td><td>指标</td><td>3个月</td><td>6个月</td><td colspan="2">12个月</td></tr>
<tr><td>最大摄氧量</td><td>0.32*</td><td>0.33*</td><td colspan="2">0.20</td></tr>
<tr><td>体脂百分比</td><td>-0.11</td><td>-0.50*</td><td colspan="2">-0.11</td></tr>
<tr><td>跑步的英里数</td><td>0.17</td><td>0.38*</td><td colspan="2">0.32*</td></tr>
<tr><td rowspan="6">雅各布斯等人</td><td rowspan="6">7天体力活动回忆问卷指数与最大摄氧量、体脂百分比、Caltrac记录的代谢当量、四周体力活动史之间的关系（斯皮尔曼相关）</td><td rowspan="6">28名男性和50名女性，以白人为主，年龄在20～59岁之间</td><td>指标</td><td>最大耗氧量</td><td>体脂百分比</td><td>CAL</td><td>四周体力活动史</td></tr>
<tr><td>代谢当量·分/天</td><td>0.30*</td><td>-0.12</td><td>0.33*</td><td>0.36*</td></tr>
<tr><td>适度</td><td>0.19</td><td>-0.03</td><td>0.17</td><td>0.06</td></tr>
<tr><td>困难</td><td>0.22†</td><td>-0.12</td><td>0.26*</td><td>0.36*</td></tr>
<tr><td>工作</td><td>0.09</td><td>0.05</td><td>0.10</td><td>-0.16</td></tr>
<tr><td>不工作</td><td>0.13</td><td>0.05</td><td>0.12</td><td>0.33*</td></tr>
<tr><td rowspan="4">劳等人</td><td rowspan="4">7天体力活动回忆问卷和Caltrac活动监测计数之间的关系</td><td rowspan="4">45名拉丁美洲人，年龄是18～55岁</td><td>适度</td><td>0.38*</td><td>—</td><td>—</td><td>—</td></tr>
<tr><td>困难</td><td>0.28*</td><td>—</td><td>—</td><td>—</td></tr>
<tr><td>非常困难</td><td>0.43*</td><td>—</td><td>—</td><td>—</td></tr>
<tr><td>千卡/千克/周</td><td>0.57*</td><td>—</td><td>—</td><td>—</td></tr>
</table>

注：*$P<0.05$；†相关系数在0.20～0.25，有统计学意义。—为无相关数据。

7天体力活动回忆问卷正文

每天：第1～7天

参与者：________　采访者：________　星期______　日期：________年

1. 最近7天您在工作吗？

□否（跳转至第4题）　　　　□是

2. 最近7天您工作了多少天？

________ 天

3. 最近7天您一共工作了多少小时？

________ 小时

4. 您认为您周末两天过得怎么样？

____

（在下表中相应的天数下画“√”）

表2－36　7天体力活动强度表

时间	睡眠	第1天 ________	第2天 ________	第3天 ________	第4天 ________	第5天 ________	第6天 ________	第7天 ________
早晨	轻度							
	中度							
	重度							
下午	轻度							
	中度							
	重度							
晚上	轻度							
	中度							
	重度							
总计 分钟/天	优势							
	灵活							

5. 与过去三个月相比，您上周的体力活动________

□更多　　　　□更少　　　　□大致相同

表2－37　体力活动时间取近似值原则

工作重点	四舍五入法则
标星号的（*）表示与工作相关的活动。 日期下画波浪线表示该天为周末	10～22分钟≈0.25小时 23～37分钟≈0.50小时 38～52分钟≈0.75小时 53～67分钟≈1.00小时 68～82分钟≈1.25小时

请回答以下问题。

6. 您感觉7天体力活动问卷存在问题吗?

□否　　　　　　□是（如果是，请解释）

对于这次调查你存在的疑惑：____________________

7. 您认为这个7天体力活动问卷有效吗?

□否　　　　　　□是

8. 请在下方列出您不知道如何分类的活动。

____

9. 请您在下面提出其他相关意见。

____

得分：比如对于步行来说，最长的持续时间已经在体力活动中记录了，一般的规则是，参与者必须在一天中的某一时间段按照规定的强度类别步行15分钟。然而，如果参与者在那天的一个时间段中做了至少10分钟的活动，那么这个时间就会近似到15分钟。

就近原则：所有时间按照就近原则，以5的倍数分段，如10~22分钟计为10~20分钟，23~37分钟记为25~35分钟，38~52分钟记为40~50分钟上，53~67分钟记为55~65分钟，68~82分钟为70~85分钟。

四舍五入规则：为方便计算，对上述时间进行四舍五入计数。

一、计算

将过去的7天睡眠（1代谢当量）、轻度（1.5代谢当量）、中度（4代谢当量）、偏重度（6代谢当量）、重度（10代谢当量）体力活动参与时间乘以各自的代谢当量值，然后相加。估计每天总的能量消耗量（千卡），如以下示例。

二、举例

数据来自7天回忆记录：

睡觉：60小时×1代谢当量=60千卡/千克；

轻度运动：99.5小时×1.5代谢当量=149.25千卡/千克；

适度运动：3.5小时×4代谢当量=14千卡/千克；

激烈运动：2.5小时×6代谢当量=15千卡/千克；

剧烈运动：2.5小时×10代谢当量=25千卡/千克；

一周总的能量消耗：263.25千卡/千克/周；

每日能量消耗：37.60千卡/千克/天；

对于一个 70 公斤的人：2646 千卡/天。

行为风险因素调查问卷❶

一、行为风险因素调查问卷信度和效度研究

表 2－38　行为风险因素调查问卷信效度检验

<table>
<tr><th>文　献</th><th>研究方法</th><th>研究对象</th><th colspan="2">结果</th></tr>
<tr><td rowspan="4">谢伊等人</td><td rowspan="4">第一次测试和第 10－21 天重复测试之间的关系（卡巴统计量）</td><td rowspan="4">145 位年龄在 18 岁以上的黑人、白人和西班牙人</td><td colspan="2">规律的体力活动*</td></tr>
<tr><td>白种人</td><td>0.57†</td></tr>
<tr><td>黑人</td><td>0.77†</td></tr>
<tr><td>西班牙人</td><td>0.62†</td></tr>
<tr><td rowspan="10">斯泰因等人</td><td rowspan="8">第一次测试和第 3－6 周重复测试之间的关系（卡巴统计量）</td><td rowspan="8">184 位平均年龄在 40.7 岁的黑人、白人和西班牙人</td><td colspan="2">久坐的生活方式*</td></tr>
<tr><td>白种人</td><td>0.59#</td></tr>
<tr><td>黑人</td><td>0.50#</td></tr>
<tr><td>西班牙人</td><td>0.63#</td></tr>
<tr><td colspan="2">规律的体力活动*</td></tr>
<tr><td>白种人</td><td>0.61†</td></tr>
<tr><td>黑人</td><td>0.07</td></tr>
<tr><td>西班牙人</td><td>0.64†</td></tr>
<tr><td rowspan="2">第一次测试和第 21－94 天重复测试之间的关系（卡巴统计量）</td><td rowspan="2">409 位年龄在 18～91 岁的黑人、白人和西班牙人</td><td>久坐的生活方式*</td><td>0.58†</td></tr>
<tr><td>懒散的生活方式</td><td>0.56†</td></tr>
</table>

注：* 在过去一个月，闲暇时间的体力活动至少每周三次，每次至少 20 分钟；# $P<0.05$；$ 在过去一个月中没有任何形式的休闲体力活动；† 在过去一个月中，闲暇时间的体力活动没有超过每周三次，每次至少 20 分钟。

行为风险因素调查问卷包括在过去的一个月内关于休闲体育活动的几个问题。目前有 10 个关于体力活动的问题，自 1987 年以来一直被使用。这些问题主要是为了了解运动或娱乐活动各个方面的信息，深入调查以确定体力活动的类型、每周或每月平均活动次数及持续时间（小时和/或分钟）。此外，如果调查对象回答结果为走路、跑步、慢跑或游泳时，通常也要求其回答运动的距离。这样便可以利用运动距离和运动持续时间推测完成这些活动时的速度，有

❶ CARL J CASPERSEN. Behavioral risk factor surveillance system［J］. Med. Sci. Sports Exerc，1997，29（6）：146－152.

助于提高对速度的准确性推测及对体力活动强度估计的精确度。

影响体力活动得分的另外两个重要因素是：①在体力活动过程中肌肉是否有节奏地收缩；②是否达到心肺耐力的50%。1984年，有学者对行为危险因素监控系统问卷中的54项体力活动的指数进行了评估，同时规范了骑自行车和划船机的活动指数。其中，有些体力活动可能不需要大肌肉群有节奏地收缩，如为了娱乐的划船、打保龄球、木工活、从河岸或船上钓鱼、园艺劳动、打高尔夫、骑马、柔道和空手道、绘画和贴墙纸、打垒球、溪边钓鱼、冲浪、滑水、举重等。尽管其中有些体力活动可用与常规的、大肌肉群参加的有节奏的高强度体力活动相同的方式完成，但实际上大多数人并没有以这种方式去做。

下面的问题是有关您日常工作之外的锻炼、娱乐或体育活动。

1. 在过去的一个月中，您参加过任何形式的体力活动或运动（如跑步、健美操、高尔夫、园艺或步行锻炼）吗？

a 是的	1
b 没有 不知道/不确定 拒绝回答	2 7 9

2. 在过去的一个月中，您的时间主要花在哪种类型的体力活动或运动上？

活动（详细说明）：________________ （参考得分表2－39）	____ ____
拒绝回答	9 9

只有第2题的回答内容是快跑、慢跑、散步或游泳才需回答第3题。回答其他内容的，请直接回答第4题。

3. 您通常步行/快跑/慢跑/游泳的距离是多少？

如果回答的是不到千米的整数倍则查表2－40	整千米数 不知道/不确定 拒绝回答	____ 7 9	____ 7 9	____ 7 9

4. 在过去的一个月中，您每周或这个月参加了多少次这种活动？

a　次/周	1	___	___
b　次/月	2	___	___
不知道/不确定	7	7	7
拒绝回答	9	9	9

5. 当您参加这个活动，通常每次坚持进行多长时间？

a　小时/分钟	___: ______		
b　不知道/不确定	7	7	7
拒绝回答	9	9	9

6. 在过去的一个月中，您还参加了其他的体力活动或运动吗？

a　是的	1
b　没有	2
不知道/不确定	7
拒绝回答	9

7. 在过去的一个月中，您参加的其他类型体育活动中哪种使您获得更多锻炼？

活动（详细说明）：______________________ （参考表2-39）	_____	_____
拒绝回答	9	9

当第7题的回答内容是快跑、慢跑、散步或游泳时需回答第8题，回答其他内容的，请直接回答第9题。

8. 您通常步行/快跑/慢跑/游泳的距离是多少？

如果回答的是不到千米的整数倍则查表2-40	整千米数	___	___	___
	不知道/不确定	7	7	7
	拒绝回答	9	9	9

9. 在过去的一个月中，您每周或每月参加多少次这种活动？

a　次/周	1	___	___
b　次/月	2	___	___
不知道/不确定	7	7	7
拒绝回答	9	9	9

10. 当您参加这种活动时，通常每次持续多长时间？

a	小时/分钟	___：______		
b	不知道/不确定	7	7	7
	拒绝回答	9	9	9

表 2-39　行为危险因素监控系统体力活动指数和相关强度因素列表（A）

运动强度因素描述		运动强度因素描述	
01	（5.5）有氧操	27	（5.0）给房子绘画/贴壁纸
02	（7.0）背包旅行	28	（7.0）壁球
03	（7.0）羽毛球	29	（4.0）耙草坪
04	（6.0）篮球	30	（8.0）跑步*
05	（5.5）娱乐性地骑自行车	31	（9.0）跳绳
06	（3.5）划船（划独木舟、划艇、娱乐性地玩帆船/野外露营）	32	（7.0）戴呼吸器潜水
		33	（7.0）滑冰或滚筒
07	（3.0）打保龄球	34	（7.0）坐雪橇、乘雪橇滑雪
08	（10.0）拳击	35	（5.0）浅滩潜水
09	（4.5）健美操	36	（8.0）穿雪鞋走路
10	（12.0）比赛性质的划独木舟/皮划艇	37	（6.0）用手铲雪
11	（3.0）木工	38	（5.0）掷雪
12	（6.0）有氧舞蹈/芭蕾舞	39	（7.0）滑雪
13	（3.5）从岸边或船上钓鱼	40	（7.0）足球
14	（5.0）养花（铲掘、除草、挖坑、装填）	41	（5.0）垒球
		42	（10.0）壁球
15	（4.5）打高尔夫	43	（8.0）爬楼梯
16	（10.0）手球	44	（6.0）在溪边垂钓
17	（4.5）健身俱乐部锻炼	45	（6.0）冲浪
18	（6.0）徒步穿越国家	46	（6.0）环形泳池游泳*
19	（4.5）家庭锻炼	47	（4.0）乒乓球
20	（3.5）骑马	48	（6.0）网球
21	（6.0）狩猎大型游戏	49	（8.0）橄榄球
22	（7.0）慢跑*	50	（4.0）排球
23	（8.0）柔道/空手道	51	（2.0）散步*
24	（8.0）爬山	52	（6.0）水橇
25	（4.0）裁剪草坪	53	（3.0）举重
26	（6.0）板手球运动	54↑	（1.8）其他

注：括号中的数字为代谢当量值；*强度的计算基于速度。如果不知道运动速度，则可以使用表中的强度指数；↑在随后使用的原始评分程序（卡斯珀森，鲍威尔，1986）中，又附加了两个活动得分和强度指数：55（5.5）骑自行车和56（3.5）划船运动练习器。

表 2-40 行为风险因素调查问卷活动距离计算（B）

环形泳池游泳	快跑/慢跑/步行
15 米泳池：10 圈 = 150 米 30 米泳池：5 圈 = 150 米 50 米泳池：3 圈 = 150 米	1/2 千米 = 0.5 千米 1/4 千米 = 0.25 千米 1/8 1.6 千米 = 0.1 千米 一条街道 = 0.16 千米

二、计算

一项体力活动是否达到某人最大运动能力的 50% 或以上（用代谢当量表示）可由两个回归方程计算。其中，男性采用如下方程：[（60 − β × 年龄）/3.5]；女性采用如下方程：[（48 − β × 年龄）/3.5]（男性 β = 0.55，女性 β = 0.37）。每个回归方程使用年龄作为最大运动能力的预测因素，随着年龄的增大，运动能力会降低。一旦预测出最大值，结果需要由最大值乘以 50%。每个体力活动强度值要与那些达到或超过标准的 50% 相比。

体力活动可以分为四种模式，且每种模式的目的不同。此外，通过结合两种模式可以将那些“没有风险”或“有风险”久坐不动的生活方式的人分为两组。

根据数据评分项目收益率指数将调查对象分为四组。

（1）“有规律的和有强度的”体力活动是指达到最大运动能力的 50%，时间在 20 分钟以上，每周 3 次以上，使肌肉群有节奏地收缩。

（2）“有规律的，但没有强度的”体力活动是指在最大运动能力的 50% 以下，时间在 20 分钟以上，每周 3 次以上。

（3）完成任何形式的体力活动在 20 分钟以下，每周少于 3 次，称为“无规律的运动”。

（4）如果哪天或哪段时间没有报道休闲体力活动，即可认为当天或这段时间为“体力活动不足”。

体力活动耗能得分（以千卡为例）

频率（次/周）× 持续时间（小时/次）× 代谢当量（千卡/千克/小时）= 千卡/千克/周，然后除以 7（7 天/周），最后换算为千卡/千克/天。

三、例子

假设一位 10 岁的女生做出以下回答：

体育活动类型	频　率	能量消耗
园艺劳动	2 次/周，2 小时/次	5 代谢当量 ×2 小时 ×2 次/周 =20.0 千卡/千克/周
健身俱乐部锻炼	3 次/周，1 小时/次	4.5 代谢当量 ×1 小时 ×3 次/周 =13.5 千卡/千克/周

总能量消耗：20.0 千卡/千克/周 + 13.5 千卡/千克/周 = 33.5 千卡/千克/周

最大运动能力 =［(48 − 0.37 × 年龄）÷3.5］=12.66 代谢当量

50%最大运动能力 =10.5 ×0.5 =5.25 代谢当量

女孩两个活动都超过50%的最大心肺能力（5.25 代谢当量），故其体力活动属于有规律的。与久坐不动的生活方式相比，没有风险。

加拿大健康调查[1]

加拿大全民健康调查对象是年龄在 7 岁以上的 23000 多国民。这项调查具有代表性地描述了加拿大人的体育休闲习惯、身体情况及健康状态。这项调查的结果已被广泛报道。1988 年，坎贝尔在调查加拿大人的幸福基础上对加拿大居民健康情况进行了纵向调查。这一调查的目的是描述加拿大居民在 1981 年至 1988 年的体力活动、饮食、其他的生活方式、人口特征和健康随时间的变化情况及相关关系。有关加拿大健康调查的体力活动问题和代谢当量值已在下表列出：

您在工作、学校或家中做什么活动，另外您休闲时间的体力活动都对您现在的健康水平产生哪些影响?

为了描述您的体力活动，我们设计了四个问题：①您每天进行的活动有哪些?②您上周进行了什么活动?③您上个月进行了哪些活动?④您去年进行了哪些活动?

1. 日常活动调查

您一周中做得最多的那些活动（如工作、学习和家务）用时多久?

---

[1] SOMERSET St. Canada Fitness SURVEY［J］. Med. Sci. Sports Exerc, 1997, 29 (6): 153 - 161.

表 2-41 加拿大健康调查问卷日常活动调查表（一）

活动	编号	几乎所有时间	约 3/4 的时间	约 1/2 的时间	约 1/4 的时间	几乎不花时间
坐着	01	1	2	3	4	5
站着	02	1	2	3	4	5
步行	03	1	2	3	4	5
走楼梯	04	1	2	3	4	5
举或搬运重的物品	05	1	2	3	4	5

2. 每周体力活动调查

请参照表 2-42，回答您每周进行的体力活动。

轻度家务工作和手工劳动包括洗盘子、熨烫、整理床、修剪草坪等。

表 2-42 加拿大健康调查问卷日常活动调查表（二）

<table>
<tr><th>每月活动次数</th><th>编号</th><th>平均每次花的时间</th><th>编号</th><th colspan="3">强度</th></tr>
<tr><td>1~3 月</td><td>06</td><td rowspan="2">小时</td><td rowspan="2">10</td><td>轻度</td><td>中度</td><td>重度</td></tr>
<tr><td>4~6 月</td><td>07</td><td>比正常的稍有改变</td><td>有些人的呼吸是正常的</td><td>有些人的呼吸沉重</td></tr>
<tr><td>7~9 月</td><td>08</td><td rowspan="2">分钟</td><td rowspan="2">11</td><td>1</td><td>2</td><td>3</td></tr>
<tr><td>10~12 月</td><td>09</td><td colspan="3">编号 12</td></tr>
</table>

重度家务工作和手工劳动包括洗地板或涂蜡、刷油漆等。

表 2-43 加拿大健康调查问卷日常活动调查表（三）

<table>
<tr><th>每月活动次数</th><th>编号</th><th>平均每次花的时间</th><th>编号</th><th colspan="3">强度</th></tr>
<tr><td>1~3 月</td><td>13</td><td rowspan="2">小时</td><td rowspan="2">17</td><td>轻度</td><td>中度</td><td>重度</td></tr>
<tr><td>4~6 月</td><td>14</td><td>比正常的稍有改变</td><td>有些人的呼吸是正常的</td><td>有些人的呼吸沉重</td></tr>
<tr><td>7~9 月</td><td>15</td><td rowspan="2">分钟</td><td rowspan="2">18</td><td>1</td><td>2</td><td>3</td></tr>
<tr><td>10~12 月</td><td>16</td><td colspan="3">编号 19</td></tr>
</table>

如果您还做了其他的体力活动，请填写在下表中（表2－44至表2－45）。

活动名称：20 ____________________

表2－44 加拿大健康调查问卷日常活动调查表（四）

每月活动次数	编号	平均每次花的时间	编号	强度			有无组织		是否比赛	
1～3月	21	小时	25	轻的	中等	重的	是	不是	是	不是
4～6月	22									
7～9月	23	分钟	26	1	2	3	1	2	1	2
10～12月	24			编号27			编号28		编号29	

活动名称：30 ____________________

表2－45 加拿大健康调查问卷日常活动调查表（五）

每月活动次数	编号	平均每次花的时间	编号	强度			有无组织		是否比赛	
1～3月	31	小时	35	轻的	中等	重的	是	不是	是	不是
4～6月	32									
7～9月	33	分钟	36	1	2	3	1	2	1	2
10～12月	34			编号37			编号38		编号39	

活动名称：40 ____________________

表2－46 加拿大健康调查问卷日常活动调查表（六）

每月活动次数	编号	平均每次花的时间	编号	强度			有无组织		是否比赛	
1～3月	41	小时	45	轻的	中等	重的	是	不是	是	不是
4～6月	42									
7～9月	43	分钟	46	1	2	3	1	2	1	2
10～12月	44			编号47			编号48		编号49	

活动名称：50 ______________________

表 2－47　加拿大健康调查问卷日常活动调查表（七）

<table>
<tr><td>每月活动次数</td><td>编号</td><td>平均每次花的时间</td><td>编号</td><td colspan="3">强度</td><td colspan="2" rowspan="2">有无组织</td><td colspan="2" rowspan="2">是否比赛</td></tr>
<tr><td>1～3 月</td><td>51</td><td rowspan="2">小时</td><td rowspan="2">55</td><td rowspan="2">轻的</td><td rowspan="2">中等</td><td rowspan="2">重的</td></tr>
<tr><td>4～6 月</td><td>52</td><td>是</td><td>不是</td><td>是</td><td>不是</td></tr>
<tr><td>7～9 月</td><td>53</td><td rowspan="2">分钟</td><td rowspan="2">56</td><td>1</td><td>2</td><td>3</td><td>1</td><td>2</td><td>1</td><td>2</td></tr>
<tr><td>10～12 月</td><td>54</td><td colspan="3">编号 57</td><td colspan="2">编号 58</td><td colspan="2">编号 59</td></tr>
</table>

请参照卡片上的活动列表，回答您上周最后一次进行的体力活动（不包括已经写到表中的周末体力活动）。

园艺（城市）和种植、农活（农村）包括铲掘、播种、耕地等。

表 2－48　加拿大健康调查问卷日常活动调查表（八）

<table>
<tr><td>每月活动次数</td><td>平均每次花的时间</td><td>编号</td><td colspan="3">强度</td></tr>
<tr><td rowspan="3">01</td><td>小时</td><td>02</td><td>轻度</td><td>中度</td><td>重度</td></tr>
<tr><td rowspan="2">分钟</td><td rowspan="2">03</td><td>1</td><td>2</td><td>3</td></tr>
<tr><td colspan="3">编号 04</td></tr>
</table>

铲雪。

表 2－49　加拿大健康调查问卷日常活动调查表（九）

<table>
<tr><td>每月活动次数</td><td>平均每次花的时间</td><td>编号</td><td colspan="3">强度</td></tr>
<tr><td rowspan="3">05</td><td>小时</td><td>06</td><td>轻度</td><td>中度</td><td>重度</td></tr>
<tr><td rowspan="2">分钟</td><td rowspan="2">07</td><td>1</td><td>2</td><td>3</td></tr>
<tr><td colspan="3">编号 08</td></tr>
</table>

收割稻子、收割麦子、施肥、种树、耕地等。

表 2－50　加拿大健康调查问卷日常活动调查表（十）

每月活动次数	平均每次花的时间	编号	强度		
09	小时	10	轻度	中度	重度
	分钟	11	1	2	3
			编号 12		

如果您上周最后一次还做了其他的体力活动（最多 10 种），请填写在下表中（表 2－51 至表 2－56）。

活动名称：13 ______________________

表 2－51　加拿大健康调查问卷日常活动调查表（十一）

每月活动次数	平均每次花的时间	编号	强度			有无组织		是否比赛	
14	小时	15	轻的	中等	重的	是	不是	是	不是
	分钟	16	1	2	3	1	2	1	2
			编号 17			编号 18		编号 19	

活动名称：20 ______________________

表 2－52　加拿大健康调查问卷日常活动调查表（十二）

每月活动次数	平均每次花的时间	编号	强度			有无组织		是否比赛	
21	小时	22	轻的	中等	重的	是	不是	是	不是
	分钟	23	1	2	3	1	2	1	2
			编号 24			编号 25		编号 26	

活动名称：27 ________________________

表 2－53　加拿大健康调查问卷日常活动调查表（十三）

每月活动次数	平均每次花的时间	编号	强度			有无组织		是否比赛	
28	小时	29	轻的	中等	重的	是	不是	是	不是
	分钟	30	1	2	3	1	2	1	2
			编号 31			编号 32		编号 33	

活动名称：34 ________________________

表 2－54　加拿大健康调查问卷日常活动调查表（十四）

每月活动次数	平均每次花的时间	编号	强度			有无组织		是否比赛	
35	小时	36	轻的	中等	重的	是	不是	是	不是
	分钟	37	1	2	3	1	2	1	2
			编号 38			编号 39		编号 40	

活动名称：41 ________________________

表 2－55　加拿大健康调查问卷日常活动调查表（十五）

每月活动次数	平均每次花的时间	编号	强度			有无组织		是否比赛	
42	小时	43	轻的	中等	重的	是	不是	是	不是
	分钟	44	1	2	3	1	2	1	2
			编号 45			编号 46		编号 47	

活动名称：48 ______________________________

表 2－56 加拿大健康调查问卷日常活动调查表（十六）

每月活动次数	平均每次花的时间	编号	强度			有无组织		是否比赛	
49	小时	50	轻的	中等	重的	是	不是	是	不是
	分钟	51	1	2	3	1	2	1	2
			编号 52			编号 53		编号 54	

3. 在过去一年中，您参加了哪些体力活动（不包括已经写到表中的活动）？

表 2－57 加拿大健康调查问卷过去一年的活动调查表（一）

活动类别	每月完成的活动												去年活动次数	每次活动平均花多少分钟			
	一月	二月	三月	四月	五月	六月	七月	八月	九月	十月	十一月	十二月		15分钟以下	16～30分钟	31～60分钟	60分钟以上
	01	02	03	04	05	06	07	08	09	10	11	12	13	14	15	16	17
步行																	
慢跑（小步幅）																	
跑步（大步幅）																	
骑自行车																	

表 2－58 加拿大健康调查问卷过去一年的活动调查表（二）

活动类别	每月完成的活动												去年活动次数	每次活动平均花多少分钟			
	一月	二月	三月	四月	五月	六月	七月	八月	九月	十月	十一月	十二月		15分钟以下	16～30分钟	31～60分钟	60分钟以上
	01	02	03	04	05	06	07	08	09	10	11	12	13	14	15	16	17
家庭锻炼（推、站立）																	
课堂练习																	
举重锻炼																	
瑜伽																	

表 2－59　加拿大健康调查问卷过去一年的活动调查表（三）

活动类别	每月完成的活动												去年活动次数	每次活动平均花多少分钟			
	一月	二月	三月	四月	五月	六月	七月	八月	九月	十月	十一月	十二月		15分钟以下	16～30分钟	31～60分钟	60分钟以上
	01	02	03	04	05	06	07	08	09	10	11	12	13	14	15	16	17
高尔夫球																	
壁球																	
回力球																	
网球																	

表 2－60　加拿大健康调查问卷过去一年的活动调查表（四）

活动类别	每月完成的活动												去年活动次数	每次活动平均花多少分钟			
	一月	二月	三月	四月	五月	六月	七月	八月	九月	十月	十一月	十二月		15分钟以下	16～30分钟	31～60分钟	60分钟以上
	01	02	03	04	05	06	07	08	09	10	11	12	13	14	15	16	17
篮球																	
垒球																	
冰球																	
冰壶																	

表 2－61　加拿大健康调查问卷过去一年的活动调查表（五）

活动类别	每月完成的活动												去年活动次数	每次活动平均花多少分钟			
	一月	二月	三月	四月	五月	六月	七月	八月	九月	十月	十一月	十二月		15分钟以下	16～30分钟	31～60分钟	60分钟以上
	01	02	03	04	05	06	07	08	09	10	11	12	13	14	15	16	17
游泳																	
越野滑雪																	
下坡滑雪																	
滑冰																	

4. 这是一个关于休闲时间从事体力活动目的的调查，请做出相应选择。

表2－62 休闲体力活动目的重要程度调查表

目　的	非常重要	较重要	有点重要	不重要
为了心理和身体感觉更好	1	2	3	4
为了和他人交往	1	2	3	4
为了放松、快乐或锻炼	1	2	3	4
为了控制体重或体型更好	1	2	3	4
为了行动更迅速或提高灵敏性	1	2	3	4
作为胜利的能力	1	2	3	4
为了放松或减轻压力	1	2	3	4
为了学新东西	1	2	3	4
因为健康专家建议提高健康水平	1	2	3	4
为了治疗或康复	1	2	3	4
其他	1	2	3	4

5. 在休闲时间，您通常和谁一起进行体力活动？

□没人　□朋友　□家人或亲戚
□同事　□班里同学　□其他人

6. 您通常什么时间进行体力活动？（单选）

□工作日　□周末　□两者

7. 一天中，您通常在什么时间进行体力活动？

□早上　□中午　□下午
□晚上　□时间不固定

8. 您通常在哪些地方进行体力活动？（指出一种或以上）

□家　□公司　□学校、大学
□公园　□商业场所或私人俱乐部
□娱乐场所　□利用外面不固定的场所
□其他地方

9. 到上周为止，您已经在休闲时间进行了多久的体力活动？

□我不是每周都进行活动　□少于3个月
□3～6个月　□6个月到一年　□1～3年

□3～5 年　　□5 年以上

10. 与其他同龄及同性别的人相比，您认为自己

□更健壮　　□不健壮　　□一样健康

11. 哪种情况使您不能参加更多的体力活动？

□我不想参加更多　　□健康原因　　□受伤或残障

□能量少　　□因为工作（学校）时间少

□因为参加了其他休闲活动，没有多余时间　　□花费多

□附近没有场地　　□可用的场地不足

□没有领队　　□需要太多自我约束

□缺少必需的技巧　　□其他

12. 如果您想参加更多的体力活动，下面哪些原因会使您增加体力活动？(最多选三个)

□没有　　□更好或更近的场地

□不同的场地　　□比较便宜的场地

□获得更多关于体力活动有益的信息

□受公司资助的活动　　□有组织的体育活动

□有组织的运动健身课　　□个人活动健康测试

□与他人一起参加　　□与家庭共同娱乐

□与朋友共同娱乐　　□更多休闲时间

□其他

13. 您听说过下面的哪种活动？

□加拿大家庭健康测试　　□加拿大游戏

□加拿大健康奖　　□健康运动套餐

□活跃行动　　□参与行动

□健康测试标准　　□健康和业余运动

□健康加拿大　　□5 个/10 个基本练习

□爆发式锻炼　　□加拿大健康行为

14. 您的省级健康项目是？

□没有省级项目　　□不知道

表 2-63　加拿大健康问卷各体力活动代谢当量表

代　码	活　动	代谢当量值（运动强度值）		
		轻度	中度	重度
0101	为了锻炼的散步	3.0	4.0	5.0
0102	为锻炼走楼梯	4.0	6.0	8.0
0103	慢跑	7.0	10.0	12.0
0104	跑步	12.0	14.0	16.0
0105	骑自行车、划桨、室内健身自行车	3.0	7.0	10.0
0106	滑旱冰	5.0	6.5	8.0
0107	野外定向	8.0	10.0	12.0
0201	家庭健身操	3.0	5.0	9.0
0202	锻炼课	4.0	6.0	9.0
0203	举重锻炼	3.0	5.0	7.0
0204	健美运动	3.0	5.0	7.0
0205	跳绳	7.0	10.0	12.0
0206	瑜伽	2.0	2.0	2.0
0207	放松运动（太极拳）	2.0	2.0	2.0
0208	其他特别的（啦啦队，校内的）	2.0	2.0	2.0
0209	体育课	3.0	5.0	7.0
0210	健身/锻炼俱乐部（基督教男、女青年会）	2.0	5.0	8.0
0301	射箭	3.0	3.0	3.0
0302	羽毛球	3.0	6.0	9.0
0303	骑马（骑马锻炼）	3.0	5.0	7.0
0304	击剑	5.0	7.0	10.0
0305	花样滑冰	4.0	6.0	10.0
0306	高尔夫、散步、运载俱乐部	4.0	4.0	4.0
0307	高尔夫、散步、拉车	4.0	4.0	4.0
0308	高尔夫、乘坐机动车	3.0	3.0	3.0
0309	体操、摔跤	5.0	7.0	10.0
0310	手球（四面墙）	6.0	9.0	12.0
0311	骑马	3.0	5.0	7.0
0312	马球/板手球运动	6.0	9.0	12.0

续表

代　码	活　动	代谢当量值（运动强度值）		
		轻度	中度	重度
0313	滑板运动	5.0	6.5	8.0
0314	壁球、欧洲手球	6.0	9.0	12.0
0315	台球、乒乓球	4.0	6.0	9.0
0316	网球	4.0	6.0	1.0
0317	举重	3.0	5.0	7.0
0318	其他特别的（高空跳伞、接力）	3.0	5.0	7.0
0319	田径	4.0	6.0	8.0
0320	悬挂式滑翔运动	3.5	3.5	3.5
0401	棒球	3.0	4.0	5.0
0402	篮球	6.0	8.0	11.0
0403	曲棍球	5.0	7.0	9.0
0404	板球	3.0	4.0	5.0
0405	冰壶	4.0	5.0	6.0
0406	足球	5.0	6.0	7.0
0408	手球	6.0	8.0	11.0
0409	室内曲棍球	6.0	8.0	10.0
0410	室外曲棍球	6.0	8.0	10.0
0411	冰上曲棍球	6.0	8.0	10.0
0412	长曲棍球	6.0	8.0	10.0
0413	裁判（各项目）	2.0	4.0	7.0
0414	冰上争圈	5.0	7.0	9.0
0415	橄榄球	6.0	8.0	11.0
0416	英式足球	5.0	7.0	11.0
0417	垒球（慢投垒球，快速踢球）	3.0	4.0	5.0
0418	排球	5.0	6.0	8.0
0419	水球	6.0	8.0	11.0
0501	皮划艇/赛艇（娱乐）	3.0	4.0	6.0
0502	露营皮划艇	4.0	6.0	9.0
0503	跳水	4.0	4.0	4.0

续表

代　码	活　动	代谢当量值（运动强度值）		
		轻度	中度	重度
0504	皮艇运动	6.0	8.0	11.0
0505	赛艇（比赛）	7.0	10.0	13.0
0506	帆船运动	3.0	4.0	6.0
0507	戴呼吸器潜水	4.0	5.0	6.0
0508	划船	4.0	6.0	10.0
0509	潜泳	4.0	5.0	6.0
0510	海滩游泳	2.0	3.0	4.0
0511	泳池游泳（救生员）	3.0	5.0	9.0
0512	水橇	5.0	7.0	9.0
0513	冲浪	2.0	3.0	4.0
0514	帆板运动，悬挂式滑翔运动	4.0	5.0	7.0
0515	游泳/水下曲棍球	4.0	6.0	8.0
0601	高山滑雪	4.0	6.0	8.0
0602	跨国滑雪	5.0	9.0	13.0
0603	自由式滑雪	4.0	6.0	9.0
0604	花样滑冰	4.0	7.0	13.0
0605	雪地摩托	3.0	3.5	5.0
0606	雪地健行	5.0	7.0	10.0
0607	乘橇滑雪	5.0	6.0	7.0
0608	其他雪地运动	3.0	3.5	5.0
0701	背包旅行	6.0	8.0	10.0
0702	野营－背包旅行	3.0	3.0	3.0
0703	在地面露营	2.0	2.0	2.0
0704	在船上钓鱼	2.5	2.5	2.5

注：①运动强度值可以通过代谢当量值计算：

$$千卡/千克/天 = \sum(N_i \times D_i \times 代谢当量\ S_i/365)$$

其中：N 是活动 i 在最近 12 个月里活动的次数；D 是平均每次活动持续的时间；代谢当量是该活动消耗的能量值，用千卡/千克/小时来表示。

②大多数情况下，使用了传统的强度值（轻度）。

二、操作指南

解释说明包含在问卷中。调查者会协助解决提出的任何问题。

三、计算公式

（过去 12 个月的活动 × 小时/天 × 代谢当量） ÷365 天/年

每个活动的代谢当量值按对应的强度（轻、中、重）是在现有的表（问卷中的代谢当量值表）中获得的。大多数情况下，原来的强度值（低强度）是可以被使用的。

四、例子

以下是一位体重为 65 千克的妇女的数据，据说其在过去 12 个月中有 150 天，每天坚持以轻快的步伐走路锻炼，每次走 1 小时。她还曾打了 20 次网球（每次 2 小时）及 30 次保龄球（每次 2 小时）。

计算公式：

步行：（150 次/年 ×1 小时 ×4 代谢当量） ÷365 天/年 =1.64 千卡/千克/天

网球：（20 次/年 ×2 小时 ×4 代谢当量） ÷365 天/年 =0.44 千卡/千克/天

保龄球：（35 次/年 ×2 小时 ×4 代谢当量） ÷365 天/年 =0.77 千卡/千克/天

这些活动平均每天的能量消耗 =2.85 千卡/千克/天

或者 =2.85 千卡/千克/天 ×65 千克 =185.3 千卡/天

莫妮卡可选择性体育活动研究（MOSPA）❶

世界卫生组织对心血管疾病的检测趋势及其影响因素的研究，已覆盖 26 个国家的 39 个中心城市。莫妮卡的研究主要围绕增龄性病死率与心血管病危险因素的相关性。目前，美国疾病控制与预防中心（CDC）是莫妮卡可选择性体育活动研究的数据管理中心，该数据管理中心目前管理的数据来自 9 个国家

❶ DEBORAH ARRIAZA JONES. The MONICA Optional Study of Physical Activity（MOSPA）[J]. Med. Sci. Sports Exerc，1997，29（6）：162 -169.

的13个中心城市。莫妮卡调查问卷的研究是在疾病控制中心几位专家的协助下开发的。

一、莫妮卡可选择性体育活动研究问卷内容

表2-64　莫妮卡可选择性体育活动研究问卷调查表

基本信息	数字	序号
1. 莫妮卡合作中心		1~2
2. 莫妮卡报告单位		3~4
3. 编号		5~10
4. 莫妮卡人口调查数		11
5. 考核日期（日、月、年）		12~17
6. 出生日期（日、月、年）		18~23
7. 姓名		

二、职业体育活动

表2-65　莫妮卡可选择性体育活动职业体育活动调查表（一）

问　题	数　字	栏　目
8. 请注明最能描述您现在身份的类别（只能选一项，如果有两类或更多，请选最适合的一个） ①学生 ②家庭主妇 ③退休者 ④残疾人 ⑤失业者 ⑥从业者 ⑦其他		24
9. 您也是从业者？ ①是的 ②不是		25

表 2-66　莫妮卡可选择性体育活动职业体育活动调查表（二）

问　题	数　字	栏　目
10. 您的职业是________（从下列选项中选出一种） ① 专业技术工人 ② 公务员 ③ 文书工人 ④ 售货员 ⑤ 手工业者、领班 ⑥ 机器设备运营者 ⑦ 非农业劳动者 ⑧ 个体户企业主 ⑨ 除私人家庭工人外的农民和农场经理 ⑩ 农场工人和工头		26~27
11. 您每周工作多少小时？		28~29
12. 您每周工作多少天？		30
13. 在工作的一天中，您有多少时间坐着或站着？（不包括去上班和下班的路上，不包括步行、提或搬适当重的或非常重的物品）		31~34
14. 在工作中，您平均每天要走多少时间？（不包括去上班和下班的路上，不包括步行、提或搬适当重的或非常重的物品）		35~38
15. 您每天在工作中提或搬适当重的（5~10 千克）物品或做相似的体力活动平均会花多少时间？		39~42
16. 您每天在工作中提或搬非常重的（10 千克以上）物品或做相似的体力活动平均会花多少时间？		43~46

三、上下班、去学校或购物的交通工具

表 2-67　莫妮卡可选择性体育活动职业体育活动调查表（三）

问　题	数　字	栏　目
17. 每天上下班、去学校或购物过程中，走路会花费您多少时间？（不包括以步行为体育锻炼或娱乐花费的时间）	____小时 ____分钟	47~50
18. 每天上下班、去学校或购物过程中，骑自行车会花费您多少时间？（不包括以骑自行车为体育锻炼或娱乐花费的时间）	____小时 ____分钟	51~54

四、休闲期间为了娱乐或锻炼的步行

表 2－68　莫妮卡可选择性体育活动职业体育活动调查表（四）

问　题	数　字	栏　目
19. 您平均每周会花多少小时步行？（不包括花在工作、上下班、去学校或购物的时间）	____小时	55～56
20. 步行锻炼后，您的入睡速度和睡眠深度发生了哪些变化？ ① 没有变化 ② 变化很小 ③ 适度增加 ④ 很大改善		57

五、家务

表 2－69　莫妮卡可选择性体育活动职业体育活动调查表（五）

问　题	数　字	栏　目
21. 您每天平均花费多少时间去做一般的或繁重的家务事，如扫地、用吸尘器扫地、洗衣服、擦地板等？	____小时 ____分钟	58～61
22. 做了这些零星家务后，您的入睡速度和睡眠深度发生了哪些变化？ ① 没有变化 ② 变化很小 ③ 适度增加 ④ 很大改善		62

六、休闲体育、运动训练或锻炼

表 2－70　莫妮卡可选择性体育活动职业体育活动调查表（六）

问　题	数　字	栏　目
23. 在过去 12 个月中，您有没有为了锻炼或娱乐而参加任何形式的运动或锻炼？如：跑步、滑雪、踢足球、打乒乓球、园艺、健美操、骑自行车等。 ① 有 ② 没有		63
24. 您做哪项运动或锻炼的频率更多？（从下列选项中选一种） ① 有氧锻炼或舞蹈　② 棒球或垒球 ③ 篮球或欧洲手球　④ 保龄球 ⑤ 健身操或体操　⑥ 板球 ⑦ 骑脚踏车或自行车　⑧ 舞蹈 ⑨ 园艺　⑩ 打高尔夫球 ⑪ 手球（美国）、美式壁球、壁球　⑫ 徒步旅行或登山 ⑬ 慢跑、跑步　⑭ 武术（柔道、空手道、太极拳） ⑮ 定向运动　⑯ 赛艇 ⑰ 足球（美国、澳大利亚或加拿大）⑱ 滑冰、冰球、四轮滑冰 ⑲ 越野滑雪　⑳ 滑雪下山 ㉑ 足球（欧洲橄榄球）　㉒ 游泳（不包含沐浴） ㉓ 乒乓球　㉔ 网球 ㉕ 排球　㉖ 举重或健身 ㉗ 其他		64～65
25. 去年，您有几个月在进行这种运动或锻炼？	____月	66～67
26. 一个月内，您通常每周会做多少次？ ① 每周少于一次　② 每周一次 ③ 每周两次　④ 每周三次 ⑤ 每周四次　⑥ 每周五次 ⑦ 每周六次　⑧ 每周七次或以上		68
27. 当您做这项运动或练习时，通常每次花费多少时间？	____小时 ____分钟	69～72

表 2 – 71　莫妮卡可选择性体育活动职业体育活动调查表（七）

问　题	数　字	栏　目
28. 参加了这项运动或练习后，通常您的入睡速度和睡眠深度发生了哪些变化？ ① 没变化 ② 变化很小 ③ 适度增加 ④ 很大改善		73
29. 在过去 12 个月中，您有没有参加其他任何运动或锻炼达到 12 次以上？ ① 有 ② 没有		74
30. 您做的哪项运动或锻炼频率更多？（从下列选项中选出一种） ① 有氧锻炼或舞蹈　② 棒球或垒球 ③ 篮球、欧洲手球或澳大利亚网球　④ 保龄球 ⑤ 健身操或体操　⑥ 板球 ⑦ 骑脚踏车或自行车　⑧ 舞蹈 ⑨ 园艺　⑩ 打高尔夫球 ⑪ 手球（美国）、美式壁球、壁球　⑫ 徒步旅行或登山 ⑭ 武术（柔道、空手道、太极拳）　⑬ 慢跑、跑步 ⑮ 定向运动　⑯ 赛艇 ⑰ 足球（美国、澳大利亚或加拿大）　⑱ 滑冰、冰球、四轮滑冰 ⑲ 越野滑雪　⑳ 滑雪下山 ㉑ 足球（欧洲足球）　㉒ 游泳（不包含沐浴） ㉓ 乒乓球　㉔ 网球 ㉕ 排球　㉖ 举重或健身 ㉗ 其他		75 ~ 76
31. 去年，您有几个月在进行这项运动或锻炼？	________月	66 ~ 67
32. 一个月内，您通常每周会做多少次？ ① 每周少于一次　② 每周一次 ③ 每周两次　④ 每周三次 ⑤ 每周四次　⑥ 每周五次 ⑦ 每周六次　⑧ 每周七次或以上		68

表 2－72　莫妮卡可选择性体育活动职业体育活动调查表（八）

核心数据	数字	栏目
33. 当您做这项运动或练习时，通常每次花费多少时间？	__小时__分钟	77～78
34. 参加了这项运动或练习后，您的入睡速度和睡眠深度通常发生了哪些变化？ ① 没变化 ② 变化很小 ③ 适度增加 ④ 很大改善		79
35. 在过去 12 个月中，您有没有为了锻炼或娱乐而参加任何形式的运动或锻炼？例如：跑步、滑雪、踢足球、打乒乓球、园艺、健美操、骑自行车等。 ① 有 ② 没有		80～83
36. 去年您常做的运动是哪项？（从下列选项中选出一种） ① 有氧锻炼或舞蹈　② 棒球或垒球 ③ 篮球、欧洲手球或澳大利亚网球　④ 保龄球 ⑤ 健身操或体操　⑥ 板球 ⑦ 骑脚踏车或自行车　⑧ 舞蹈 ⑨ 园艺　⑩ 打高尔夫球 ⑪ 美式手球、美式壁球、壁球　⑫ 徒步旅行或登山 ⑬ 慢跑、快跑　⑭ 武术（柔道、空手道、太极拳） ⑮ 定向运动　⑯ 赛艇 ⑰ 足球（美国、澳大利亚或加拿大）　⑱ 滑冰、冰球、四轮滑冰 ⑲ 越野滑雪　⑳ 滑雪下山 ㉑ 欧洲足球　㉒ 游泳（不包含沐浴） ㉓ 乒乓球　㉔ 网球 ㉕ 排球　㉖ 举重或健身 ㉗ 其他		84
37. 去年，您有几个月在进行这项运动或锻炼？	________月	85
38. 一个月内，您通常每周会做多少次？ ①每周少于一次　②每周一次 ③每周两次　④每周三次 ⑤ 每周四次　⑥ 每周五次 ⑦ 每周六次　⑧ 每周七次或以上		86～87
39. 您停止做这项运动有多少年了？	________年	88～89

七、关于重度体力活动的总结性问题

表 2-73 莫妮卡可选择性体育活动职业体育活动调查表（九）

问 题	数 字	栏 目
40. 下面四项中，哪项课堂活动最能描述您在工作之外的户外活动？请考虑工作时的交通、休闲时间的体育活动和其他的体力活动，像园艺劳动或跳舞。 ① 周末没有体力活动； ② 大多数周末只进行轻体力活动； ③ 每周 1~2 次、每次至少 20 分钟的剧烈体力活动（剧烈活动导致呼吸急促、心率加快、出汗）； ④ 每周 3 次以上的剧烈体力活动，每次至少 20 分钟		90

国家儿童和青少年健康调查研究 I 和 II[1]

一、国家儿童和青少年健康调查研究 I 和 II 信度和效度研究

表 2-74 国家儿童和青少年健康调查研究 I 和 II 信效度检验（一）

文 献	研究方法	研究对象	结 果	
皮特等人	体育活动变量/系数及 1.6 千米跑步/步行时间之间的关系（相关系数）	8~9 岁的 1150 名男孩及 1202 名女孩	每周体育课时间	-0.02
			每天课间休息时间	0.04
			积极的体育课的比例	0.03
			在公园或娱乐场所参加的	0.03
			运动队的	-0.22*
			和社团活动一起	-0.17*
			老师为孩子评活动等级	0.24
			父母为孩子评活动等级	0.17
			看电视	0.09

注：$^{*}P<0.05$.

问卷调查的目的是对全国儿童和青少年进行健康调查（NCYFS） I 和 II。

[1] MR. JAMES, G ROSS. National children and youth fitness study I & II [J]. Med. Sci. Sports Exerc, 1997, 29 (6): 170-189.

国家儿童和青少年健康调查研究Ⅰ主要目的是对体力活动模式进行描述，对健身进行规范，并在美国考察测量儿童体育锻炼的习惯与健身之间的关系。国家儿童和青少年健康调查研究Ⅰ是专门为8～10岁的儿童（5～12年级）及具有自我管理能力的青年人设计的。它包含休闲时间活动以及和体育课相关的86种不同的体育活动。国家儿童和青少年健康调查研究Ⅰ也对社区组织的参与度和持续时间进行了评估，更多的报告是关于活动的季节性和参与度的。国家儿童和青少年健康调查研究Ⅱ是专门为6～9岁的孩子（1～4年级）设计的，将自填式的问卷发给家长和老师，对孩子的活动量进行评估。

问卷

学号：	学生姓名：

操作指南

人们做的很多事情都可称为体力活动，如玩耍、跳舞、参加体育运动和一些其他类型的活动。我们想了解您的体力活动情况。我们想咨询您参加的游戏、运动和一些其他锻炼的情况。希望您能够如实地告诉我们。

这不是竞赛试验。您正在同全国的上千名学生一起进行这一项研究，您所做出的回答没有对错。这项研究是为了了解我国年轻人健康状态的一个方面，以及年轻人经常参加的体育活动。这有助于我们了解国民体质健康发展状况。

您填写问卷应完全出于自愿且得到父母的允许。但在您参与的过程中要确保没有竞争，因为这能确保结果的准确性。您的回答不会受到任何人的谈论。

如果您对于我们提出的许多问题没有回答完，请不要感到厌烦。有些事情可能是您没有听过的；有些问题对于您来说可能超出您的年龄水平。您只需要告诉我们您去年确定做过的活动，而不是您可能做了的或想做的。

我们打算问您做这些事情的三个地方。第一个地方是学校。第二个是社交组织，指娱乐场所或放学后的运动场。第三个地方是您居住的地方，也就是您家或者邻居家。

谢谢！

回答每一个问题，请选择对应的最佳答案。

1. 用一支软铅笔，不要用圆珠笔或彩色笔。

2. 不要把标记写到问卷外。

3. 使用黑色、加粗标记。

如果您想修改您的回答，请彻底擦除第一次的标记。不要在您的小册子的任何地方做无关的标记。保持干净，无污渍。不要折叠或弯折边角。

例如：

试着回答下面的问题。

您一周有多少天有体育课？

□我不上体育课　□每周 1 天　□每周 2 天
□一周 2 天，下周 3 天　□每周 3 天　□每周 4 天
□每周 5 天　□其他________

学生调查

学号：________　姓名：________

1. 您的出生日期？

________年　________月　________日

2. 性别？

□男　□女

3. 您读哪个年级？

________年级

4. 您现在上体育课吗？

□是的　□没有

5. 您是否在上半学期参与了学校的体育课？

□是的　□没有

6. 您一周有多少天有体育课？

□我不上体育课　□每周 1 天　□每周 2 天
□一周 2 天，下周 3 天　□每周 3 天　□每周 4 天
□每周 5 天　□其他________

7. 上体育课前，您要花多少时间换衣服和洗刷？

□我不上体育课　□少于 20 分钟　□20～25 分钟
□26～30 分钟　□31～35 分钟　□36～40 分钟
□41～45 分钟　□46～60 分钟　□60 分钟以上

8. 如果上体育课，学校是否提供时间和场地去：

①换衣服？　□是的　□没有
②洗浴？　□是的　□没有

表 2－75　国家儿童和青少年体力活动参与情况调查表

活　动	您去年做过这种活动吗？	如果是，做了多少周？		
射箭	是的（　）	2 周或以下（　）	3～5 周（　）	6 周或以上（　）
羽毛球	是的（　）	2 周或以下（　）	3～5 周（　）	6 周或以上（　）
棒球/垒球	是的（　）	2 周或以下（　）	3～5 周（　）	6 周或以上（　）
篮球	是的（　）	2 周或以下（　）	3～5 周（　）	6 周或以上（　）
骑自行车	是的（　）	2 周或以下（　）	3～5 周（　）	6 周或以上（　）
保龄球	是的（　）	2 周或以下（　）	3～5 周（　）	6 周或以上（　）
拳击	是的（　）	2 周或以下（　）	3～5 周（　）	6 周或以上（　）
笼球/足球	是的（　）	2 周或以下（　）	3～5 周（　）	6 周或以上（　）
徒手操/保健操	是的（　）	2 周或以下（　）	3～5 周（　）	6 周或以上（　）
独木舟/皮划艇	是的（　）	2 周或以下（　）	3～5 周（　）	6 周或以上（　）
健美操/啦啦队	是的（　）	2 周或以下（　）	3～5 周（　）	6 周或以上（　）
爬绳/攀吊架	是的（　）	2 周或以下（　）	3～5 周（　）	6 周或以上（　）
棒球/小型高尔夫	是的（　）	2 周或以下（　）	3～5 周（　）	6 周或以上（　）
舞蹈类：				
有氧舞蹈	是的（　）	2 周或以下（　）	3～5 周（　）	6 周或以上（　）
芭蕾舞、爵士或现代舞	是的（　）	2 周或以下（　）	3～5 周（　）	6 周或以上（　）
舞厅表演、沙龙舞	是的（　）	2 周或以下（　）	3～5 周（　）	6 周或以上（　）
迪斯科或流行舞	是的（　）	2 周或以下（　）	3～5 周（　）	6 周或以上（　）
民间舞或广场舞	是的（　）	2 周或以下（　）	3～5 周（　）	6 周或以上（　）
其他费力的舞蹈	是的（　）	2 周或以下（　）	3～5 周（　）	6 周或以上（　）
跳水	是的（　）	2 周或以下（　）	3～5 周（　）	6 周或以上（　）
躲球游戏/撞击	是的（　）	2 周或以下（　）	3～5 周（　）	6 周或以上（　）
击剑	是的（　）	2 周或以下（　）	3～5 周（　）	6 周或以上（　）
曲棍球/街头曲棍球	是的（　）	2 周或以下（　）	3～5 周（　）	6 周或以上（　）
钓鱼	是的（　）	2 周或以下（　）	3～5 周（　）	6 周或以上（　）
足球（戴装备）	是的（　）	2 周或以下（　）	3～5 周（　）	6 周或以上（　）
足球（触摸或标记）	是的（　）	2 周或以下（　）	3～5 周（　）	6 周或以上（　）
飞盘	是的（　）	2 周或以下（　）	3～5 周（　）	6 周或以上（　）
高尔夫	是的（　）	2 周或以下（　）	3～5 周（　）	6 周或以上（　）

续表

活　动	您去年做过这种活动吗？	如果是，做了多少周？		
体操类：				
器械（与设备）	是的（　）	2 周或以下（　）	3～5 周（　）	6 周或以上（　）
自由锻炼	是的（　）	2 周或以下（　）	3～5 周（　）	6 周或以上（　）
韵律操	是的（　）	2 周或以下（　）	3～5 周（　）	6 周或以上（　）
滚翻	是的（　）	2 周或以下（　）	3～5 周（　）	6 周或以上（　）
手球	是的（　）	2 周或以下（　）	3～5 周（　）	6 周或以上（　）
悬挂式滑翔	是的（　）	2 周或以下（　）	3～5 周（　）	6 周或以上（　）
徒步旅行/背包旅行	是的（　）	2 周或以下（　）	3～5 周（　）	6 周或以上（　）
跳格子	是的（　）	2 周或以下（　）	3～5 周（　）	6 周或以上（　）
骑马	是的（　）	2 周或以下（　）	3～5 周（　）	6 周或以上（　）
掷马蹄铁	是的（　）	2 周或以下（　）	3～5 周（　）	6 周或以上（　）
打猎	是的（　）	2 周或以下（　）	3～5 周（　）	6 周或以上（　）
冰球	是的（　）	2 周或以下（　）	3～5 周（　）	6 周或以上（　）
滑冰	是的（　）	2 周或以下（　）	3～5 周（　）	6 周或以上（　）
慢跑（远距离跑）	是的（　）	2 周或以下（　）	3～5 周（　）	6 周或以上（　）
跳跃或跳绳子	是的（　）	2 周或以下（　）	3～5 周（　）	6 周或以上（　）
空手道/柔道/武术	是的（　）	2 周或以下（　）	3～5 周（　）	6 周或以上（　）
少儿足球	是的（　）	2 周或以下（　）	3～5 周（　）	6 周或以上（　）
山丘之王/夺旗	是的（　）	2 周或以下（　）	3～5 周（　）	6 周或以上（　）
长曲棍球	是的（　）	2 周或以下（　）	3～5 周（　）	6 周或以上（　）
入场/军事演习/乐队	是的（　）	2 周或以下（　）	3～5 周（　）	6 周或以上（　）
水下游戏	是的（　）	2 周或以下（　）	3～5 周（　）	6 周或以上（　）
扳手球运动	是的（　）	2 周或以下（　）	3～5 周（　）	6 周或以上（　）
乒乓球（台球）	是的（　）	2 周或以下（　）	3～5 周（　）	6 周或以上（　）
沙球	是的（　）	2 周或以下（　）	3～5 周（　）	6 周或以上（　）
壁球	是的（　）	2 周或以下（　）	3～5 周（　）	6 周或以上（　）
突破人墙	是的（　）	2 周或以下（　）	3～5 周（　）	6 周或以上（　）
接力赛	是的（　）	2 周或以下（　）	3～5 周（　）	6 周或以上（　）
打靶/射击	是的（　）	2 周或以下（　）	3～5 周（　）	6 周或以上（　）
攀岩	是的（　）	2 周或以下（　）	3～5 周（　）	6 周或以上（　）

续表

活　动	您去年做过这种活动吗？	如果是，做了多少周？		
轮滑	是的（　）	2 周或以下（　）	3～5 周（　）	6 周或以上（　）
划船	是的（　）	2 周或以下（　）	3～5 周（　）	6 周或以上（　）
橄榄球	是的（　）	2 周或以下（　）	3～5 周（　）	6 周或以上（　）
跑步冲刺	是的（　）	2 周或以下（　）	3～5 周（　）	6 周或以上（　）
航行	是的（　）	2 周或以下（　）	3～5 周（　）	6 周或以上（　）
潜水	是的（　）	2 周或以下（　）	3～5 周（　）	6 周或以上（　）
滑板运动	是的（　）	2 周或以下（　）	3～5 周（　）	6 周或以上（　）
越野滑雪	是的（　）	2 周或以下（　）	3～5 周（　）	6 周或以上（　）
下坡滑雪	是的（　）	2 周或以下（　）	3～5 周（　）	6 周或以上（　）
乘雪橇	是的（　）	2 周或以下（　）	3～5 周（　）	6 周或以上（　）
英式足球	是的（　）	2 周或以下（　）	3～5 周（　）	6 周或以上（　）
锄地	是的（　）	2 周或以下（　）	3～5 周（　）	6 周或以上（　）
壁球	是的（　）	2 周或以下（　）	3～5 周（　）	6 周或以上（　）
棍球/空心球	是的（　）	2 周或以下（　）	3～5 周（　）	6 周或以上（　）
冲浪	是的（　）	2 周或以下（　）	3～5 周（　）	6 周或以上（　）
游泳	是的（　）	2 周或以下（　）	3～5 周（　）	6 周或以上（　）
贴标签	是的（　）	2 周或以下（　）	3～5 周（　）	6 周或以上（　）
网球	是的（　）	2 周或以下（　）	3～5 周（　）	6 周或以上（　）
绳球	是的（　）	2 周或以下（　）	3～5 周（　）	6 周或以上（　）
轨道/场地（不是跑步）	是的（　）	2 周或以下（　）	3～5 周（　）	6 周或以上（　）
拔河	是的（　）	2 周或以下（　）	3～5 周（　）	6 周或以上（　）
排球	是的（　）	2 周或以下（　）	3～5 周（　）	6 周或以上（　）
快速走	是的（　）	2 周或以下（　）	3～5 周（　）	6 周或以上（　）
水球	是的（　）	2 周或以下（　）	3～5 周（　）	6 周或以上（　）
划水运动	是的（　）	2 周或以下（　）	3～5 周（　）	6 周或以上（　）
举重训练	是的（　）	2 周或以下（　）	3～5 周（　）	6 周或以上（　）
摔跤	是的（　）	2 周或以下（　）	3～5 周（　）	6 周或以上（　）
瑜伽	是的（　）	2 周或以下（　）	3～5 周（　）	6 周或以上（　）
其他（详细说明）	是的（　）	2 周或以下（　）	3～5 周（　）	6 周或以上（　）

现在，我们想知道如果您进行运动、游戏或通过学校其他组织进行锻炼的情况。在过去的一年中，您有没有参加过任何由这些组织发起的运动或体育活

动？如果您参加了一个学校的活动，但它是由这些组织发起的，请选择“是的”。如果您没有入队，但只要您通过这些组织参加运动或体育活动，请选择“是的”。

表2－76　国家儿童和青少年参与俱乐部/组织情况调查表

不同组织	在“是”或“没有”对应的括号中画“√”	
基督教、犹太教、佛教或其他宗教团体	是（　）	没有（　）
基督教青年会	是（　）	没有（　）
童子军： 童子军（男孩） 童子军（女孩） 露营女团员 探险者	是（　）	没有（　）
农场俱乐部： 四健会俱乐部 农村青年会	是（　）	没有（　）
休闲娱乐部： 交流中心 公园运动 课外跑步小组 夏季操场运动	是（　）	没有（　）
当地运动队或联盟： 小团体 矮个子联盟 警察体育联盟 其他联盟	是（　）	没有（　）
私人组织： 健康俱乐部或温泉浴场 健身房 私人运动俱乐部 男孩/女孩俱乐部 私人露营	是（　）	没有（　）
您妈妈或您爸爸工作的地方	是（　）	没有（　）
其他：＿＿＿＿＿＿	是（　）	没有（　）

1. 下面我们想了解您在过去一年中参加的体育活动。翻阅下表并标出您

做过两次以上的项目，请忽略您只在体育课上做过的。这和您之前看到的表是一样的。标出您在学校做过的活动，只要这些活动不是在体育课上做的。标出所有在社团、家里、社区、除体育课外的其他任何地方。试着回想您在过去一年中做过两次以上的事情。

表 2－77　国家儿童和青少年体力活动参与情况调查表

1 射箭（　）	31 自由体操（　）	61 橄榄球（　）
2 羽毛球（　）	32 韵律操（　）	62 跑步冲刺（　）
3 棒球/垒球（　）	33 滚翻/技巧（　）	63 航行（　）
4 篮球（　）	34 手球（　）	64 戴呼吸器潜水/浅滩潜水（　）
5 骑自行车（　）	35 悬挂式滑翔（　）	65 滑板运动（　）
6 保龄球/短柱（　）	36 徒步旅行/背包旅行（　）	66 越野滑雪（　）
7 拳击（　）	37 跳房子（　）	67 下坡滑雪（　）
8 笼球/螃蟹足球（　）	38 骑马（　）	68 乘雪橇（　）
9 徒手操/保健操（　）	39 掷马蹄铁（　）	69 英式足球（　）
10 划船/皮划艇（　）	40 打猎（　）	70 锄地（　）
11 健美操/啦啦操（　）	41 冰球（　）	71 壁球（　）
12 爬绳/攀岩（　）	42 滑冰（　）	72 棍球/塑料空心球（　）
13 棒球/小型高尔夫（　）	43 慢跑（远距离跑）（　）	73 冲浪（　）
14 有氧舞蹈（　）	44 跳跃或跳绳子（　）	74 游泳（　）
15 芭蕾舞、爵士或现代舞（　）	45 空手道/柔道/武术（　）	75 棒球触杀（　）
16 舞厅表演、沙龙舞（　）	46 少儿足球（　）	76 网球（　）
17 迪斯科或流行舞（　）	47 山丘之王/夺旗（　）	77 绳球（　）
18 民间或广场舞（　）	48 长曲棍球（　）	78 田径（不是跑步）（　）
19 其他费力的舞蹈（　）	49 入场/军事演习/乐队（　）	79 拔河（　）
20 跳水（　）	50 水下游戏（　）	80 排球（　）
21 躲球游戏（　）	51 板手球（　）	81 快步走（　）
22 击剑（　）	52 乒乓球（台球）（　）	82 水球（　）
23 曲棍球/街头曲棍球（　）	53 沙球（　）	83 划水运动（　）
24 钓鱼（　）	54 壁球（　）	84 举重训练（　）
25 足球（戴装备）（　）	55 突破人墙（　）	85 摔跤（　）
26 足球（　）	56 接力赛（　）	86 瑜伽（　）
27 四方球赛（　）	57 打靶/射击（　）	87 其他（　）
28 飞盘（　）	58 攀岩（　）	
29 高尔夫（　）	59 轮滑（　）	
30 体操器械（　）	60 划船/船员（　）	

2. 现在，我们想了解您做过最多的10项活动的信息。在上表中找出做过最多活动对应的序号，进行对应选择。然后，当您选完10项活动的序号之后，选出您做这种活动最多的季节、在这个季节进行的天数、平均每天活动的时间及您活动的地点。

表2－78　国家儿童和青少年不同季节体力活动参与情况调查表（一）

序号		活动名称	
做得最多的季节	平均每周多少天	平均每天多少分钟	地点或场所
□夏天	□少于1天	□20分钟以下	□学校（除体育课）
□秋天	□1天　□2天　□3天	□20～39分钟	□社区组织
□冬天	□4天　□5天　□6天	□40～60分钟	□家或社区
□春天	□7天	□60分钟以上	□其他

表2－79　国家儿童和青少年不同季节体力活动参与情况调查表（二）

序号		活动名称	
做得最多的季节	平均每周多少天	平均每天多少分钟	地点或场所
□夏天	□少于1天	□20分钟以下	□学校（除体育课）
□秋天	□1天　□2天　□3天	□20～39分钟	□社区组织
□冬天	□4天　□5天　□6天	□40～60分钟	□家或社区
□春天	□7天	□60分钟以上	□其他

表2－80　国家儿童和青少年不同季节体力活动参与情况调查表（三）

序号		活动名称	
做得最多的季节	平均每周多少天	平均每天多少分钟	地点或场所
□夏天	□少于1天	□20分钟以下	□学校（除体育课）
□秋天	□1天　□2天　□3天	□20～39分钟	□社区组织
□冬天	□4天　□5天　□6天	□40～60分钟	□家或社区
□春天	□7天	□60分钟以上	□其他

表2－81　国家儿童和青少年不同季节体力活动参与情况调查表（四）

序号		活动名称	
做得最多的季节	平均每周多少天	平均每天多少分钟	地点或场所
□夏天	□少于1天	□20分钟以下	□学校（除体育课）
□秋天	□1天　□2天　□3天	□20～39分钟	□社区组织
□冬天	□4天　□5天　□6天	□40～60分钟	□家或社区
□春天	□7天	□60分钟以上	□其他

表 2－82　国家儿童和青少年不同季节体力活动参与情况调查表（五）

序号		活动名称	
做得最多的季节	平均每周多少天	平均每天多少分钟	地点或场所
□夏天	□少于 1 天	□20 分钟以下	□学校（除体育课）
□秋天	□1 天　□2 天　□3 天	□20 ~ 39 分钟	□社区组织
□冬天	□4 天　□5 天　□6 天	□40 ~ 60 分钟	□家或社区
□春天	□7 天	□60 分钟以上	□其他

表 2－83　国家儿童和青少年不同季节体力活动参与情况调查表（六）

序号		活动名称	
做得最多的季节	平均每周多少天	平均每天多少分钟	地点或场所
□夏天	□少于 1 天	□20 分钟以下	□学校（除体育课）
□秋天	□1 天　□2 天　□3 天	□20 ~ 39 分钟	□社区组织
□冬天	□4 天　□5 天　□6 天	□40 ~ 60 分钟	□家或社区
□春天	□7 天	□60 分钟以上	□其他

表 2－84　国家儿童和青少年不同季节体力活动参与情况调查表（七）

序号		活动名称	
做得最多的季节	平均每周多少天	平均每天多少分钟	地点或场所
□夏天	□少于 1 天	□20 分钟以下	□学校（除体育课）
□秋天	□1 天　□2 天　□3 天	□20 ~ 39 分钟	□社区组织
□冬天	□4 天　□5 天　□6 天	□40 ~ 60 分钟	□家或社区
□春天	□7 天	□60 分钟以上	□其他

表 2－85　国家儿童和青少年不同季节体力活动参与情况调查表（八）

序号		活动名称	
做得最多的季节	平均每周多少天	平均每天多少分钟	地点或场所
□夏天	□少于 1 天	□20 分钟以下	□学校（除体育课）
□秋天	□1 天　□2 天　□3 天	□20 ~ 39 分钟	□社区组织
□冬天	□4 天　□5 天　□6 天	□40 ~ 60 分钟	□家或社区
□春天	□7 天	□60 分钟以上	□其他

表 2－86　国家儿童和青少年不同季节体力活动参与情况调查表（九）

序号		活动名称	
做得最多的季节	平均每周多少天	平均每天多少分钟	地点或场所
□夏天 □秋天 □冬天 □春天	□少于 1 天 □1 天　□2 天　□3 天 □4 天　□5 天　□6 天 □7 天	□20 分钟以下 □20～39 分钟 □40～60 分钟 □60 分钟以上	□学校（除体育课） □社区组织 □家或社区 □其他

表 2－87　国家儿童和青少年不同季节体力活动参与情况调查表（十）

序号		活动名称	
做得最多的季节	平均每周多少天	平均每天多少分钟	地点或场所
□夏天 □秋天 □冬天 □春天	□少于 1 天 □1 天　□2 天　□3 天 □4 天　□5 天　□6 天 □7 天	□20 分钟以下 □20～39 分钟 □40～60 分钟 □60 分钟以上	□学校（除体育课） □社区组织 □家或社区 □其他

3. 在每个季节，您参加的体育活动使您出汗及呼吸困难在 20 分钟或以上的有多少？

表 2－88　国家儿童和青少年不同季节体力活动参与情况调查表（十一）

春天	□7 天/周 □3 天/周	□6 天/周 □2 天/周	□5 天/周 □1 天/周	□4 天/周 □少于 1 天/周
夏天	□7 天/周 □3 天/周	□6 天/周 □2 天/周	□5 天/周 □1 天/周	□4 天/周 □少于 1 天/周
秋天	□7 天/周 □3 天/周	□6 天/周 □2 天/周	□5 天/周 □1 天/周	□4 天/周 □少于 1 天/周
冬天	□7 天/周 □3 天/周	□6 天/周 □2 天/周	□5 天/周 □1 天/周	□4 天/周 □少于 1 天/周

表 2－89 国家儿童和青少年个人得分表

个人得分卡

学号：　　　　　　　　学生姓名：

第一学期		第二、三学期	
皮脂厚度		坐位体前屈（近似到 0.1 厘米）	
肱三头肌附近（厘米）	（ ）	不做	（ ）
不做	（ ）1	缺席	（ ）1
缺席	（ ）2	停止	（ ）2
在场但生病/受伤	（ ）3	在场但生病/受伤	（ ）3
肩胛下肌附近（厘米）	（ ）	引体向上（次数）	（ ）4
不做	（ ）1	不做	（ ）
缺席	（ ）2	缺席	（ ）1
在场但生病/受伤	（ ）3	停止	（ ）2
身高（近似到 0.1 厘米）	（ ）	在场但生病/受伤	（ ）3
不做	（ ）1	仰卧起坐（次数/60 秒）	（ ）4
缺席	（ ）2	不做	（ ）
在场但生病/受伤	（ ）3	缺席	（ ）1
体重（近似到 0.1 千克）	（ ）	停止	（ ）2
不做	（ ）1	在场但生病/受伤	（ ）3
缺席	（ ）2		（ ）4
超过刻度值	（ ）3	第四学期	
在场但生病/受伤	（ ）4	跑或步行英里（1 英里≈1.6 千米）	
腰围（近似到 0.1 厘米）	（ ）	分钟和秒	（ ）
不做	（ ）1	不做	（ ）1
缺席	（ ）2	缺席	（ ）2
在场但生病/受伤	（ ）3	停止	（ ）3
		在场但生病/受伤	（ ）4

剔除参加测试的原因 □严重的肌肉不协调或骨骼问题 □受慢性心脏病或呼吸疾病影响 □怀孕 □其他（准确说明）	评述 每个同学都要解释说明自己没有参加测试或某一项测试的原因。

1. 与其他同龄/同性别的孩子相比，您的孩子：________

□体力活动比他们多很多　□体力活动比他们稍多

□体力活动比他们稍少一点　□体力活动比他们少很多

□一样多

2. 在上学时，您的孩子通常每天看几小时电视？

□1 小时或以下　□2 小时　□3 小时　□4 小时

□5 小时　□6 小时或以上　□不看

3. 在周末，您的孩子通常看几小时电视？

□1 小时或以下　□2 小时　□3 小时　□4 小时

□5 小时　□6 小时或以上　□不看

4. 去年，您的孩子是否参加过下面的组织，并进行至少三次锻炼或体育活动？选择所有适合的回答。

□公园或娱乐中心　□教堂或其他礼拜的地方

□运动队或联盟　□基督教男、女青年会，或其他相同组织

□健身房、私人会所　□童子军　□农场

国家儿童和青少年健康调查研究包括青年调查（NCYFS I）、父母调查（NCYFS Ⅱ），老师调查（NCYFS Ⅱ）和健康调查（NCYFS Ⅰ和Ⅱ）。

（一）有关青少年调查的数据（NCYFS I）

① 86 种运动项目以及休闲活动的频率；

② 体育课的频率和持续时间；

③ 个人最常见的 10 种体力活动的持续时间、主要季节、地点等；

④ 参与社区组织（如童子军、农场俱乐部、娱乐部门活动、运动队、私人健康/体育俱乐部）的频率。

（二）有关健康调查的数据

① 人体测量学数据（皮褶厚度、身高、体重、腰围）；

② 健身测试：坐位体前屈，引体向上（NCYFS Ⅰ），修改后的引体向上（NCYFS Ⅱ）、仰卧起坐（屈膝，两臂胸前交叉），1 英里走/跑测试，半英里步行/运行测试（低年级）（1 英里≈1.6 千米）。

（三）有关教师调查的数据

① 体育招生情况；

② 学生体力活动水平定级；

③ 体育课的频率、持续时间、地点和其他特征；

④ 体育课中最受欢迎的运动项目。

（四）有关家长调查的数据

① 父母对孩子体力活动水平的评级；

② 孩子在社区组织（如教堂、公园、娱乐部门、基督教青年会、健康俱乐部、童子军组织等）参与的体力活动；

③ 看电视的小时数；

④ 父母陪同孩子进行体力活动的频率。

全国健康访谈调查[1]

表 2－90　全国健康访谈调查信度效度检验

<table>
<tr><th>参　考</th><th>研究方法</th><th>研究对象</th><th colspan="2">结　果</th></tr>
<tr><td rowspan="4">韦斯等人</td><td rowspan="4">探究来源于国家卫生情报局问卷上的精力支出预算和1985 年国家卫生情报局出版的副刊上个人问卷之间的关系（相关系数）</td><td rowspan="4">18 岁以上的男、女生</td><td>与同龄人相比
——水平三
（$n = 32.822$）</td><td>0.28*</td></tr>
<tr><td>与同龄人相比
——水平五
（$n = 32.415$）</td><td>0.29*</td></tr>
<tr><td>与工作相关的活动
（$n = 20.789$）</td><td>－0.02*</td></tr>
<tr><td>主要的日常活动
（$n = 11.653$）</td><td>0.22*</td></tr>
</table>

注：* $P < 0.05$.

[1] National Center for Health Statistics. National Health Interview Survey [J]. Med. Sci. Sports Exerc, 1997, 29 (6): 190－195.

表 2－91　全国健康访谈调查问卷体力活动调查表（一）

条目 1　标记来自于观察报告和先前的信息	1□身体有残缺的 2□其他
1a. 在过去的两周，您做过任何练习、运动或是其他方面的体力活动爱好吗？	1□是的 2□不是 9□不知道
1b. 都有哪些练习或运动？	
1c. 其他情况	□是的 □不是

表 2－92　全国健康访谈调查问卷体力活动调查表（二）

注解：在进入 2b－d 之前询问完所有 2a 上的问题	注解：询问在 2b－d 的每一项活动（在 2a 里标记“是的”的人）		
掌上日程表 2a. 在过去的两周，您做过任何练习、运动或是其他方面的体力活动爱好吗？	2b. 在过去两周进行了几次活动？	2c. 每次活动平均持续多长时间？	2d. 活动时，您的心率和呼吸是怎样的？您的呼吸频率有一个小的、适度的还是大幅度的增加或没有增加？
（1）跑步作为练习 □是的　□不是　　1	（1）____时间 2～3	____分钟 4～5	1□小的；2□适度的； 3□大的；0□没有增长； 9□不知道　　6
（2）园艺工作 □是的　□不是　　7	（2）____时间 8～9	____分钟 10～12	1□小的；2□适度的； 3□大的；0□没有增长； 9□不知道　　13
（3）拉伸练习 □是的　□不是　　14	（3）____时间 15～16	____分钟 （下一活动） 17～19	
（4）举重或其他方面的练习目的是为了增加肌肉的力量 □是的　□不是　　20	（4）____时间 21～22	____分钟 23～25	1□小的；2□适度的； 3□大的；0□没有增长； 9□不知道　　26

续表

注解：在进入 2b－d 之前询问完所有 2a 上的问题	注解：询问在 2b－d 的每一项活动（在 2a 里标记“是的”的人）		
（5）快走或跑步 □是的 □不是 27	（5）____时间 28～29	____分钟 30～33	1□小的；2□适度的； 3□大的；0□没有增长； 9□不知道 34
（6）有氧运动或有氧舞蹈 □是的 □不是 35	（6）____时间 36～37	____分钟 38～40	1□小的；2□适度的； 3□大的；0□没有增长； 9□不知道 41
（7）骑自行车或练习脚踏车 □是的 □不是 42	（7）____时间 43～44	____分钟 45～47	1□小的；2□适度的； 3□大的；0□没有增长； 9□不知道 48
（8）以爬楼梯作为练习 □是的 □不是 49	（8）____时间 50～51	____分钟 52～54	1□小的；2□适度的； 3□大的；0□没有增长； 9□不知道 55
（9）以游泳作为练习 □是的 □不是 56	（9）____时间 57～58	____分钟 59～61	1□小的；2□适度的； 3□大的；0□没有增长； 9□不知道 62
（10）打乒乓球 □是的 □不是 63	（10）____时间 64～65	____分钟 66～68	1□小的；2□适度的； 3□大的；0□没有增长； 9□不知道 69
（11）打高尔夫 □是的 □不是 70	（11）____时间（下一活动） 71～72		
（12）打保龄球 □是的 □不是 73	（12）____时间（下一活动） 74～75		
（13）打棒球或垒球 □是的 □不是 76	（13）____时间 77～78	____分钟 79～81	1□小的；2□适度的； 3□大的；0□没有增长； 9□不知道 82
（14）打手球、手球式墙球、壁球 □是的 □不是 83	（14）____时间 84～85	____分钟 86～88	1□小的；2□适度的； 3□大的；0□没有增长； 9□不知道 89

续表

注解：在进入2b－d之前询问完所有2a上的问题	注解：询问在2b－d的每一项活动（在2a里标记“是的”的人）		
（15）滑雪运动 □是的（从下面的a，b，c中选择） □不是（继续第16题）	（15）		
a下坡 □是的　　□不是　　90	（a）____时间（下一活动） 91～92		
b越野赛 □是的　　□不是　　93	（b）____时间 94～95	____分钟 96～98	1□小的；2□适度的； 3□大的；0□没有增长； 9□不知道　　99
d水上 □是的　　□不是　　100	（c）____时间（下一活动） 101～102		
（16）打篮球 □是的　　□不是　　103	（16）____时间 104～105	____分钟 106～108	1□小的；2□适度的； 3□大的；0□没有增长； 9□不知道　　109
（17）打排球 □是的　　□不是　　110	（17）____时间 111～112	____分钟 113～115	1□小的；2□适度的； 3□大的；0□没有增长； 9□不知道　　116
（18）玩英式足球 □是的　　□不是　　117	（18）____时间 118～119	____分钟 120～122	1□小的；2□适度的； 3□大的；0□没有增长； 9□不知道　　123
（19）玩足球 □是的　　□不是　　124	（19）____时间 125～126	____分钟 127～129	1□小的；2□适度的； 3□大的；0□没有增长； 9□不知道　　130
（20）您在过去的两周做过任何练习、运动或是其他的体力活动吗？ □不是　　131 □是的。（如果上述列举中有，请挑选。如果没有，请具体到下面的横线上） a. ____________　　132	（20a）____时间 133～134	____分钟 135～137	1□小的；2□适度的； 3□大的；0□没有增长； 9□不知道　　138
（b）____________　　139	（20b）____时间 140～141	____分钟 142～144	1□小的；2□适度的； 3□大的；0□没有增长； 9□不知道　　145

预计：

频率（每周多少次）×持续时间（每次多长时间）×代谢当量＝千卡/千克/每周，然后除以7（一周的天数）得出千卡/千克/每天。

活动模式的定义：

这一使用的活动模式来自于书伯恩。

久坐不动：0.1～1.4（千卡/千克/每天）

适量的活动：1.5～2.9（千卡/千克/每天）

非常活跃：3.0以上（千卡/千克/每天）

这一使用的活动模式来自卡斯佩森和鲍威尔。

久坐不动：没有空闲时间的体力活动。

无规则的活动：活动表现每周少于3次，每次少于20分钟。

有规律的活动，强度不大：每周至少3次，每次少于20分钟并且每一次小于最大心血管呼吸能力的60%或者包括有大量肌肉群参加的动态活动。

有规律的活动，大强度：每周至少3次，每次至少20分钟，并且每一次至少为最大心血管呼吸能力的60%或者包括有大量肌肉群参加的动态活动。

基于年龄和性别估算最大能力的方程：

建立强烈的超过最大心血管呼吸能力60%的反射，最大的能力应该乘上0.6，并且一个活动的最大能力价值都会与结果相比较。

男生：最大能力（代谢当量）＝（60－0.55×年龄）÷3.5

女生：最大能力（代谢当量）＝（48－0.37×年龄）÷3.5

举例：

以下是一位30岁女士的数据：

①每周两次园艺，每次两小时；

②健身俱乐部练习每周3次，每次一小时。

那么，园艺精力花费就是：5.0代谢当量×2小时×2次/周＝20.0千卡/千克/每周

健康俱乐部精力花费＝4.5代谢当量×1小时×3次/周＝13.5千卡/千克/每周

总计：20.0＋13.5＝33.5千卡/千克/每周

33.5 ÷7 =4.8 千卡/千克/每天

据卡斯佩森的方法来计算：

最大运动能力 = ［48 −0.37 ×30］ ÷3.5 =10.5 代谢当量

最大运动能力的60% =10.5 ×60% =6.3 代谢当量

这一数值超过了最大心血管练习能力的60%（6.3 代谢当量），那么这名女士将会据此被归为有规律的运动但并不是很剧烈的一类。

全国健康和营养调查Ⅰ，Ⅱ，Ⅲ❶

一、全国健康和营养调查Ⅰ

您在娱乐中（体育活动、徒步旅行或任何类似的）是否得到了很多锻炼，还是几乎没有或在两者之间？

□很多锻炼

□中等程度的锻炼

□很少或没有锻炼

在您平常的一天中，除了娱乐活动外，您参加非常活跃、中等活跃或相当不活跃的体育活动吗？

□非常活跃

□中等活跃

□相当不活跃

二、全国健康与营养研究调查Ⅱ

在您为娱乐做的事情中（如体育活动、徒步旅行、舞蹈等），您得到了很多锻炼、中等程度锻炼，还是一点甚至没有锻炼？

□很多锻炼

□中等程度的锻炼

□一点或没有锻炼

通常在您的一天中，除了娱乐活动外，您参加非常活跃、中等活跃或相当

❶ MCDOWELL, K MAUER. National Health and Nutrition Examination Survey Ⅰ, Ⅱ, and Ⅲ［J］. Med. Sci. Sports Exerc, 1997, 29 (6): 196 −200.

不活跃的体育活动吗？

□非常活跃

□中等活跃

□相当不活跃

三、全国健康与营养研究调查Ⅲ

表 2－93　全国健康与营养研究调查Ⅲ 体力活动调查表

锻炼（年龄 17 岁以上）	
T1. 在上个月中，您多久步行 1600 米或以上，中间没有停顿？	________次　0 □ 1 □天 2 □周 3 □月
下面的问题是关于您上个月休闲时间的体力活动。我们对您进行的一些锻炼项目、运动或体力活动非常感兴趣。 在上个月，您是否进行以下活动？	在上个月，您通常________
T2. 慢跑或跑步？ 1　□是的（T3） 2　□不是（T4）	T3. ________次　1 □天 2 □周 3 □月
T4. 骑自行车或骑自行车锻炼？ 1　□是的（T5） 2　□不是（T4）	T5. ________次　1 □天 2 □周 3 □月
T6. 游泳？ 1　□是的（T7） 2　□不是（T8）	T7. ________次　1 □天 2 □周 3 □月
T8. 做有氧练习或有氧舞蹈？ 1　□是的（T9） 2　□不是（T10）	T9. ________次　1 □天 2 □周 3 □月

续表

锻炼（年龄 17 岁以上）	
T10. 其他类型舞蹈？ 1 □是的（T11） 2 □不是（T12）	T11. ________次 1 □天 2 □周 3 □月
T12. 其他类型舞蹈？ 1 □是的（T13） 2 □不是（T14）	T13 ________次 1 □天 2 □周 3 □月
T14. 园艺或庭院劳动？ 1 □是的（T15） 2 □不是（T16）	T15. ________次 1 □天 2 □周 3 □月
T16. 举重？ 1 □是的（T17） 2 □不是（T18）	T17. ________次 1 □天 2 □周 3 □月
T18. 在上个月，您有没有做上面没有提到的其他练习、体育运动或体力活动？ 1 □是的（T11） 2 □不是（T12）	在上个月，您经常做__________
T19. 调查：什么活动？ 1 （T20） （列举）	T20. ________次 1 □天 2 □周 3 □月
T21. 调查：其他的活动？ 1 （T22） （列举）	T22. ________次 1 □天 2 □周 3 □月

续表

锻炼（年龄 17 岁以上）	
T23. 调查：其他的活动？ 1 （T24） （列举）	T24. 1 □天 ________次 2 □周 3 □月
T25. 调查：其他的活动？ 1 （T26） （列举）	T26. 1 □天 ________次 2 □周 3 □月
T27. 您上个月做的活动总数与最近一年进行的体力活动相比怎样？在上个月，您的积极活动更多、较少还是一样多？	1 □更积极 2 □较少 3 □一样 4 □不知道
T28. 相比您的同龄人，您的积极性更高、较低还是一样多？	1 □更积极 2 □较少 3 □一样多 4 □不知道
T29. 参照年龄，验证项目。	1 30 岁以下（V1） 2 30 岁以上
T30. 与您 10 年前相比，您现在是否更积极、较少还是一样多？	1 □更积极 2 □较少 3 □一样多 4 □不知道

青年人行为危险因素调查研究[1]

一、青年人行为危险因素调查研究问卷信度和效度研究

表 2－94　青年人行为危险因素调查研究问卷信效度检验

文　献	研究方法	研究对象	结　果			
			场合	卡帕值（%）	患病时间 1（%）	患病时间 2（%）
柏瑞娜等人	第一次测试与第 14 天后的再次测试体力活动问题之间的关系（卡巴统计法和现患率）	根据 5 个选定条件选定 1679 名 7～12 年级青少年，其中包括：53.9% 女性；16.9% 黑人；43.6% 西班牙人；35.5% 白人	在体育课上进行的	91.1*	40.9	38.7
			每节体育课锻炼时间在 20 分钟以上的	74.9+	42.1	39.4
			在学校运动社团的	69.3+	37.1	36.1
			在其他运动社团的	64.2+	32.7	31.9

注：*被认为“很”可靠；+被认为具有“非常的”可靠性；没有说明性别差异。然而，7 年级的看起来好像比 8 年级至 12 年级的可靠性低。

这项研究是关于健康行为的，它开发出来是为了调查：您做的哪些事情可能对您的健康产生了影响。您提供的信息将被用于更好地发展像您一样的年轻人的健康教育。

不要把您的姓名写到这个问卷上。您的回答会被保密，没有人会知道您写的是什么。这些问题的填写内容基于您确实做了什么。

问卷填写是自愿的。回答问题与否不会影响您上课的成绩。

问卷只包含能够描述学生经历的问题。单凭这些信息不能找出您的姓名，您不需要填名字。

请确保回答每个问题，并完整地填到框内。当您完成后，在后面写上您对问卷的个人观点。

公共报告对信息采集做了评估，大约每个问卷需要 45 分钟，包括解说和答题过程。

---

[1] HEATH G W，R R PATE，M PRATT. Youth risk behavior survey［J］. Med. Sci. Sports Exerc，1997，29（6）：201－205.

表 2－95　青年人行为危险因素调查研究体力活动调查表

体重及日常食物情况	体育活动情况
1. 下面哪项是您对您的体重需要努力做的？ ① 减体重 ② 增重 ③ 保持现有体重 ④ 我不会对我的体重做任何努力 2. 在过去的 30 天中，您是否通过饮食减体重或增加体重？ ① 是的 ② 没有 3. 在过去的 30 天中，您是否通过锻炼减体重或增加体重？ ① 是的　② 没有 4. 在过去的 30 天中，您是否通过催吐剂或服用泻药减体重或增加体重？ ① 是的　② 没有 5. 在过去的 30 天中，您是否通过吃减肥药减体重或增加体重？ ① 是的　② 没有 下面的 7 个问题是关于您昨天吃的食物的。想一下您昨天一直到睡觉前吃的所有饭菜和零食，包括您在家、在学校、在餐厅或在任何地方吃的食物。 6. 昨天，您吃了多少次水果？ ① 0 次 ② 1 次 ③ 2 次 ④ 3 次或 3 次以上 7. 昨天，您喝了多少次果汁？ ① 0 次 ② 1 次 ③ 2 次 ④ 3 次或 3 次以上	下面 8 个问题是关于您参加的体育活动的 13. 在过去的 7 天中，您有多少天参加至少 20 分钟以上使您出汗或呼吸困难的练习或运动？（如篮球、慢跑、游泳、网球、快骑自行车或相似的有氧运动） ① 0 天　⑤ 4 天 ② 1 天　⑥ 5 天 ③ 2 天　⑦ 6 天 ④ 3 天　⑧ 7 天 14. 在过去的 7 天中，您进行了多少天伸展锻炼？如：接触脚趾、屈膝或压腿。 ① 0 天　⑤ 4 天 ② 1 天　⑥ 5 天 ③ 2 天　⑦ 6 天 ④ 3 天　⑧ 7 天 15. 在过去的 7 天中，您进行了多少天力量和肌肉练习？（如：俯卧撑、蹲起或举重） ① 0 天　⑤ 4 天 ② 1 天　⑥ 5 天 ③ 2 天　⑦ 6 天 ④ 3 天　⑧ 7 天 16. 在过去的 7 天中，您进行了多少天步行或骑自行车 30 分钟以上？（包括来回学校过程中的步行或骑自行车） ① 0 天　⑤ 4 天 ② 1 天　⑥ 5 天 ③ 2 天　⑦ 6 天 ④ 3 天　⑧ 7 天 17. 当您在学校时，平均每周有多少天上体育课？ ① 0 天　④ 3 天 ② 1 天　⑤ 4 天 ③ 2 天

续表

体重及日常食物情况	体育活动情况
8. 昨天，您吃了多少次蔬菜沙拉？ ①0次　②1次　③2次 ④3次或3次以上 9. 昨天，您吃了多少次炒菜？ ①0次　②1次　③2次 ④3次或3次以上 10. 昨天，您吃了多少次汉堡、热狗或烤香肠？ ①0次 ②1次 ③2次 ④3次或3次以上 11. 昨天，您吃了多少次炸薯条或马铃薯片？ ①0次 ②1次 ③2次 ④3次或3次以上 12. 昨天，您吃了多少次饼干、面包圈、馅饼或蛋糕？ ①0次　③2次 ②1次　④3次或3次以上	18. 当您在学校时，平均每节体育课有多少分钟进行锻炼或运动？ ①我不上体育课　③21～30分钟 ②少于10分钟　④30分钟以上 19. 在过去的一年中，您参加了学校组织的几个运动社团？ ①0个队　③2个队 ②1个队　④3个或以上 20. 在过去的一年中，您参加了校外组织的几个运动社团？ ①0个队　③2个队 ②1个队　④3个或以上 21. 您母亲的文化程度？ ①没有上过高中　④大学毕业 ②高中毕业　⑤不确定 ③高中毕业后接受了一些教育 22. 您父亲的文化程度？ ①没有上过高中　④大学毕业 ②高中毕业　⑤不确定 ③高中毕业后接受了一些教育

这些体力活动量表可对体力活动量及活动不足的原因进行较准确的分析，每套版本设置的题目内容及数量均不同。其中，长版多用于科学研究，短版多用于行为监测。我国学者将其引进并进行修订，现称为中文版国际体力活动量表，而后对其信度及效度进行了测试研究，发现其具有较高的稳定性及可靠性。

全球体力活动量表（Global Physical Activity Questionnaire，GPAQ）是国际体力活动测量工作组专为发展中国家制定的国际标准体力活动问卷，主要用于体力活动监测。采用个案自行填写的方式，对人们在日常生活中、工作（含家务）、交通、休闲及坐着的时间所做的体力活动进行了解。其首先询问受试者是否做了某种强度的体力活动，如果做了这种强度的活动，才会询问时间及频率，其题目内容共分19项。

调整的青少年活动问卷（Modified Activity Questionnaire for Adolescents，MAQA）是应用较广的问卷，其信度和效度经过了多个国家的验证。

国外的体力活动量表还有体力活动阶段量表（Stage of Physical Activity Behavior）、七日体力活动回顾量表等。国内具有代表性的体力活动量表有上海大学生体力活动度量表等。

近年来，随着计算机相关技术的不断发展，促进了电子调查问卷的出现及发展。问卷调查所调查的内容比较广泛，涉及工作、家务劳动、身体锻炼、交通等各方面。根据各个问卷不同的设计情况，利用所获得调查结果并参照体力活动能量消耗量表便可计算出体力活动的能量消耗值，同时可以粗略地得出每天活动强度（轻微、中度、剧烈）的比例。电子调查问卷的出现弥补了传统调查问卷的一些不足，如调查人员很快便可以整理出很多问卷、缩短调查时间、减少调查问卷所花的费用、调查对象可能会更加真实地填写一些问题等。近几年，问卷调查法不断被用于调查和评价青少年体力活动水平。

问卷调查法可以不受其他条件的制约，广泛地搜集各种体力活动的数据，还可以不受时间条件的限制，评价不同时期的体力活动。因此，作为一种容易开展、管理方便、成本较低的研究方法，问卷调查法被认为是唯一适用于大规模流行病学调查的体力活动研究方法。问卷调查法非常适合于对体力活动的类型、频率和活动背景进行清晰的了解，尤其是对那些容易回忆的、结构化的活动进行测量时，问卷调查法具有最高的效率。不少问卷均可以客观反映受试者的体力活动状况。基于调查问卷费用较低、操作简便的特点，问卷调查法成为大规模人群调查应用率最高的方法。但由于需要调查对象通过对自己参与的活动进行回忆，然后完成问卷，并且还需调查对象将自己活动的方式进行总结，这就给问卷调查法的可信度造成了一些干扰。在一般情况下，调查对象回忆的时间从1周至1年（甚至更长）不等。以往调查的经验显示，被试者对于回忆有规律的、有组织的、强度较大的体力活动可以做到比较精确，而对于体力活动的细节和中等强度的体力活动进行回忆则较为困难，并且用问卷调查的结果来区分体力活动的强度是很粗糙的，可能会出现较大的误差。例如，步行这种最普遍的中等体力活动，当人们回忆起步行速度或者强度时，在理解方面还是存在很大困难。

少部分体力活动量表是根据老年人及儿童设计的，而大部分量表是根据成年人设计的。为了避免出现较大的误差，应该有针对性地选择体力活动量表。

对于认知程度及回忆准确性较差的人群，尤其是10岁以下的儿童，问卷调查法不是首选。目前已有研究在使用问卷调查法对儿童进行调查研究时，应用了代理报告的方式，但代理者在性格方面与受试者的差异及其认知程度都可能会使研究结果产生较大的偏差。

对于问卷调查法的可信度，通常利用直接验证法和间接验证法两种方法来验证。直接验证法主要是利用客观的测量体力活动的方法作为验证标准，包括直接观察法、双标水法等。而间接验证法是指用与体力活动有关的指标作为验证标准，包括大强度有氧运动能力、柔韧度测试等。

这些身体活动量表可跨国对身体活动量及活动不足的原因进行较准确的分析，每套版本设置的题目内容及数量均不同。其中，长版多用于科学研究，短版多用于行为监测。我国学者将其引进并做了修订，现称为中文版国际身体活动量表，而后对其信度及效度做了测试研究，发现其具有较高的稳定性及可靠性。

二、体力活动日记

体力活动日记通常是用来连续记录1~3天内每15分钟或30分钟的体力活动情况。通过这种形式，我们可以了解受试者以下情况：①总的能量消耗，即某项活动持续时间与该活动单位时间能量消耗的乘积；②各类活动时间，即按照体力活动分级计算各项活动的累积时间。

北京体育大学刘强等开发的体力活动日记应用于平均年龄53岁的105名成年人。根据受试者佩戴加速度计和记录7天体力活动日记的结果发现，对于45~59岁成年人而言，填写任意3天、每天时间9小时以上的体力活动日记，可以有效评价成年人的日常生活体力活动。

在间接体力活动测试方法中，体力活动日记能较精确地估计体力活动的能量消耗，因此被认为是最准确的主观测量法。但是，由于该方法测试时间较长，通常在7天以上（包括休息日），受试者难以坚持，影响了其推广使用，尤其不适合在10岁以下儿童中应用。

体力活动日记等主观测量方法与客观测量相比，其准确性较低，但由于其成本相对低廉，便于管理，调查对象易于接受，目前仍是国内外成年人大型流行病调查中最常用的方法。

三、直接观察法

直接观察法是由经过特殊培训的调查人员通过表格或计算机设备来记录调查对象的体力活动情况的方法。具体来说，此测试方法是由调查者直接（现场观察）或间接（观看录像带）观察受试者在某一特定时间段或一系列时间的活动并记录，然后参照特定的评分系统进行评分，进而对他们的体力活动水平进行评价。因为直接观察法是通过调查者的直接观察而得到的数据，所以这些数据较为客观准确，不仅如此，被试者的活动类型、运动强度、运动时间、周围的环境等要素都可以明显地显现出来。根据记录下的信息，调查者再对照着已有的活动能量消耗表，将数据代入固定公式进行计算，即可算出被试者在这个时间段内的能量消耗情况。这种方法适用于没有认知或不能准确回忆细节能力的学龄前儿童，可有效和可靠地测量幼儿体力活动。

利用直接观察法进行调查时，可以将受试者活动的背景（包括活动地点、运动设施、天气状况等要素）直接记录下来，活动背景对于活动数据的测量有较大影响，这是行为观察法最独特的优势。但是，以这种方法测量时，受试者会事先得知在运动过程中会有人观察自己的行为，产生的心理暗示有可能会导致受试者紧张或者兴奋，从而使其自身的行为习惯有所改变。除此之外，直接观察法对于调查者有着较高的要求，调查者只有通过接受长期的训练才可以较为准确地记录被试者的活动信息，同时才会保证测量和计算出的结果精确度较高，但这些都是建立在观察者仔细观察的基础之上的。在实际观察过程中，可能由于观察的时间过长，调查者会出现注意力和精力下降等情况，所以这种方法比较适用于较短时间的小样本研究。相对于其他测量方法，此测试方法花费的时间较多，且研究经费也较高。因为研究的活动必须是可以观察和记录的，观察者就必须出现在活动发生的场所，所以观察的时间和地点会受到限制。一般情况下，观察的地点会选择在学校的操场或者体育场馆。与此同时，由于观察者对于受试者的观察是一种直接性的测量，所以不需要再进行推理和解释。直接观察法也经常被用于验证其他测量方法的有效性，如体力活动问卷、运动感应器等方法。

四、直接测热法

直接测热法是通过测量机体在一定时间内所处介质的温度变化来计算机体

在这段时间内所产生的热量，即得出体力活动量。这种方法精确度高、适用于各年龄段人群，但对设备、技术要求及费用均较高，因此这种方法的应用与推广受到很大限制，不适用于大规模研究，目前在实验研究中较少采用。

五、间接测热法

16 世纪末，有学者发现机体在消耗一定量的蛋白质、脂肪和碳水化合物，产生一定热量的同时，会相应消耗一定量的氧气，而产生一定量的二氧化碳，从此便开创了间接测热法的先河。间接测热法是根据耗氧量与热量产生二者之间的恒量关系，通过测定氧消耗量来推算释放能量数量的方法。间接测热法理论上适用于所用年龄段的人群，但是，由于受试者在测试时需要佩戴呼吸面罩，所以在实际操作过程中如果测试对象是儿童，尤其是婴幼儿时，此测试方法就难以实施。

间接测热法分为循环式测热法和开放式测热法两种形式，其中循环式间接测热法是一个闭合的气体流通循环装置，通过此装置受试者进行一定时间的呼吸后，便可直接测出其耗氧量，根据耗氧量计算出体力活动能量消耗，其优点是可直接得出消耗的氧气量而不需要再进行气体分析。此设备是固定装置，所以在进行测定时，人体不能自由活动，因此该方法多为医院应用于基础代谢率的测定。开放式间接测热法，只对呼出气进行收集，对所收集气体中的氧气与二氧化碳的百分比与空气中二者的百分比进行比较研究，结合一定时间内呼出的气体量，便可以计算出这段时间内机体的耗氧量和二氧化碳排出量。开放式间接测热法的经典方法是 Douglas – Haldane 法：此方法是将一定运动时间内的呼出气体收集在 Douglas – bag 中，用 Haldane 气体分析器分析呼出气体样品中的氧气和二氧化碳的含量，求出呼吸商，根据不同的呼吸商的氧热价计算单位时间内运动的能量消耗。但利用 Douglas – Haldane 法在测量时是无法直接观察到数据的，而且测量结束后，需要把一个个气袋送到实验室先测量，然后再进行计算，后续工作繁多，对于气体采样间隔时间需要预先固定，实际应用起来非常不方便，所以此方法目前已很少使用。

间接测热法被认为是一种测量短时间能量消耗精度比较高的客观性测量方法，能够提供运动者的运动时间、呼吸频率、运动时心率、每分通气量、摄氧量、二氧化碳排出量、单位体表面积摄氧量、单位体表面积二氧化碳排量、呼吸商、氧脉搏以及各种指标动态变化曲线、每分钟的能量消耗、运动强度等指标的信息，被用于实验室内儿童的最大摄氧量的测定，其他体力活动测量方法的校标方基础代谢率的测定等。传统的气体分析装置都比较大，实验条件要求苛刻，准备复杂而且测量时会较大程度地影响受试者的运动，因而只适合在实验室条件下应用。而近年来出现了新型的便携式气体分析设备，如：CosmedK4b2、CosmedQuarkb2 等。由于这类装置具有实时、便携、准确等特性而拥有广泛的应用前景，装置可以精确地分析受试者的每次呼吸气体交换情况，体积小巧、重量轻、佩戴起来也很舒适，可以应用于健康人和病人现场环境的体力活动能量消耗的测量。由于受试者必须戴面罩，这种情况干扰了正常的活动，对于测量每天的活动，尤其是当测量对象为儿童时，测试过程会受到一定限制。间接测热法的仪器设备价格非常高，便携式气体分析装置的电池往往只能连续供电 1～5 小时，难以长时间不间断对体力活动进行测量。因此，间接测热法适合于对小样本及不同活动的能量代谢状况进行研究，而不适用于对人们一般性的日常体力活动进行测量。还有一些其他的间接测热法，如代谢仓法（见图 2－44）、MAXⅡ气体代谢分析法等。

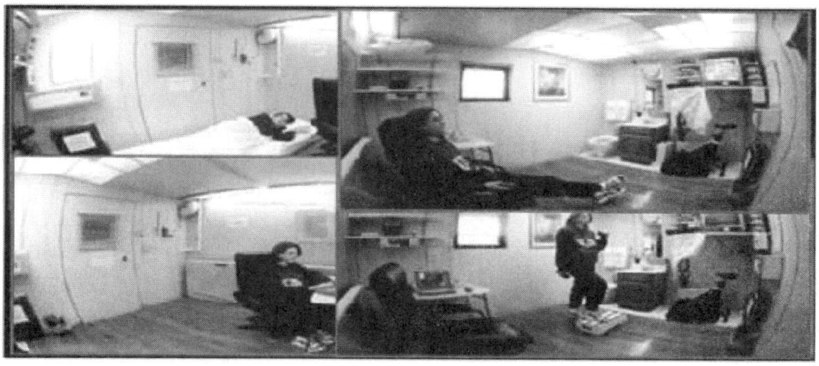

图 2－44 志愿者在代谢仓进行日常体力活动记录

六、气体代谢法

目前国内外多采用间接代谢法对体力活动能量消耗进行测定，其中最典型的方法是气体代谢法。它是利用在化学反应中，反应物的量和生成物的量之间所呈现的定比关系来对体力活动能量消耗进行计算的。在理论上，任何一种营养物质的呼吸商都可根据它完全氧化生成的二氧化碳和水的化学反应式计算出来（见表 2－96）。

表 2-96　三种主要能源物质及其呼吸商（RQ）值

身体状况	RQ 值	能源来源
正常状况	1	糖类
正常状况	0.71	脂肪
长期病理性饥饿	0.80	机体内的脂肪和蛋白质

气体代谢法按装置程序可分为循环式气体代谢法和开放式气体代谢法。前一种主要采用闭合式的气体流通循环装置。早期经典的开放式气体代谢法是多氏（Douglas）装置法：它是在机体呼吸空气的条件下测定耗氧量和二氧化碳产量的方法。由于该设备体积较大，不便于携带，并且不能使气体很快在袋内均匀混合，所以测量结果存在较大的误差。

随着科学技术的不断发展，出现了每口气法（Breath by Breath）进行气体分析，这种方法是气体代谢测试技术上又一次质的飞跃。目前所用的心肺功能测试仪均为每口气法，此方法对每口气采样进行分析，极大地丰富了测试样本，并提供大量详细的测试信息。

七、双标水法

双标水法是以稳定性核素氘（^{2}H）和 18 氧（^{18}O）为示踪物，分别标记水中的 H、水中的 O 和二氧化碳中的 O，并通过尿液中标记物的峰值变化来了解机体能量代谢情况的方法。

该方法由里弗森（Lifson）等于 20 世纪 50 年代创立。由于当时同位素价格太高，不适用在人体上大面积应用，故早期主要以小动物为实验对象。30 多年后，随着同位素成本的下降，尤其是同位素质谱仪使用的同位素用量大大减少，该方法逐渐应用于人体。最早将该方法应用于人体的是舍勒（Schoeller）和桑滕（Van Santen），当时主要用于测量人体活动时的能量消耗。

目前国内外采用双标水法对不同人群的能量消耗进行了研究，从年龄上而言，囊括了早产儿、儿童到青年人、中年人及老年人；从人体的特殊性而言，涉及孕妇、哺乳期妇女、艾滋病人及肥胖人群等。在采用双标水法进行能量消耗时，该方法显示了其他方法没有的优越性，尤其是应用于婴幼儿的能量消耗时。

双标水法被称为体力活动能量消耗测量的金标准，在于其拥有很高的测试精度及其适用的范围非常广等特点。

双标水法的主要测试步骤如下：

（1）给受试者服用一定剂量的氘（^{2}H）和18氧（^{18}O）。

（2）通过对受试者尿液中标记的$^{2}H^{18}O$的衰减率进行测量来估算二氧化碳的生成率。

（3）根据呼吸商（RQ）和经典的Weir公式，可以较准确地计算出单位时间内的平均能量消耗。

双标水法作为测量体力活动能量消耗最有效、最可靠的方法，具有以下优点。首先，双标水法的测试精确度（2%～8%）和准确度（1%～3%）均高于其他常规能量代谢测试方法，故该方法被称为能量代谢测定的金标准。利用双标水法所测得能量消耗量与直接或间接测热法所测得的相差较小。其次，测试不会让受试者感到痛苦，且取样方便，对受试者的日常生活没有干扰，能最大限度地测定人体在自由活动条件下的能量消耗，其测试结果更接近于真实情况。此外，双标水法无创无害，其使用的示踪物^{2}H和^{18}O是稳定的同位素，没有放射性。除了可以测定能量消耗外，双标水法还可以评价水的总量及身体成分。

当然，任何一种方法都有优势和不足。双标水法也不例外。其存在的不足主要有以下几点。首先是实验费用非常高。这些费用包括实验必需的双标水试剂、测试所需的同位素质谱仪和专业技术人员等，因此该方法不适合在大样本研究中使用。其次，双标水法可以测试1～3周内总的能量消耗情况，但是不能反映每天或每小时的能量消耗模式，也不能反映身体活动能量消耗、基础代谢率和每日能量消耗的比例。如果将双标水法和间接热量测试法相结合可能会更加理想。另外，由于该方法是基于一种假设和理想条件进行，实际操作时容易受到环境的影响而导致能量消耗测试结果偏低（机体处于稳定状态除外）。

第四节　新媒体在体力活动测评技术与方法中的应用

如前所述，当前除了传统的体力活动测量技术与方法外，还有一些是在传统体力活动测量技术与方法的基础上，借用新媒体技术形成的，如运动传感器法、智能地图和一些网站等。

一、运动传感器法

运动传感器是结合现代高新技术而制作的专门测试人体加速度的机械或电子装置，其原理是借用传感器提取人体在活动过程中各方向上产生的加速度，再通过回归方程式对其能量消耗进行推算。在日常体力活动及实验中，经常被用到的运动传感器有计步器、运动追踪器、加速度计（分为单轴、双轴、三轴加速度计）。

（一）计步器

计步器早在很久以前就出现了，最原始的计步器是由三个简单的齿轮所构成的。现在的计步器大都是利用弹簧装置及水平仪而制成，人体在运动时，髋部会在垂直方向上产生加速度从而导致计步器中的杠杆发生偏转，每次偏转都会使闭合电路接通，其连接的电子系统会把感应到的步数转化为数字信号并通过显示屏显示出来。现在人们又提出要设计一种基于物联网的计步器，即把测试所使用的所有计步器的信息整合起来，在保证完成总步数测量的同时，把测得的数据作为人体活动的量化指标，并估算人体在不同运动模式及运动时间的能量消耗，还可以在物联网及互联网上留下备份，以便日后查询使用。

目前市场上存在很多款式不同的计步器，如：Digi - Walker200 计步器、Jawbone UP2 代计步器、Omron HJ - 302 计步器、Nike + Fuelband SE 2 代计步器以及国内的三星“S 健康”等，各款计步器在性能方面有很大的差别，所以计步器的价格也是不同的，价格在 10 ~ 30 美元不等。其中，三星 S4 推出的“S 健康”是一款具有集合概念的软件，其主要功能有环境检测、健康日记记录、热量管理等。用户第一次登录软件系统时需要输入个人信息，如身高、体重、出生年月等，为后续的体育锻炼和记录提供便利。有学者对不同计步器的敏感性做了对比分析，发现其存在较大的差异性，可能的原因是不同计步器内部结构及弹簧张力的不同。

由于计步器的设计理念是对人体在垂直方向上的加速度进行测量，所以计步器对步行活动非常敏感，同时这也保证了可以准确地对步行活动能量消耗进行测量。当人们以自己正常的步速行走时，有些计步器能够非常精确地记录下行走的步数，那么根据步幅就可以直接计算出步行的距离。但计步器只能输出行走的步数，而日常活动类型与模式是多样性的，所以用计步器对其他类型体力活动能量消耗进行测量时就会存在较大的误差。

有学者认为计步器输出的结果中，准确性由高到低应该依次是步数、步行距离、推算出来的能量消耗。多项研究表明，计步器测量的准确性会随着步行速度的减慢而下降。当进行体力活动的加速度低于或高于计步器可测量的加速度范围时，其就不能对步数进行准确的测量。同时，步数还与身体形态各指标有关，有研究认为计步器在测量肥胖人群时精确性下降；也有研究表明对不同BMI指数的人群或计步器佩戴于腰间不同位置进行测量时，都不影响测试的准确性。上述两种相反的结果，可能是由于采用的计步器、活动类型及强度的差异导致。

利用计步器对日常体力活动进行测量时，具有以下优点：易于操作、体积小而方便携带、价格较低、不会对受试者的正常活动造成干扰。但其也有自身的缺点，例如：首先，不能对以静力性、上肢为主的体力活动进行准确记录，也不能对步幅过小、频率过快过慢的运动进行准确记录；其次，计步器可对步数进行较准确的记录，而不能记录某一时刻的数据，所以其不能记录体力活动的主客观环境及运动的强度；第三，由于不同计步器敏感性方面的差异，所以对不同计步器的测试结果进行横向比较分析，其研究价值并不高。虽然计步器存在许多不足，但其仍以价格优势成为现代人监控自己步行锻炼步数目标的简便工具。而如今研究人员在使用计步器测量体力活动能量消耗时，会考虑到计步器自身的不足之处，通过与其他测试方法相结合的方式来提高体力活动测量的有效性。

（二）运动追踪器

目前，市面上最受欢迎的运动追踪器主要有 Fitbit、Nike 和 Jawbone 等出品的产品，其售价一般是 60 ~ 200 美元。除 Misfit Wearables 制造的 Shine 是金属材质外，其他绝大部分运动追踪器都由橡胶和塑料制成，并备有多种颜色以供选择。据专业人员估计，到 2013 年，运动追踪器在美国的零售销售额达 2. 9 亿美元，而 2014 年该市场很可能还会再增加一倍。追踪器产业的迅速崛起得益于芯片技术的快速发展。所有这些设备都备有传感器和加速度计，可以用于三个方向（上下、左右、前后）上的运动追踪。现在由于科技的发展，人们已经能够以低廉的成本制造出小巧便携的运动追踪器，因此，几乎任何设备都可以将运动追踪器置于其中。

近年来随着科学技术的不断发展，出现了很多可穿戴的运动追踪器，其中有的可以直接缠在手腕上，有的可以穿在衣领上，有的可以戴在腰带上，有的甚至还可以当成首饰佩戴，用来记录人体一整天的运动状况及运动量。

运动追踪器的设计目的不仅是为了测量人体的步行数量，还可以记录人体在工作或其他类型活动时的久坐时间，以及所从事体力活动的运动强度和作息规律。有些型号的运动追踪器还可以根据佩戴者的数据提供提示并设定体育锻炼目标。通过和网站或者智能手机 APP 相结合，运动追踪器可以收集并查看人体的运动数据，能够较全面、真实地反映人体的体力活动状况。

一般运动追踪器内都置有加速度计，有些追踪器内还配有其他类型的传感器以接收其他运动信号。如法国 Withings Pulse 可以探测机体的安静心率。Polar、Garmin 生产的运动追踪器还可以与胸带配套使用，全程记录安静心率、运动心率及其变化。BodyMedia 出品的臂带，可以根据测得的机体排汗及产热情况，准确地推算机体的运动水平和消耗的热量。B1 Band 智能运动手表（Basis Science 制造）除了可以测量机体心率及排汗情况，还可以测量皮肤的温度。还有一些追踪器可以监测人体夜间睡眠时的活动情况，主要反映其睡眠的连续性、睡眠长度等。

遗憾的是，即使是当前最先进的运动追踪器也不能识别人体的所有动作。如当人体在书桌或计算机前书写的时候，因为手腕的运动幅度相对较小，即使人体的下肢追着音乐打节拍，很多运动追踪器也可能完全不会记录下肢的小动作，认为人体此时处于安静状态。有趣的是，有研究表明，瘦人保持苗条身材的原因之一是他们普遍喜欢晃来晃去，或者说，瘦人进行体力活动的时间和频率更高。

有意思的是，目前除了 Body Media 和 Basis 生产的追踪器以外，那些戴在手腕上的运动追踪器，只要手部的运动幅度较小，即便人体努力进行下肢运动，监测结果也会认为人体没有进行体育运动。这可能是由于该类运动追踪器在设计时要求腕部的运动幅度达到一定数值时才予以记录导致。这与很多计步器在步行或者跑步步幅较大时才记录一样。

运动追踪器通常只能反映动作幅度，不反映运动强度，因为设计者认为大强度及剧烈运动只是普通消费者日常活动中的一小部分，把握全局性的健身状态对机体的帮助会更大。

（三）加速度计

随着体力活动相关研究的深入和推广，体力活动可以促进体质健康被广泛认可，越来越多的体力活动记录仪器也被广泛投放到商业市场。加速度计因其便携、直观等特点受到普遍欢迎。常见的加速度计包括 Caltrac、CSA、Tritrac - R3D、Kenz、Brotrainer 等。

Caltrac 加速度计是世界上第一台投入商业使用的加速度计，它属于单轴加速度计。其记数与耗氧量高度相关，与心率中度相关。当然，Caltrac 会高估轻快步行和慢跑时的能量消耗。

CSA 加速度计是新一代加速度计，可以感应到较广范围的重力加速度。有学者用 CSA 加速度计测试了步行的能量消耗，他们让受试者分别以 1.34 米/秒、1.79 米/秒的速度步行，2.68 米/秒的速度慢跑，结果发现，CSA 的活动计数与 METs 呈线性相关。

Tritrac - R3D 是一款三轴加速度计，可同时对体力活动时垂直、水平及横向的加速度进行测量。从理论上讲，三轴加速度计比单、双轴加速度计精确度更高，特别是测量日常生活中的体力活动能量消耗。有学者用 Tritrac - R3D 加速度计测量了妇女生活活动中的能量消耗，发现 Tritrac - R3D 加速度计同样高估了步行和慢跑时的能量消耗，低估了上肢或静力性运动的能量消耗。与计步器相比，三轴加速度计的优点主要体现在它可以反映出更多关于体力活动的具体信息，如体力活动的强度、频率、模式等，但其价格比计步器高出很多。同样，由于使用三轴加速度计时需要将其固定于腰上，所以对于以上肢为主的体力活动（如卧推）、下肢为主的体力活动（如骑自行车）、静力性活动、斜坡上的运动、搬运物体或其他非全身性运动（如擦窗户）等的能量消耗难以感应。总体而言，Tritrac - R3D 加速度计与其他加速度计一样，会高估步行和慢跑的能量消耗，而低估爬楼梯、骑自行车和上肢活动的能量消耗。

有研究还采用 CSA、Caltrac、Kenz 三种加速度计分别对六种日常生活中的体力活动能量消耗进行了测量，发现其均高估了步行时的能量消耗，而低估了其他类型活动时的能量消耗，这可能是因为加速度计不能感应上肢的活动。根据上述原因，有学者又以受试者腰腹部及手腕部各固定一个 CSA 加速度计的方式测量不同类型活动的能量消耗，发现其准确性提高并不明显，其原因可能是 CSA 加速度计只能感应垂直方向的加速度，上肢运动垂直方向上加速度较小，而以水平方向的加速度为主。

还有研究运用 CSA、Tritrac、Brotrainer 三种加速度计对步行及六种日常体力活动（扫地、使用吸尘器、堆放东西、使用耙子、割草、使用铲子）进行测量比较，结果发现：不同加速度计由于其敏感性不同，测量同一活动时导致输出结果存在差异。

以 ActiGraph（见图 2－45）为代表的加速度计，不但可以测量动作幅度，还可以测量运动强度。

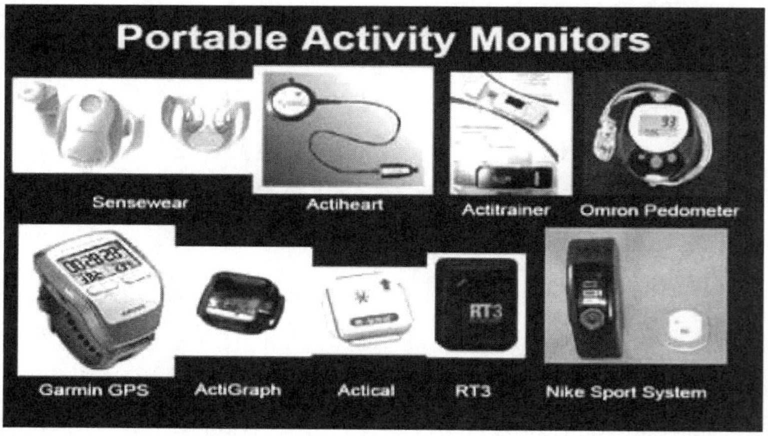

图 2－45　便携式体力活动监测设备

ActiGraph 已经被全球 60 多所大学及研究机构采用，其中包括 U. S. National Institute of Health（NIH），The Institute of Child Health in the UK，Karolinska Institutet in Sweden 等。通过与最大摄氧量、双标水法等对比，已经证明该产品具有非常高的精度，被公认为最精确的便携式体力活动测量产品。不仅如此，该产品体积小，佩戴方便，受试对象可自由活动，毫无不适感。且该产品可适应包括家庭、户外、商场、运动场等在内的各种环境的记录，适用于各种年龄段及各种人群（如患有肥胖、帕金森症、糖尿病等某类疾病的人群、孕妇、军人等）。主要测量指标包括体力活动计数、向量幅度、能量消耗、计步、活动强度水平、代谢当量、睡眠质量及数量等。在我们的前期研究中，通常将 ActiGraph 固定在受试者右髂处，除洗澡、游泳、睡眠时可以摘除外，其余时间均需佩戴，连续佩戴 7 天，其输出结果“记数”实际上记录的是以一定时间间隔采样的活动频率和强度。

二、“我跑地图”网站

“我跑地图”（MapMyRun. com）是一个能够绘制路线地图的网站，可以为世界各地的用户提供计划、地图、记录和分享他们的运动路线等。运动形式可以是跑步、散步和远足的户外活动等。基于内置的全球定位系统（GPS）技术，MapMyRun. com 允许用户使用电子设备兼容的移动应用程序（如智能手机）记录活动，从第三方设备的输入数据（如可穿戴健身追踪器）或者使用在其网站上的互动式地图在电脑上手动输入活动。用户可以指定活动类型（步行、跑步、远足、遛狗、通勤等）以及位置等，运动路线的起点、终点、距离、高度、景点、照片和活动的其他信息都可以被记录下来。此外，用户可以访问一个包含超过 8000 万用户的全球路线、在线培训工具、营养追踪、健身计算器和事件列表的可检索数据库，用户可以很容易地与其他人分享自己的体力活动情况。

MapMyRun. com 的使用比较简单。首先，用户登录网站（http：//www. mapmyrun. com/），下载网站上其他人上传的距离、路线等信息。这个网站使参与者能够在一个在线的数据库中计划、绘制、记录和分享他们的体育运动路线和户外活动（如跑步、散步、远足），之后可使用全球定位系统将路线形象化地绘制出来。

Jana A. Hirsch 等采用 MapMyRun. com 对大区域内多年的体育活动进行研究。结果发现，跑步或者散步路线至少会穿过一个公园。但是，在圣路易斯，在社会经济地位比较低的社区和社会经济地位比较高的社区，这个结论并不成立。通过检测邻里间使用公园进行体育活动的不一致性，可为现有体力活动和公园使用方面研究提供重要文献支撑。利用廉价的、便捷的和公开可获得的网络数据源去评估公园和公共绿地作为户外体育活动场所的使用，该方法提供了一种新的视角和研究手段。由于从 MapMyRun. com 上获得数据时的便捷性和客观性，导致对样本中的研究对象施加的压力最小，因此，该方法有可能提高体力活动测量的效果。

三、智能地图

智能地图（SmartMap）是管理环境数据的工具。外表是光栅化（Rasterized）的或者基于网格的，它可以在空间层面上持续不断地产生有关环境属性的数值。智能地图的每个点值都代表在那个单元格周围的当地街区数值的汇总，且连续跨越空间，使得可以对研究范围内的任何位置进行高效测量。

智能地图由焦点的光栅（Focal Raster）处理所创建。靶区域表示为 30 米

×30 米的单元格，这是一个已经被展示出来的代表有足够空间的城市和郊区面积。网格中的每个聚焦单元格是通过使用 ArcGIS 空间分析扩展被独立处理的。该软件执行对聚焦单元格周边社区的规定的计算，将所得到的值放置在单元格中，然后移至下一个单元格，重复这个过程，直到所有单元格的值被计算出来。

以往，智能地图主要应用于体力活动和肥胖领域。智能地图单元值可以通过使用 ArcGIS 表面暗斑分析方法从 GPS 点中被提取出来。用智能地图获得位置点的环保措施比执行一系列点为中心的缓冲区分析更有成效。智能地图对越来越多地使用地理定位技术追踪个体运动的研究至关重要。Philip M. Hurvitz 等使用 833 米的半径表示聚集的社区，所对应的距离能够在 10 分钟之内走完。下一步，美国部分市区将开发一整套由多个机构和研究实体使用智能地图来检测建筑环境对个体行为影响的系统。一些诸如气象和减低噪声的领域已经做了类似的尝试。此外，智能地图可以把不同点测得的数据源进行及时的归档，以便用于纵向研究。

第三章　新媒体与青少年运动健康促进

第一节　新媒体与青少年运动健康教育

一、运动健康教育概述

（一）健康教育的概念

1988 年第十三届世界健康教育大会指出，健康教育是一门研究以传播保健知识和技术，影响个体和群体行为，消除危险因素，预防疾病，促进健康的科学。

1991 年第十四届健康教育大会上，有学者指出，健康教育及其相关理论是一个崭新的领域，其着眼点是如何使人们建立和形成有益于健康的行为和生活方式，消除危险因素，更好地促进和保护大众的健康。

国内健康教育的产生及发展过程较特殊。早期，国内学者及相关工作人员曾将健康教育称为“卫生宣传”或“卫生教育”。从 20 世纪 50 年代后期开始，由于历史的原因，这项事业在我国经历了一段坎坷曲折的道路。70 年代后期，健康教育才在以“卫生科普”为主的基础上逐步发展起来。

《辞海》对“健康教育”的有关界定，将其进一步规范化和正规化：健康教育是一种宣传和普及医药卫生知识的活动。一般采取讲解、文字、图片展览和电影、电视、网络等方式，有组织、有计划地向群众宣传政府卫生工作的方针、任务，传授有关保护和促进健康的知识和技术，普及医药卫生知识，使群众能自觉执行卫生规则，培养卫生习惯。

可见，健康教育的目的是通过健康教育工作与活动过程，促使个体或群体改变不健康的行为和生活方式，达到维护与促进个体或群体身心健康的目标，实现社会文明发展。

因此，笔者认为，健康教育是通过有计划、有组织、有系统的社会和教育活动，促使人们自觉地采纳有益于健康的行为和生活方式，消除或减轻影响健康的危险因素，预防疾病，增强体质，提高生活质量的一种活动。

表3－1　国外不同阶段人群健康教育的内容

阶　段	健康教育的内容
童年期	①母亲有计划地怀孕和分娩；②母乳喂养；③生长、发育和保健；④有利于健康的家庭环境；⑤平衡膳食；⑥个人卫生；⑦预防意外事故的发生
青春期	①防止抽烟；②防止酗酒和吸毒；③负责任的性行为；④体育锻炼；⑤自我保健；⑥意外事故的预防和家庭支持
成年期	①防止抽烟、酗酒和吸毒；②负责任的性行为；③计划生育；④保护环境；⑤平衡膳食；⑥体育锻炼；⑦预防意外事故和做负责任的双亲
中年期	①戒烟；②体育锻炼；③平衡膳食；④自我张弛调节；⑤个人卫生；⑥保护环境；⑦自我管理；⑧退休前准备；⑨家庭支持
老年期	①体育锻炼；②精神健康；③自我保健和自我帮助；④家庭支持

（二）运动健康教育的概念

如前所述，健康教育的核心是促进个体或群体形成健康合理的生活方式。体育运动作为健康生活方式的关键构成，在健康教育中占有重要比例。运动健康教育的提出，是对健康教育内容的进一步升华与提炼，反映了时代对体育运动价值的认识和重视。

笔者认为，运动健康教育是有计划、有组织、有系统的社会和教育活动，促使个体或群体自觉地采纳有益于健康的体育行为和体育生活方式，是消除或减轻影响健康的危险因素，增强体质，提高生活质量的一种活动。

（三）运动健康教育的价值

2016 年“两会”期间，李克强总理在政府工作报告中提出“推进健康中国建设，人均预期寿命提高 1 岁”，实现该设想的关键是推进运动健康教育，实现体医结合，即用体育运动的方式辅助医疗，逐渐使身体恢复健康。

运动健康教育同样是一种干预。对青少年进行运动健康教育可以使其树立健康意识，促使其养成良好的体育习惯和体育生活方式，促进机体的健康成长和生长发育，调节其心理和精神状态，改善睡眠。更重要的是，可以培养青少年良好的社会沟通能力与适应能力，有助于青少年塑造和改善自我形象，形成正确的自我评价和自信心。

个体越早接受正确的运动健康教育，越容易形成合理的体育生活方式，对后期健康的积极影响就越明显。“保持健康人”、让疾病预防关口前移，是更有利于提高青少年及国民生活质量、实现“健康中国”的最佳方式。

（四）运动健康教育的内容

运动健康教育作为健康教育的重要组成，其强调体育锻炼对机体的重要性和体育锻炼习惯、体育生活方式的培养。青少年运动健康教育的主要内容包括：

1. 体育锻炼

体育锻炼对青少年的意义重大。规律性的体育锻炼，不仅可以促进青少年体质的健康发展，还可以对其心理健康产生积极作用，同时还有助于青少年体力和智力的发展，预防和减少疾病的发生。

2. 体育锻炼与营养

合理的体育锻炼和充足的营养是促进青少年生长发育的重要因素。尤其在体育锻炼后，机体的物质和能量代谢加快，各营养素的需求量随之发生一系列变化。此时科学合理的营养膳食应注意：①适当增加热能供给量，以满足生长发育、日常生活活动、每日基础代谢、体育锻炼四方面所需的热量；②适当减少脂肪和蛋白质的摄入量，增加水果和维生素（半斤蔬菜、半斤水果）及矿物质的摄入量；③合理分配一日三餐的比例，使其尽量为早餐∶午餐∶晚餐＝28%∶39%∶33%。

3. 运动伤害的防治

青少年阶段机体尚未完全发育且在心理上多自我估计不足，如果突然进行强度大、负荷重、对抗激烈的大运动量活动，则可能导致运动损伤。对于青少年而言，应根据身体发育情况和自身兴趣进行全面的身体锻炼。同时在体育锻炼之前做好充足的准备活动，运动结束后进行充分的放松活动。对于常见的运动损伤（如拉伤、擦伤、挫伤、扭伤、脱臼、骨折等）的处理，应在青少年中着重进行宣传和普及。

4. 物质环境与体育运动

物质环境包括自然环境和人造环境。前者是否清洁安全（如雾霾天气、尘土多、空气混浊等）直接影响青少年对体育运动的参与度；后者是指居住地附近是否有各种体育娱乐及休闲活动场所，这些场所和设施可以为青少年安全地进行户外体育锻炼提供坚实的物质基础。

5. 不同体质青少年的体育锻炼

不同体质的青少年所进行的体育锻炼也不完全相同。如对于心肺功能差的青少年而言，每周进行 3 次、每次 30 分钟以上、强度为 60% ~75% 心率储备的有氧运动（如快走、慢跑、跳绳、打羽毛球等）可以增加其心肺功能，而且经常进行这些运动还将有助于降低与长时间坐位工作有关的健康危险因素。对于上肢肌力差的青少年而言，每周 3 次、每次 30 分钟左右、起始负重为自身体重 1/8、每周递增 1 ~2 千克的立式抓举、坐式挺举、仰卧推举和头后挺举，可以有效提高其上肢力量。

6. 体质健康测评

儿童青少年体质调查从 1979 年首届全国儿童青少年体质调查研究开始，之后分别于 1985 年、1990 年、1995 年、2000 年、2005 年、2010 年和 2014 年进行了全国范围内的学生体质与健康调研，调研范围和测试指标每次都进行了调整，这也是我国体质研究的探索过程。

为了更好地促进青少年体质健康发展，养成良好的体育锻炼习惯，2007 年国家颁布了《国家学生体质健康标准》。在进行青少年学生体质健康测评时，秉承“健康第一”的指导思想，利用所有可行的评价方法，通过系统的收集信息资料和分析整理，对体育锻炼影响体质健康的结果进行价值判断，从而不断自我完善和为决策者提供依据。

青少年体质健康测评是学校体育工作中的重要环节，也是整个学校教育评价体系的重要组成部分。通过全面、科学的学生体质健康测评体系，可以使学生及时了解自己的健康状况，调整学习和锻炼的目标。同时测评过程本身也是一次很好的体育宣传和教育过程，是一次自我健康意识提高的过程。更为重要的是，通过测评可以使学生、家长、学校、社会及时和准确地了解学生健康状况，引起大家的重视和关心，为学校和教育管理部门制定和调整有关学生健康方面的政策提供科学的依据，使学生健康问题引起全社会的关注。因此，正确合理地对青少年进行体质健康测评，对于促进学校体育工作、贯彻落实终身体育有着极为重要的意义。

7. 体育生活方式及其评价

国内外大量研究已证明，合理的体育生活方式可有效提高机体的体质健康水平。体育生活方式是否合理则需要通过体育生活方式评价体系来确定。目前国内外有关青少年体育生活方式评价指标体系的研究成果较丰富，遗憾的是，这些研究仅从社会学一个视角探讨，甚少涉及生理学、心理学等视角。众所周知，体育行为是一个综合的多因素结果，受社会学、生理学、心理学等多方面的影响。我们在前人相关研究的基础上，从上述三个视角综合探讨青少年体育生活方式评价体系的构建（见表3－2）。

表3－2　体育生活方式评价体系指标及权重分布

<table>
<tr><th colspan="2">一级指标</th><th colspan="2">二级指标</th><th colspan="2">三级指标</th></tr>
<tr><th>指标</th><th>权重</th><th>指标</th><th>权重</th><th>指标</th><th>权重</th></tr>
<tr><td rowspan="5">生理学</td><td rowspan="5">34%</td><td>身体成分</td><td>6.9%</td><td>体脂百分比</td><td>6.9%</td></tr>
<tr><td>柔韧性</td><td>6.9%</td><td>坐位体前屈</td><td>6.9%</td></tr>
<tr><td>心肺适能</td><td>6.9%</td><td>肺活量</td><td>6.9%</td></tr>
<tr><td rowspan="2">力量及力量耐力</td><td rowspan="2">13.3%</td><td>握力</td><td>6.65%</td></tr>
<tr><td>仰卧起坐（女）/俯卧撑（男）</td><td>6.65%</td></tr>
<tr><td rowspan="4">社会学</td><td rowspan="4">42%</td><td rowspan="3">运动过程</td><td rowspan="3">31.3%</td><td>锻炼频率</td><td>11.1%</td></tr>
<tr><td>锻炼时间</td><td>10.4%</td></tr>
<tr><td>锻炼强度</td><td>9.8%</td></tr>
<tr><td>运动动机</td><td>10.7%</td><td>增进健康</td><td>10.7%</td></tr>
<tr><td rowspan="3">心理学</td><td rowspan="3">24%</td><td rowspan="2">意志品质</td><td rowspan="2">15.8%</td><td>坚持性</td><td>8.2%</td></tr>
<tr><td>自制性</td><td>7.6%</td></tr>
<tr><td>注意品质</td><td>8.2%</td><td>稳定性</td><td>8.2%</td></tr>
<tr><td>权重合计</td><td>100%</td><td>权重合计</td><td>100%</td><td>权重合计</td><td>100%</td></tr>
</table>

需要指出的是："生理学"维度的三级指标采用测试法，并对测试结果进行主成分分析。"社会学"和"心理学"两个维度的三级指标是根据复选指标及其重要性的问卷调查结果确定的。

青少年体育生活方式评价标准分为单项和综合评价标准。我们采用百分位数法对单项和综合标准进行了评定，其中单项评定步骤如下：

（1）将评价指标制成"体育生活方式评价体系学生调查问卷"对青少年进行问卷调查。经过数理统计的方法，得到每个指标的结果；

（2）找出每个指标 P10、P30、P70 和 P90 四个百分位点；

（3）根据上述四个百分位点划分不同的成绩区间（P10 以下、P10～P30、

P30～P70、P70～P90、P90以上）。注：P10～P30不含P30，P30～P70不含P70；

（4）依据不同区间界定不同等级，即上述各百分位点对应的等级分别为差、一般、中等、良好、优秀。由于体脂百分比和锻炼强度两个指标为中优指标，因此其对应的最高等级和得分应该在P30～P70处，邻近的两个指标为次优指标，对应在P10～P30和P70～P90处，两端指标为最低指标，对应在P10以下和P90以上处；

（5）根据各指标的权重，计算各指标的得分。各指标等级对应的得分遵循原则为差∶一般∶中等∶良好∶优秀 =1∶2∶3∶4∶5，因此，可以推算其他等级对应的得分。

综合评价标准主要依据上述单项得分采用加权求和法来计算，其步骤是：

（1）对照单项评价标准，根据每项指标的实际测试结果，得出对应的定性等级；

（2）按评定等级对应的得分折算每项指标的实际测试结果，由定性转为定量；

（3）然后将此分值与各指标的权重相乘，得到每项指标的评价分值；

（4）最后将各项指标分值相加，就得到了该项指标评价的总评价值，从而求出每位学生的总分值。计算样本总分数的P10、P30、P70、P90百分位数，得到综合评价标准（见表3－3）。

表3－3 体育生活方式评价体系综合评价标准

等级	差	一般	中等	良好	优秀
百分位数	P10以下	P10～P30	P30～P70	P70～P90	P90以上
总分	≤59.9	60～69.9	70～77.9	78～84.9	≥85

近20年来，我国青少年体质健康水平呈下降趋势。体育生活方式成为改善青少年体质健康的重要途径，也可以通过其预防和治疗一些慢性疾病。青少年体育生活方式评价强调的是青少年是否有保持运动习惯的生活方式，其中体育参与行为是其最重要的表现形式，也是衡量青少年体育生活方式的根本着眼点。

（五）运动健康教育的形式

对青少年进行运动健康教育的形式主要包括集体讲座、个人指导、运动带教、随访及其他形式五种。

（1）集体讲座：由运动健康教育相关的专业人士，采用多媒体形式，进行运动健康教育的相关内容宣传讲解及运动健康教育调查表的填写。

（2）个体指导：由运动健康教育相关的专业人士，针对青少年不同体质健康促进需求、性格特征、兴趣爱好等具体情况分别进行一对一的指导。

（3）运动带教：对青少年进行体育锻炼的带教，主要在运动场地进行。根据青少年个体情况选择合适的体育锻炼形式、强度及时间等。教会青少年如何确定体育锻炼的目标心率，了解达到运动疲劳的程度、运动警告及有效的自救措施等。

（4）随访：青少年接受集体讲座、个人指导或运动带教后，要严格按前述三种形式的指导和运动处方予以实施，并能根据自身实际情况适当调整。运动健康教育相关的专业人士可以不定期对这些青少年进行电话或者邮件联系，以了解进展情况并及时予以指导。

（5）其他形式：将运动健康教育的有关内容印刷成册进行发放，以利于青少年更好地理解和实施。

二、新媒体在青少年运动健康教育中的应用

运动健康教育干预通过对青少年自我体育锻炼意识的培养和将营养知识宣教与科学的运动健身方式相结合的学校健康教育，增强了青少年体育锻炼的科学性和有效性。

1. 体育锻炼智能化

随着数字健身器材、网络健身、全面健身路径监管、健身指导模型的提出，推动青少年健身运动方式更加多元便捷。移动互联网软件的涌现带动全民健身风潮，使体育形式更加多元。“互联网＋”时代下，在以信息技术为载体的体育产业发展链条下，体育形式变得多元而灵活，健身模式的开发形式也变得更加人性化，更具有服务价值。

未来，体育锻炼不再是需要到固定的场所去寻找固定的教练，训练固定的内容的费时费力事情，而是通过O2O的模式以全新的挑战方式来充盈人们的生活与视线。如健身服务可以基于物联网健身器材的“灵魂”，将分散的、不同地区、不同组织机构的健身专家等资源，利用物联网技术实现网络化关联和聚合，形成庞大而又专业的专家健身服务生产线，源源不断地生产高效的健身服务产品，提供给不同区域，从而使大众拥有随时随地接受专业健身指导的机

会，构建全天候健身服务体系。在数字健身器材设计中应用物联网技术，一方面，能够不断丰富我国健身器材产品，提高健身服务的水平，增强实用性；另一方面，能够不断地满足人民群众日益增长的多样化的健身需求。将智能设备应用到物联网健身器材上，实现了物联网健身器材的身份识别、环境感知、数据传输等功能，使其更加快捷、方便。智能设备的应用不仅连接了健身服务人员、健身器械、健身用户之间的交互通道，而且也降低了物联网健身器材的开发成本，在为健身人群提供便捷、超值的健身服务的同时，也为健康服务产业带来了可持续的发展空间。

利用网络健身平台与外设健身产品相连，通过信息技术，直观地处理反映在计算机、手机或电视等通信网络上的画面和信息，实现运动健身的网络互动。这种“网络健身”借助信息沟通的手段，为健身者提供运动指导服务，使人们能够主动健身、科学健身，感受到运动中的快乐，很好地实现了科学健身。

同时，利用物联网、云计算等高新技术，对健身数据进行实时采集、传输和存储，建立个人健身档案，实现持久的健身指导与监控，可以极大地调动人们参与体育健身的热情。健身者可以向健身指导专家咨询，根据自身的状况并结合健身指导系统的反馈意见进行运动健身处方的修订，及时调整运动健身的目标，制定新的运动处方，以帮助健身者科学地选择健身项目和设定运动的强度、时间和频次，更有效地指导后续运动健身，避免盲目、随意地进行运动锻炼，减少运动伤害事故的发生，提升运动健身的效果。

“互联网+”行动计划和大数据时代的到来，科学健身体系的建立和有机的循环，以及可穿戴设备的应用，实际上就把体育和医疗进行融合，为体育和医疗有机结合搭建桥梁。通过可穿戴设备收集的数据，可以对病后康复人员的运动情况起到监护作用，可以为制定运动处方提供一定的参考依据，也可以协助进行远程医疗，有利于人们预防监测疾病，促进身体健康。同时可穿戴设备公司在研发产品上形成了自己的生态圈，从可穿戴设备的头饰、衣服、首饰及鞋子等，通过一个 APP 程序在计算机或者手机上进行分析和共享数据，对人们进行休闲体育时提供多方面的提示指导；通过数据交换共享、云服务数据保持来构成一个完整的生态体系，使人们在进行休闲体育时更加科学有效。

我们认为，“互联网+”让运动更智能。互联网与运动的结合形成了“健康管家”，包括传统装备的运动检测、整合各项健康数据的功能。智能手环、智能体质分析仪、智能自行车等多种智能产品已经问世。智能产品不仅提供运动监控数据，还具有健身训练指导、制订健身训练计划的功能，力争成为健身者的私人教练，常见的有智能篮球、智能内衣、智能足球、酷浪小羽智能羽毛球伴侣、Zepp 棒球网球高尔夫球传感器等。智能穿戴的面世在一定程度上解决了运动健身中运动量的量化问题，帮助健身者进行自我监控及运动目标的制定，避免过度运动，使健身运动更容易获得成就感。同时 APP 中运动成绩、运动轨迹的分享及好友的互动功能，推动了全民健身的发展，提高了运动健康管理的效率。

因此，互联网与体质健康的服务理念和服务方法结合，需要新的技术、数据、组织形态，从而实现对传统体质健康服务的重塑。“互联网 + 体育”已经不可避免地成为信息时代的健康生活流行方式。

2. 云健康生活方式

云健康是以云服务、云计算、云存储、物联网、移动互联网等为技术支撑手段，实现了医疗机构、专家、研究机构、厂商等相关部门的协同工作。通过物联网，远程监控进行日常健康指导、健康危险因素干预，为患者、健康需求人士提供及时有效的健康管理、疾病治疗和诊断、人体功能数据采集等服务。通过云平台对数据进行管理、分析和共享，并追踪数据建立档案，为个人量身订制合理的健康计划，培养健康生活习惯。远程健康管理就是无论使用者身在何地，都可以通过应用互联网技术，蓝牙、物联网、云计算等技术与检测设备相结合，将采集的健康数据传至云计算数据中心，检测结果会通过蓝牙和 3G 网络传输到后台服务器，后台会根据托管对象的检查结果给予分析、评估、提醒和建议，并且建立永久的健康电子档案，通过全面的健康监控和健康管理，帮助托管对象及时地发现、解决健康问题。

基于移动互联、大数据及云计算，“智能穿戴”+“智能终端（手机）”+“云服务器”的结合或许将成为未来智能穿戴在运动健康管理中的发展模式。在这个模式中，智能穿戴产品也可以直接将数据传送至云服务器，由云服务器分析后再将评估结果反馈至智能终端，对于装载着智能系统并有显示屏幕的智能穿戴，也可以直接在智能穿戴与云服务器之间进行数据传输，即“智能穿戴”+“云服务器”的运行模式。

基于物联网和云计算技术，对智能健康感知的生态系统进行研究和设计，可以构建由健康数据采集传感器、移动智能终端和云平台组成的生态系统。通过传感器采集人体的生理参数并进行数据预处理，再通过异构数据传输网络，将生理参数传送到云平台，在云平台进行数据的云中存储和分析，从而对人体各种生理指标进行实时、远程监测，实现数据检测、无线数据传输、历史数据保存、数据趋势呈现、智能风险预警等功能，对一些慢性病的监测治疗、并发症的预防起到了积极有效的作用，满足了健康医疗方面的巨大需求。

3. 青少年体力活动与监测

如今，我国青少年体质连续十多年呈下降趋势是不争的事实。肥胖少年增多，青少年健康问题日益突出。虽然这些问题已经引起了人们的关注，但是青少年体力活动的开展仍面临着各种问题，青少年参与体力活动没有自主性，在运动量、运动强度等方面难以得到保证；没有科学的指导，体育动作不规范，锻炼不具有针对性。究其原因，主要是青少年课余压力太大，缺乏体力锻炼的意识及主动性。由于青少年锻炼主动性低，青少年开展的体育活动主要在校内，校外体育活动比例极低。无法对青少年的锻炼指标进行测量、对锻炼效果进行评价，不能追踪及督促青少年进行锻炼是不能保障青少年进行课外及校外自主锻炼的主要原因。随着物联网概念的普及，云计算和智能感知技术发展已较为完善，同时与无线通信技术、大数据处理及分析技术相结合，可以帮助我们对青少年课外体育活动数据进行采集，实时监测，科学指导锻炼。

基于物联网及移动网络的教学平台是对体育教学活动整体数据进行采集，新型的系统可以对体育教学活动中的动静态数据进行完整采集。其对体育教学的辅助作用在数据层面上具有非常重要的作用，可以更好地了解青少年体育教学活动中的每个环节，为掌握每个青少年的活动状况提供数据基础。同时可以对数据进行分析，根据其对每个青少年的活动进行有针对性的、科学的指导，并且在指导后活动时又会把数据反馈给系统，如此循环往复，形成一个自我完善的闭环系统，有利于青少年体育教学活动趋于完善。

青少年课外体育运动辅助应用的功能构成主要包括：运动计划制订、数据采集、数据分析、分析和评价结果输出四个部分。最主要的部分是数据分析，也是整个系统的核心，其中具体的功能配置可以根据不同的需求做出适当的调整。这里主要是针对青少年课外体育活动的特点，通过对运动过程中的运动时间、地点、运动者生理指标数据进行分析，便可以了解青少年是否按计划进行锻炼。应用机器学习和数据挖掘等技术，可以对获取的运动数据进行详细分析，有助于了解青少年锻炼的效果，包括运动量、运动动作的规范性等。为确保青少年锻炼的安全性，可以适当加入可穿戴生理探测设备，用于监测运动过程中的生理指标。此外，结合用户的运动数据和专家知识，系统能够对运动的消耗进行估计，从而指导青少年科学健身，避免肥胖。

社会经济的发展和大数据时代的到来促进了可穿戴设备在体育活动中的应用广泛性。可穿戴设备主要包括智能眼镜、智能手表、手环、服装、智能手机中安装的 APP 软件等。如今学校体育为统计量化青少年的运动数据，努力创建了可视化的运动管理系统。青少年通过一些可穿戴的设备，并将设备与网络技术结合，实现对青少年运动数据的实时采集，采集的数据类型包括运动时间、运动速率、运动类型等。

体育健身类 APP 的核心功能，一方面主要是利用智能手机中 GPS 定位、陀螺仪等技术，实时对用户运动轨迹进行记录，测量能量消耗及其他运动相关数据；另一方面是利用传感器或可穿戴装备对运动者运动时的生理指标进行测量。其还可以利用自有的文字、图片或者视频等功能，让佩戴者了解更多关于体育活动的知识，以便进行科学锻炼。

第二节　新媒体与青少年运动健康管理

一、运动健康管理概述

（一）健康管理的概念

2005 年健康管理的概念进入我国。健康管理是一种对个人或人群的健康危险因素进行全面管理的过程，通过提供科学的健康指导、健康生活方式干预，调动人们的自觉性和主动性，有效地利用有限的资源来达到最大的健康改善效果，从而保护和促进人群的健康，真正达到预防疾病的发生、提高生命质量、降低医疗费用的目的。

健康管理的两个主要目标是提高健康生活质量，延长寿命，消除健康差距。作为一种服务，其具体的做法是根据个人的健康状况进行评价和为个人提供有针对性的健康指导，使他们采取行动来改善健康。

可见，健康管理既是全面调动被管理对象面对健康危险因素的自觉性和主动性过程，也是循证医学的实践过程，在管理过程中不断发现、认识、解决健康问题，有效地预防控制疾病的发生，利用有限的医疗资源达到改善健康效果，保护和促进人类的健康，从而提高生命质量，降低医疗负担。

青少年作为国家未来财富的重要组成部分，其健康状况尤其值得关注。对青少年进行健康管理是指对青少年的健康进行全面的调查、分析、评估、监测，并提供健康咨询和指导及对影响健康危险的因素实施干预的过程。当前青少年健康管理服务是社区卫生服务的重要组成部分，社区青少年居民对健康管理的需求较大，以社区为基础开展青少年健康管理已经成为我国的主要模式，承担着青少年的疾病预防、保健、康复工作。遗憾的是，青少年健康管理服务仍存在宣传力度不够、服务人员服务水平低以及服务态度不佳等问题。

（二）运动健康管理的概念

在制订健康干预计划中，健康运动、健康饮食与健康指导三者需有机结合。如建立个人专属运动健康管理档案，加强个人健康生活方式的培养，改善营养膳食习惯，科学进行健康风险评估，合理提供运动健康方案等。对于慢性疾病的病患者而言，建立健康咨询、健康指导和健康运动计划，提高有效运动水平，降低疾病风险，并进行动态的追踪、监控和指导是十分必要的。

与健康教育促进个体或群体形成健康合理的生活方式相似，体育运动作为健康生活方式的关键组成，在健康管理中同样扮演重要角色。

笔者认为，运动健康管理主要是根据客户的运动数据和自然条件，制定科学合理的运动处方，提高健康水平。由于这种方式具有量化的特点，操作方式比较简单，人们可以根据运动处方完成运动计划。

运动健康管理是一种根据人的特点选择运动方式和内容的网络化健康管理平台，是应用现代医学知识和科学的体育运动手段从社会学、生理学、心理学角度来系统地关注和维护运动者的身体健康的过程，是健康管理过程中的重要组成部分。

综上所述，运动健康管理是以个人的运动与生活习惯、实际健康状况为依据，以运动咨询及个人体适能评估为主要手段，充分了解个人的运动目标、需求，以此为基础提供个性化的运动方案，从而对个人的健康行为进行指导，最终提升个人的体适能与体能，改善个人运动健康。因此，构建一个网络化与效率高的个人运动健康评估体系及具有个性化的专属运动健康方案系统是运动健康管理平台建设的核心内容。基于此，在运动健康管理中，可充分发挥 ASP 技术及 B/S 结构技术等优势，建立起一个科学实用、操作简单、扩展性强的基于 WEB 数据库技术的运动健康管理平台。

（三）运动健康管理的价值

前述可知，运动健康管理实际上就是将运动融入健康管理中，成为一种主流的、有效的提升健康水平的手段，将体力活动监测作为健康监测的一个组成部分。

在这个过程中，运动健康管理始终以科学的运动手段控制健康危险因素为核心；疾病预防的一、二、三级预防并举；身体健康水平检测、运动能力评估和健康锻炼指导三个环节不断循环。具体而言，根据个人所提供的健康状况、生活状态、运动习惯，从身体适能评估、运动咨询和沟通，了解其运动的需求与目标，建立个人专属的运动处方，提供安全、有效、合理的运动计划，以切合实际的教学方式进行指导，配合运动成效追踪的全方位健康服务，协助提升个人体能及体适能，进而实现个人运动健身的目标与身体健康的目的。

运动健康管理是通过对身体活动、心理行为和社会适应程度的干预，帮助个人和群体树立健康观念，积极参与健康的行为和生活方式的活动过程。其目的是消灭影响健康的危险因素，预防疾病，提高现代人的生活质量。运动健康干预的基本方法是：知→行→知→增进健康。第一个“知”强调人们对健康自我管理的重视，掌握健康生活方式的基础知识及通过运动促进健康的基本技能，“行”强调在已掌握的基础理论指导下积极投身于运动健康促进过程，发展身体适能。第二个“知”强调一种信念的形成，人们在运动健康管理过程中不断认识自我、挑战自我、超越自我，以致最后形成一个全新的自我，形成运动促进健康的坚定信念。

相关研究表明，合理的运动可以增强人们的体质，提高身体的各项技能，从而提高抗病能力。因此，运动健康管理的主要功能除了调整身体疾患，早日恢复健康外，还有预防疾病的功效。

（四）运动健康管理的内容

运动健康管理的主要内容包括：

（1）积极进行运动干预是保障身体健康的前提；

（2）建立个人专属运动健康管理档案，随时查看，把握自身健康状况；

（3）加强个人健康生活方式的培养，改善营养膳食习惯，将健康理念融入日常生活中；

（4）建立个人健康风险评估体系，科学进行健康风险评估，提供运动健康方案；

（5）为目标人群建立健康咨询、健康指导和健康运动计划，提高有效运动水平，降低疾病风险，并进行动态的追踪、监控和指导。

国内外研究表明，只有坚持规律性的运动，才能给青少年高血压患者带来控制危险因素、延缓慢性疾病发生、保持日常生活独立性等众多的健康收益。个性化的运动方案是青少年高血压患者安全有效运动的前提，也是患者能够长期坚持的基础。运动健康管理的主要方式是运动处方，根据个体特有的条件，参照医疗健康知识，制订相应健康的个性化运动计划，这个方式都是定量化的。运动处方内容希望通过定量化的标准清晰地告诉人们什么样的运动可以带来健康而不是负担，其基本要素包括运动内容、运动强度、运动时间、运动频率、备注事项，通过几个方面的量化选择达到锻炼人体各个组织和器官的功能的目的。由于操作方式比较简单，人们可以根据运动处方完成锻炼计划，有利于增强青少年体质。

（五）运动健康管理的形式

运动健康管理的形式主要包括：

（1）个人运动健康管理方式：①运动健身第一要素是安全；②定期评估、更新内容、掌握运动效果。

（2）组织机构运动健康管理方式：①运动时身体健康水平检测；②运动能力评估与危险回避；③科学健身与信息反馈。

二、新媒体在青少年运动健康管理中的应用

体育运动作为青少年健康管理的重要环节之一，是成本最低、效益最高的青少年健康管理手段。调动政府及社会力量建立科学的青少年健康管理体系，尤其是借助当前比较成熟的新媒体技术与手段，对提高青少年的生活质量和健康水平，减少国家医疗费用的支出具有十分重要的战略意义。

1. 虚拟健身体验系统

在全民健身的国家战略背景下，《体育与科学》秋季工作坊以“运动与健康”为主题，开展了一场多学科领域共同关注运动健康、服务国家战略的探讨。运动健康管理平台可以提供锻炼机构的地图，通过链接网址或视频，可以

看到如何健身、如何锻炼的教学过程。想选择不同的锻炼机构或健身方法只要点击相应位置就可以。这是一种虚拟现实系统，将3D场景按照1∶1的比例立体显示在环境中，并结合GPS配置追踪系统和人机交互技术，为人们展现一个逼真的健身体验环境。各种肌力锻炼都可以用这种模拟形式去完成，这是网络健身的一个重要手段，也是运动健康云技术在未来健康生活中的一种应用，可通过网络健身平台及外设健身产品，实现运动健身的网络互动，是一种新兴的体育健身模式，也将成为网络时代人们一种新的生活方式和潮流。

2. 人体行为识别核心库

基于人体行为识别分类器模型的个人化，有学者开发出人体行为识别核心库。该库能够识别走路、跑步、骑自行车、坐和站五种行为，实现了对个人运动健康管理的应用。首先，利用智能手机上的人体行为识别的关键技术，对个人化的人体行为识别模型开展研究。这些关键技术包括：人体行为识别数据集的获取、数据集的预处理，以及分类器模型的训练生成与性能测试；人体行为识别模型的个人化研究，其中分为对通用分类器模型存在问题进行测试和通过实验得到人体行为识别分类器模型的学习曲线。其次，设计完成人体行为识别库。通过对以上关键技术的研究，设计完成了基于Android平台核心功能所需的人体行为识别库。最后，完成了基于Android平台的人体运动健康管理应用的总体设计，实现了后台实时识别用户行为和基于识别结果对用户运动健康状态的评估。

3. 运动与健康网络管理系统

有学者设计和开发的运动与健康网络软件系统，包括“个人信息、心理健康评估、医学体检管理、体质健康管理、WHO/ISH风险评估、运动与膳食管理、膳食与运动健康指导”等模块，各模块具有输入、保存、测试、评估、统计分析等系列功能，智能化地实现心理、行为、运动、营养等多方面的自我健康管理，自我制订干预方案，从而达到科学健身、增强体质、防病治病、提高生活质量的目的。

通过建立社区网络平台，更能调动个体、群体及社会对疾病信息化健康管理的积极性。以社区医院为主体的全程健康信息管理，通过收集详细的资料指导医疗需求，辅助临床医疗决策。同时，其“亲民”的特点也方便控制健康危险因素和实施个性化健康教育。基于互联网技术的广泛应用，提供健康管理平台，实现健康咨询、健康评估、健康教育、营养饮食指导，建立健康档案、紧急医疗救助等功能，方便社区和指定医院之间的患者信息共享，做好对疾病的预防和早期诊断。

4. 个性化运动处方

运动能否有效的另一个重要因素是个体是否严格地参与了长期而规律性的运动，如果没有，那么前述所说的健康收益将会是非常小的。因此，为青少年设计个性化的运动处方，找出满足不同需求的运动时间和运动频率显得尤为重要。

合理的运动处方不仅可以有效地控制健身运动的进行，还可以将运动者的身体状况及时地反馈，有助于及时调整运动计划。

“互联网+”环境下的运动健康管理顺应当今网络社会的发展趋势，人们可以每天通过互联网评价自己的运动方式是否科学，如何改进。在用户信息模块中，主要存储了一些关于运动方案设计的数据，以便设计出利于用户的运动处方。在运动处方功能上，为用户量身打造和推送一些运动计划和运动方式，通过运动理疗部分疾患。运动处方的效果完全取决于统计信息模块，这个模块一方面要仔细提取用户运动方面的有用信息，还要匹配疾病与运动的关系表，才能达到通过运动锻炼身体、缓解病患和预防疾病的目的。统计信息还需要及时更新理疗和保健方面的数据库信息，其中还需要大量存储成功案例的运动处方和删除失败案例的运动处方。可以将自己的运动健康数据直接发给专家，专家会一对一地反馈比较贴近客户的运动处方，更多的客户可以参照成功案例的运动处方。

支尼亚在探讨行为分阶段理论在健康管理客户的运动效果时，以 76 名健康管理客户为研究对象，开展了个体化运动干预。依据不同的阶段，选用不同的干预时间和措施，并定期回访。对干预前后所处阶段样本量及跨越阶段数的样本量变化进行分析，并对运动行为情况、体重、腰臀围等进行测评。在干预过程中，通过短信从身体、心理和新陈代谢等方面阐述不运动的危害及合理运动的重要性，不断激发行动意愿，提出 5 分钟运动效应，使客户轻松愉快地接受运动，顺利跨出运动的第一步。

5. 健康管理智能化

医疗家庭健康终端是易操作的居家远程健康监护设备，通过连接便携式体检设备，采集、记录和存储个人和家庭成员的健康体征数据，24 小时不间断地关注用户的健康状况，使患者和医生、家庭和医疗机构得到了有效的连接。

医疗家庭健康终端包括基本健康信息的采集、评估与预警，一键呼叫和 GPS 定位；预约挂号、电子病历和体检报告的查询；远程健康咨询和获取相关资讯，智能 APP 和健康游戏等功能。

日本百利达 TANITA MYH 运动健康管理智能终端系统利用身份识别钥匙，通过传感器终端将个体数据传输至互联网平台，从而完成体重、体脂率、骨矿含量、基础代谢、血压、尿糖、运动耗能等个体动态指标的监控和管理，有效地促进了个人生活方式及运动控制的健康目标的实现。褚锃认为运动健康管理智能终端系统的出现和应用，为“以比例和统计分类对群体进行统一指导”转换为“以健康状态和生活习惯为依据进行个别指导”提供了实现的平台和基础。该系统通过对静态指标和动态指标的采集，利用运动健康风险因子、损伤风险监控数据模型、健康体适能评价模型等关键技术的分析，对提供个体输出个性化、实时的运动锻炼方案，并进行综合评价和锻炼效果评价，通过以家庭、俱乐部、国民体质监测指导中心、健康校园、体检中心/健康管理公司等机构为管理单元，解决了运动健康管理的智能工具化问题，并且提供健康数据档案的存储和分析，配合对 Internet 的数据上传，是使运动健康管理领域实现自我管理、本地专业管理和远程服务的多项任务的智能终端系统。

人们可以通过网络将有关于健康的应用程序下载至自己的移动终端，通过“触屏”操作这些程序，对自己的健康进行管理。患者通过网上“应用商店”下载其需要的相应软件，需要时可将软件打开，通过里面的既定程序来指导自己的行为及生活方式等。具体包括两种方法，一是通过自主终端直接进行的自助式应用；二是将自主终端视为一个计算的服务器，在服务器之外增加若干的感应器。

移动互联网时代使人们随时随地接入互联网成为现实，同时随着可穿戴技术的成熟，必然能够实现对体适能的实时检测，二者结合即可实现对健康体适能的实时存储和计算反馈。同时利用大数据和云计算技术，通过对获取的人群运动和健康资料的分析处理，结合循证医学研究资料等，制订出符合中国国民身体特点的体力活动指南（Physical Activity Guidelines），从而为民众提供体力活动、体适能及健康指导。

第四章　青少年运动健康促进实证研究

第一节　青少年健康促进智能一体机的研制

青少年健康促进智能一体机由天津体育学院体质检测中心研发设计（软件及仪器已经申请著作权及发明专利），是在大样本实验数据收集处理基础上，借助新媒体研制成功的。仪器主机系统分为健身知识窗、体质自我评价、运动处方三个模块。操作简便，用户可在良好的心理体验中，学习体质健康知识，接受科学健身指导。使用该仪器，有利于引导青少年关注自己的体质，积极参加体育锻炼，养成良好的运动习惯。

（一）仪器模块功能

本仪器设计包含三个模块（见图4-1）。

图4-1　青少年健康促进智能一体机基本模块

1. 健身知识窗模块

采用人机互动方式进行健康知识普及。分别设置了10题、20题、40题，使用者可任意选择，在屏幕上点击选取，然后进入答题。仪器自动给出得分。题库包含：体育运动基本知识；运动与生长发育；科学健身知识；运动疾病防治；运动心理与健康等。

2. 体质自我评价模块

本机选用的指标和评价标准是通过对国内外体质健康相关研究成果的梳理、论证，实验室技术筛选及基于大样本测试数据而确定的。所有指标均附有测试说明和图片，初步建立了 7～20 岁的“体适能评价”参考标准。使用者在机学习后可自行进行体质评价。

3. 运动处方模块

本机设计了计算机“点菜”平台和路径，实现运动健身“菜单式”服务，提供各年龄段“健身”“减肥”“弱体质改善”“心肺机能提升”“力量提升”“速度提升”等个性化运动健身指导处方。使用者可以通过体质自我评价结果直接链接到有针对性的运动处方，也可以自助“点单”锻炼。

（二）使用方法（说明）

1. 注册

健身知识窗模块不需要注册登录即可使用；体能自我评价和运动处方模块需要先行注册登录，并填写必要的个人资料方可使用。

软件整体使用 B/S 结构（浏览器/服务器结构），需要在单台计算机上安装运行本软件套件，客户端通过运行特定版本的浏览器（谷歌 Chrome 浏览器）访问软件。本软件可在局域网内独立运行，不依赖 Internet 国际互联网。

图 4-2　青少年健康促进智能一体机注册图示

2. 健身知识窗

在健身知识窗界面，输入性别、年龄、类别后进入测试题数选择界面。也可点击“跳过”，直接进入题数选择界面。本界面有题库导入按钮，可通过Excel文件导入题库。题库分类包含：体育运动基本知识；运动与生长发育；科学健身知识；运动疾病防治；运动心理与健康等。

使用步骤如下：

（1）在测试题数选择界面，受试者可选测试题数（10、20、40）。

（2）保留以下数据供统计分析得分率等：①本次测试的编号：YYYYMM-DD+4位数字；②本次测试全部题目序号及对应成绩Y/N。

（3）各题库分别有200~1000题，系统能从各类题中随机抽取本次测试题目。题目形式全部为单选题（4选1）。每答对1题，得分分别为10、5、2.5（对应测试题数的40、20、10）。

（4）受试者单击“开始答题”进入答题页面。答题页面依次显示本次选出的各题内容和选项。每套题测试时间为x秒，有倒计时显示（见图4-3）。

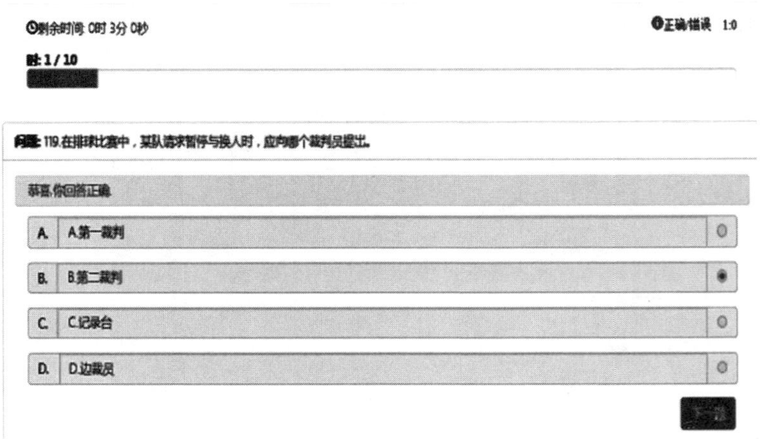

图4-3　青少年健康促进智能一体机健身知识测试

（5）每题答对时，显示祝贺词（图形或动画）；答错时，显示相反指示词（图形或动画），同时显示正确答案。

（6）答完全部题或答题时间到，跳转至成绩页面，显示总题数、答对答错题数及相应的鼓励。

3. 体适能自我评价

体适能自我评价模块指导受试者对体适能进行自我测试与评价，在主界面单击“体适能自我评价”按钮可进入体适能自我评价主页面。根据评价结果和自身相关信息，可进一步获得系统提供的运动处方。使用步骤如下：

（1）测试前受试者先输入注册信息。输入姓名、年龄、性别、身高、体重、参加运动状况等。

（2）全部必填项填写正确后，单击“确认”进入测评页面；如填写不完全，单击“确认”后提示“信息填写不完整，请补充完整”，同时光标跳转到填写不完整处。

（3）测评界面显示该受试者的测评项目名称和测评方法指导语及图片视频。测试项目由系统根据受试者信息自动确定并显示。有 8 个年龄组，并区分男女，设置 16 组测试项目及评价参考标准。每个项目满分 5 分，总体满分为 25 分。

（4）受试者按要求测试后将自己的测试结果填入指定位置。

（5）单击“显示得分”，系统自动计算各项测试得分。

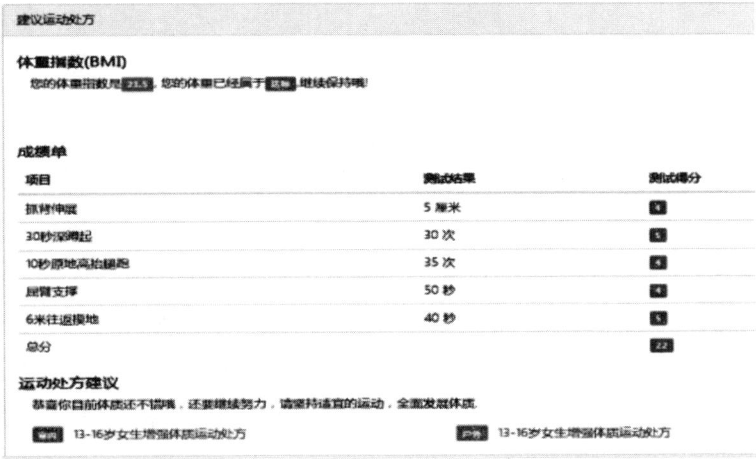

图 4－4　青少年健康促进智能一体机体适能自我评价

4. 运动处方

本系统分别制定了针对心肺、力量、速度、减重、弱体质、全面提升体质类等 8 类运动处方（区分男女，区分室内、室外）。有两种方式可进入运动处方模块：在主界面直接点击“获取运动处方”；在体适能自我评价后点击“获取运动处方”，可得到更适合自己身体状况的运动处方。使用步骤如下：

（1）运动处方模块显示上述 8 类处方按钮。单击某一按钮即可进入运动处方显示页面，在任一处方显示页面单击“返回”可回到运动处方模块主界面。

（2）运动处方显示页面可显示一个完整的运动处方，可借助滚动条等工具扩大显示范围。

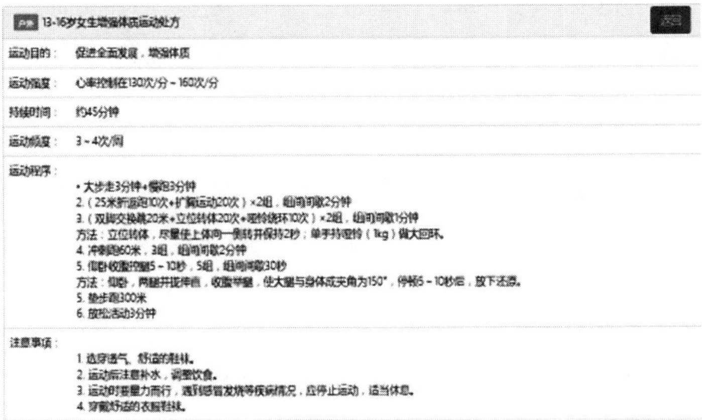

图 4－5　青少年健康促进智能一体机选择运动处方

第二节　运动干预对青少年心肺功能的影响

本研究对 13～14 岁肥胖少年进行为期 8 周的运动干预，选取 BMI、肺活量、心功指数和最大摄氧量等指标进行前后对比，分析观察运动干预对其心肺功能的影响。研究结论为运动干预能明显改善肥胖青少年的心肺功能、身体形态以及体质健康状况。按照本实验设计的科学运动方案进行持续性的运动锻炼，能更有效改善心功能指标、提高心肺功能，极有利于青少年的身心健康及生长发育。

（一）引言

心脏血管的功能和呼吸系统的机能水平在很大程度上决定人的健康状况和体质水平，因此心肺机能是体质诸多要素中最重要的要素之一。我国国民体质检测及国际体能研究委员会（ICPER）、国际生物学发展规划理事会（IBP）

和世界卫生组织（WHO）等国际组织所公布的体质测试方案中，心肺耐力都是主要的测试指标。儿童青少年肥胖在生理上将提前动用心肺储备功能，迟滞有氧能力的发展和提高，降低其体质健康水平。体育运动可以增加能量消耗，提高机体对能量的需求，不仅防止脂肪在体内的堆积，而且是改善心肺功能的有效方法。本研究针对肥胖少年普遍心肺功能薄弱的特点，研究和建立有针对性的运动处方，旨在帮助肥胖少年减重的同时提高他们的健康水平。

（二）研究方法

1. 研究对象

研究对象为60名肥胖男生❶，年龄在13～14岁，能完成正常学习和体育课程。受试者签署自愿同意书，进行8周干预处方实验。受试者被随机分成实验组和对照组。

2. 研究方法

（1）测量受试者身高、体重、肺活量、心功指数、20米折返跑（推算最大摄氧量）。

肺活量测定

使用电子式肺活量计，精度为1毫升。测量方法：受试者面对肺活量计站立，先做一两次深呼吸，再吸一口气后将气体尽量呼出，直到不能再呼气为止。测量三次，取最大值。呼气时要保持身体直立，不许弯腰和换气。

心功能指数测定

本次心功能指数用30秒30次蹲起测定。

① 让受试者静坐10分钟，测15秒的脉搏，将所得数乘以4为安静脉搏（P1）。

② 受试者30秒做30次蹲起（要求同上）之后，测即时15秒脉搏，将所得数乘以4即为运动后即刻脉搏（P2）。

③ 休息1分钟后再测15秒脉搏，乘以4为恢复期脉搏（P3）。

④ 计算心功指数：$K=(P1+P2+P3-200)\div 10$。

最大摄氧量测定

测试仪器：美国库柏有氧研究所Fitnessgram测试组提供的20米节奏往返

❶ 肥胖判定标准根据北京大学儿童青少年卫生研究所制定的《中国学生超重、肥胖BMI筛选标准》（Body Mass Index，BMI）。

跑原始录音带、秒表、标识杆。

测试方法：

① 受试者进行充分的准备活动，内容包括伸展性练习和慢跑。

② 受试者完成准备活动后进入 20mSRT 测试。方法：受试者在相隔 20 米的两条线之间进行由慢到快的往返跑，跑步节奏完全由音乐节拍器控制，在听到 CD 音乐带中“笛”样哨音指令后开始向对面跑，到达后停止，等待下一声“笛”样哨音，初始跑速为 8.5km/h，每过 1 分钟节奏加快一级，速度增加 0.5km/h，其中第 1、2、3、4、5 级对应的跑距分别是 7×20 米、8×20 米、8×20 米、8×20 米、9×20 米。受试者跑步频率不断加快，当经过反复鼓励，受试者连续 3 次不能在规定时间内按要求踏上或踏过端线，或感到确实无法坚持运动时停止测试，记录受试者往返次数。

③ 以跑单程 20 米一次，记录成绩为 1 次，跑 20 米往返一次记录成绩为 2 次，以此类推记录最终成绩，按照成绩次数查表取得相应数值代入公式。

④ 最大摄氧量推算公式：

$$VO_{2max}=31.025+3.238\ V_{max}-3.248A+0.1536\cdot A\cdot V_{max}$$

式中：V_{max}（最大跑速 $km\cdot h^{-1}$）$=8+0.5\times$最高级别；A 为年龄（岁）；VO_{2max}为最大吸氧量（$ml\cdot kg^{-1}\cdot min^{-1}$）。计算结果单位为 $ml\cdot kg^{-1}\cdot min^{-1}$。

根据测试结果确定运动强度为最大心率的 50%，为肥胖青少年制定连续 8 周、每周 5 次的运动处方，对照组维持原有生活方式；运动处方主要手段为大步走 3 分钟 + 慢跑 3 分钟；（跨步小跳 100 米 + 深蹲起 10 次 + 中速跑 400 米）×3 组，组间间歇 3 分钟；（侧向转髋跑 100 米 + 半蹲起 10 次 + 前后滑步 100 米）×3 组，组间间歇 2 分钟。

执行处方 8 周后，对受试者进行相同指标的再次测试，对前后数据进行比较。

数据处理：结果用平均数、标准差表示，差异显著性检验应用 T 检验，显著性水平选择 0.05 水平。

（三）研究结果与分析

1. 运动干预对身体形态的影响

实验组经过运动干预后，BMI 和体重都发生了显著性变化，进行组内、组间比较都达到了显著性的水平。BMI 指数是目前国际上常用的衡量人体胖瘦程度以及是否健康的标准。本研究在实施运动干预以前，实验组和对照组各测试指标间均无显著性差异，经过8周的运动干预，实验组的BMI指数由27.1下降到25.9（$P<0.05$），而对照组BMI指数并无显著性变化，这显示出运动干预对于BMI指数的显著影响。研究表明，儿童青少年肺活量、血压与BMI呈较强的相关性，BMI超出正常水平的儿童青少年可能影响其心肺功能，有必要及早进行干预。BMI的改善有助于儿童青少年的身心健康及生长发育。

表4－1　运动干预前后受试者身体形态变化

指　标	干预前/后	实验组	对照组
体重（kg）	干预前	53.3 ± 15.6	53.2 ± 10.6
	干预后	$52.2 \pm 15.9^{A*B*}$	53.5 ± 2.78
BMI（kg/m^2）	干预前	27.1 ± 5.3	27.1 ± 3.6
	干预后	$25.9 \pm 5.3^{A*B*}$	26.8 ± 4.07

注：^{A*}为组间对比$P<0.05$，^{A**}为组间对比$P<0.01$，^{B*}为组内对比$P<0.05$，^{B**}为组内对比$P<0.01$.

2. 运动干预对心肺机能的影响

由表4－2可见，运动干预后实验组的心功指数、肺活量和最大摄氧量相对值都有显著性改善，对照组变化不大。肺活量是指最大吸气后，再尽最大能力呼出的气体量，可以反映肺一次最大的机能活动水平，是最常用的测定肺通气机能的指标之一。研究显示，正常儿童青少年的肺通气能力明显高于肥胖儿童青少年，肥胖儿童青少年在平日生活中运动负荷稍微增加就有呼吸困难或是气喘吁吁的现象出现，这对于肥胖儿童青少年生长发育及未来的生活将会产生负面影响。

表4－2　运动干预前后受试者心肺功能变化

指　标	干预前/后	运动干预组	对照组
肺活量（ml）	干预前	1704.1 ± 468.6	1642.6 ± 538.9
	干预后	$2219 \pm 430.6^{A**B**}$	1884 ± 536.0
心功指数（b/min）	干预前	13.3 ± 2.3	13.0 ± 2.3
	干预后	$10.3 \pm 3.4^{A*B*}$	12.8 ± 2.6
VO_2max（ml/kg/min）	干预前	42.25 ± 2.92	42.08 ± 2.74
	干预后	$45.29 \pm 1.1^{A*B*}$	42.16 ± 3.1

注：^{A*}为组间对比$P<0.05$，^{A**}为组间对比$P<0.01$；^{B*}为组内对比$P<0.05$，^{B**}为组内对比$P<0.01$.

充足的肺活量对于机体各系统、器官的正常生长发育具有良好的促进作用。肺活量与心脏工作效率呈正相关，有人采用心率157±7次/分钟的运动强度对7~9岁的儿童进行了运动干预，使儿童的有氧能力得到了显著提高，同时儿童的心肺功能也得到了显著的加强，这与本实验结果相吻合。本研究通过为期每周5天、持续8周的运动干预，实验组少年的肺活量平均增加了515 ml，出现了显著性的提高，说明本处方在提高心肺能力方面具有良好效果。心功指数是瑞典体育联合会提出的由30秒30次蹲起机能实验构成的简易评价心功能的方法，这种通过定量负荷试验后的心率变化评价心脏工作能力的方法在体质健康领域广泛得到认同。

最大摄氧量是评价心肺机能水平的经典指标。由于儿童正处于生长发育的关键时期，身体素质以及身体运动系统尚未发展成熟，进行极限负荷的运动试验并不适合，直接测量儿童的最大摄氧量和最大心率都有一定的困难。在本研究中，考虑到肥胖儿童青少年的生理特点使用了间接测量最大摄氧量的方法即20米往返跑。实验证实，经过8周运动干预后，受试者心功指数及最大摄氧量相对值显著性升高。提示执行本处方进行运动干预能够有效地提高心肺功能，对于儿童青少年整体体质的改善有重要意义。

3. 运动处方强度的设计

从能量代谢角度来看，在运动中，脂肪和碳水化合物是肌肉的最主要能量来源。当人们从事较轻微的运动时，身体主要消耗脂肪，而消耗的葡萄糖较少。但是当身体进行比较剧烈的运动时，葡萄糖在能量消耗中的比例会显著增加，直到最剧烈的运动中消耗的几乎完全是碳水化合物。有研究指出，肥胖儿童青少年由于心肺功能差、体重过大，所以运动强度不宜安排得过大，他们建议取个人最大耗氧量的50%~60%作为减重运动的强度；很多研究认为，最适宜的运动强度为最大摄氧量的45%~70%或最大心率的50%~80%，即心率在130~150次/分钟。本处方强度设计采用的是最大心率的60%，实际心率为132次/分钟±10次/分钟。

从运动生理学角度上讲，人体在运动时能够获得更加充足的氧气供应，血液在肺部的氧饱和度提高，在组织毛细血管进行气体交换的氧增加，进而促进脂肪的代谢，身体成分发生改善，体成分改善后必然使肥胖儿童青少年的有氧氧化能力增强，而其增强的原因源自心输出量和肺活量提高，脂肪、糖、蛋白质三大能源物质代谢改善，心肌细胞线粒体的活性提高的结果。

（四）结论

本研究表明，运动干预能明显改善肥胖青少年的心肺功能、身体形态及体质健康状况。按照本实验设计的运动处方进行持续性的运动锻炼，能有效改善心功能指标，提高心肺功能。

第三节　肥胖青少年运动减重效果观察

本研究对 12 ~ 13 岁肥胖学生进行为期 8 周的运动干预，选取体重、BMI、体脂百分比、肌肉重量等指标进行前后对比，观察运动干预的减肥效果。研究结果表明，本研究制定的运动处方对于肥胖儿童青少年减重具有良好的效果。同时，处方中趣味性有氧运动在达到科学减重的同时可以激发肥胖初中生的运动兴趣，有助于养成良好的运动习惯，提高青少年体质健康状况。

（一）引言

肥胖和超重是由身体多种因素引起的。青少年的肥胖与生活方式密切相关，一般认为是缺乏体力活动和膳食热量摄入过多导致的结果，一般以营养过度、运动不足、行为偏差、全身脂肪组织过度堆积为明显特征，远期可发展为成年期肥胖，成为心血管疾病、糖尿病、高血压的重要危险因素。目前，我国儿童青少年肥胖发生率呈逐年上升的态势。据报道有 13% 以上的中学生体重超重，大城市中存在体重超重问题的儿童青少年达到 16% ~ 20%，应引起社会的足够重视。目前，针对肥胖青少年减肥与防治的方法很多，主要有行为治疗、膳食、心理、临床、健康促进学校和综合干预等手段，相对于其他方法，通过增加体力活动控制超重和肥胖是既安全又具有实效性的措施，同时通过运动能够促进生长发育、有利于增强体质，因此运动减重是防治儿童青少年肥胖的首选方法。本研究结合肥胖儿童青少年的生理和心理特点，采用游戏的方式设计了有针对性的减肥运动处方，旨在为今后儿童青少年减肥的相关研究提供参考依据。

（二）研究方法

1. 研究对象

受试者为 30 名 12 ~ 13 岁肥胖在校男生，除去学生个人原因（转学、身体不适、其他原因）实际采集完全数据 26 人。受试者均被告知实验的风险性并自愿签署知情同意书（家长代理），承诺全程参与实验。肥胖判定标准根据北京大学儿童青少年卫生研究所制定的《中国学生超重、肥胖 BMI 筛选标准》，干预期间进行健康生活方式的教育与指导。

2. 研究方法

（1）采用学生体质测量方法，由专人负责测试受试者实验前后的身高、体重，计算 BMI 指数。要求在实验前后测试的环境相同，受试者着装相同。采用美国 GE 双能 X 线体成分骨密度仪在实验前后对受试者全身组织成分进行测量，评价受试者各部位的脂肪含量、体脂百分比及肌肉含量。

（2）干预处方的制定与实施。采用储备心率法制定运动干预处方的强度，计算出靶心率平均为 148 次/分钟。受试者运动中佩带 PE－4000 遥测心率表监测运动强度，设定靶心率的正负 5 次/分钟为运动的心率范围，超过范围心率表自动提示。运动处方持续 8 周、每周 5 次，每次 50～60 分钟，运动处方主要手段如下：趣味慢跑 5 分钟，组间歇 60 秒，共 2 组；原地高抬腿走 1 分钟，组间歇 20 秒，共 3 组；1 分钟跳绳，间歇 30 秒，共 4 组；慢跑组合（侧身＋后踢＋滑步＋后外摆踢跑）10 分钟；“动物模仿”（大跨步走 5 分钟），间歇 30 秒，共 2 组；“车轮滚滚”（四肢爬行）30 米，组间歇 60 秒，共 3 组；伸展肢体徒手操 5 分钟。

（3）数据处理。结果用平均数、标准差表示，差异显著性检验应用 T 检验，显著性水平选择 0.05。

（三）研究结果与分析

1. 运动干预对体重的影响

表 4－3 为受试者运动干预前后体重和体重指数的变化。

表 4－3　运动干预前后受试者体重变化

指 标	运动干预前	运动干预后
体重（kg）	58.3 ± 15.6	57.2 ± 15.9
BMI（kg/m^2）	27.1 ± 5.3	25.9 ± 5.3*

注：* $P<0.05$.

表 4－3 可见，运动干预后，受试者 BMI 和体重均出现降低，其中 BMI 呈现显著性降低。体重由运动干预前的平均 58.3kg 下降到 57.2kg，BMI 平均下降了 1.2。

2. 运动干预对身体成分的影响

表 4－4 为受试者运动干预前后身体成分的变化。

表4－4　运动干预前后受试者身体成分变化

指 标	运动干预前	运动干预后
体脂百分比（%）	40.3 ±7.6	38.5 ±8.4 **
肌肉重量（kg）	29.4 ±5.1	30.1 ±4.8 *

注：* $P<0.05$，** $P<0.01$.

表4－4可见，经过运动干预受试者体脂百分比、肌肉重量都发生了变化。体脂百分比由运动干预前的平均40.3%下降到38.5%，下降幅度最大，达到了非常显著的水平（$P<0.01$）。肌肉重量则显著增加。

本研究对象的年龄为12～13岁，该时期既是肥胖的高发年龄段也是多项身体素质发展的敏感期。所以在制定运动处方时，我们不仅考虑减肥的有效性，同时也要根据青少年的心理特点。目前许多人采用的运动干预处方内容多为反复机械的素质训练，缺乏足够的趣味性，这不仅会加重肥胖青少年的身体负担，也容易对其心理造成阴影，最终可能导致肥胖青少年更加不愿意参加体育锻炼。对于青少年来说，让他们热爱体育、喜欢运动、养成终身锻炼的习惯非常重要，本研究充分考虑到运动处方内容的趣味性，编制了一些游戏类手段，使受试者乐于接受并坚持完成了实验，有利于未来进一步推广。

针对肥胖青少年的运动减肥研究中，大多数专家学者都推荐以中低强度的有氧运动为主，有氧运动是指能增强人体吸入、输送和利用氧气为目的的耐久性运动，是运动干预肥胖的主要手段，因此减肥运动强度确定的理论支撑相对成熟，但在青少年运动干预制定与实施中还要考虑青少年自身的特点，特别是肥胖青少年的运动水平和运动能力较体重正常者差，对体育锻炼普遍缺乏足够的信心与兴趣。我们选择了低强度与中等强度的组合锻炼，在运动处方实施过程中进行了心率的监测，以确保运动干预的科学性。

（四）结论

本研究制定的运动处方对于肥胖青少年的减肥具有良好的效果。趣味性有氧运动在达到科学减重的同时，可以激发肥胖青少年的运动兴趣，有助于养成良好的运动习惯。

第四节　校园定向运动在改善青少年体质中的应用

学生体质健康一直是提升我国人口素质的重要内容，近年来体质监测数据表明，中学生体质总体状况虽然有一定幅度的改善，但心肺功能及有氧耐力方面依然不容乐观，呈一定下降趋势，究其原因，主要是因为心肺有氧能力锻炼需要较长的运动时间，练习者常常感到枯燥乏味。因此根据中学生的身心发育特点及体质现状，寻找一种适合在中学生中开展，并能有效改善中学生心肺功能及有氧耐力的运动方式就显得尤为重要。本研究研制了以定向运动为主的提升中学生有氧耐力及整体体质的校园定向运动处方，10 周干预后结果显示：受试者肺活量、1000 米跑成绩、下肢力量及身体成分都有显著提升和改善；设计的定向运动处方符合中学生兴趣爱好，便于激发学生运动的热情和积极性。

（一）引言

青少年体力活动不足，缺乏运动极大影响其心肺功能及总体体质健康水平。而运动干预常因锻炼手段乏味难以持续，如单纯的跑步、力量练习等内容单调、枯燥，不能激起中学生的运动兴趣，那么如何让他们改变不合理的生活方式，让其运动起来显得尤其重要。因此寻找一种符合中学生身体发育特点、安全、便于在学校开展、内容丰富的运动项目作为中学生改善体质的运动方式很有意义。定向运动作为一种集体能、智慧为一体的体育运动项目，日益受到社会大众的喜爱，由于专业人才的缺乏，在国内中小学尤其是北方城市开展得较少。本研究针对中学生的体质状况并结合学校的具体情况，制定以定向运动为主要运动形式的中学生校园定向运动处方，并进行为期 10 周的运动干预和效果观察，分析以定向运动处方对中学生身体形态、机能、素质的改善，为改善中学生体质运动处方的筛选提供参考依据。

（二）研究方法

1. 研究对象

测试对象为天津市某中学初中学生，要求身体健康无明显生理缺陷，能参加体育课。通过前期测试，依据《国家学生体质健康标准》中制定的评分标准筛选 120 名体质测试评分在 79. 9 分及以下的学生作为受试者，受试者通过

《知情同意书》了解本实验的目的，自愿签署《知情同意书》，自愿保证尽力配合完成本实验。凡有下列情况之一者，均不被邀请参加本实验：心、肺、肾、肝等主要脏器有严重疾病（如心脏病、高血压、肝炎、肾炎、肺结核、哮喘、慢性支气管炎、贫血病等）；身体发育异常者（如侏儒症、巨人症等）；急性病患者，或在两个星期内患过高烧、腹泻等急慢性病者。实验前对全体受试者讲解实验目的和实验过程，受试者自愿签署了《知情同意书》。

2. 研究流程

（1）测定受试者身体成分、肺活量、心功能指数以及身体素质指标。

（2）根据测试结果为受试者制定以定向运动为主的处方，确定运动强度、运动时间、频率以及间歇时间。

（3）实验组进行连续10周、每周3次、每次50分钟的运动，运动过程中心率保持在储备心率的50%～80%（110～150b/min），对照组保持原有体育活动。

（4）10周运动处方后再次进行各项指标的测定，对实验前后及组间的心肺功能、力量等相关结果进行对比分析。

（5）所有实验数据通过SPSS17.0统计软件进行处理，计算平均数、标准差，差异显著性水平取 $P<0.05$，非显著性水平取 $P<0.01$。

3. 校园定向运动处方研制

运动处方具有科学性、针对性，要符合锻炼者的身体发育特点，实用安全。本运动处方将定向运动作为处方的主要内容，结合学校的场馆、场地设施，结合定向运动的特点进行创新，制定符合学生兴趣爱好的校园定向运动处方（见表4－5）。

表4－5　中学生校园定向运动处方

校园定向运动处方的主要内容	
场地设计	根据学校操场或运动场馆的具体情况，布置10～15个点标，相邻点标的距离设计为40米左右（见图4－6）
运动强度	运动强度为储备心率的50%～80%，保持心率在110～150次/分钟，RPE等级为12～17，运动时佩戴遥测心率表监测
运动时间	30～35分钟，包括：准备部分、基本部分、结束部分时间
运动频率	3～4次/周
注意事项及微调	提醒学生奔跑时注意安全、根据学生体质状况对点标数量及距离做适当调整

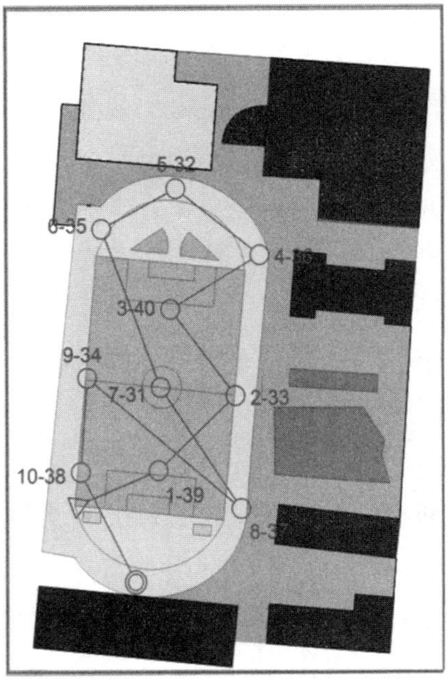

图 4－6　校园定向运动地图

（三）研究结果

1. 校园定向运动处方对身体成分的影响

身体成分是影响体质健康的重要部分。影响因素主要有：遗传因素、饮食结构、体育锻炼等。足量的体育运动、均衡的营养摄入、良好的生活习惯可以在很大程度上改善人的身体成分。身体质量指数（BMI）通常被用来评价体重是否适宜，其计算方法为：BMI＝实际体重（千克）/身高^2（米^2），是医生和体质专家评价健康的参考依据，表 4－6 为校园定向运动处方干预前后受试者 BMI 的变化。

表 4－6　校园定向运动干预前后受试者的 BMI 变化

指标	性别	实验组		对照组	
		实验前	实验后	实验前	实验后
BMI	男	23.87 ±4.28	22.64 ±4.35 *	23.96 ±4.16	23.73 ±4.27
	女	23.44 ±4.15	22.84 ±3.95 *	23.92 ±4.01	23.63 ±5.32

注：* $P<0.05$.

由表 4－6、表 4－7 我们可以看出，实验组学生在实验前后 BMI 指数和体脂百分比均呈现显著性下降，对照组学生 BMI 指数变化不明显；校园定向运动处方干预对学生的身体成分产生了良好的影响。

表 4－7　校园定向运动干预前后受试者体脂百分比的变化

指标	性别	实验组		对照组	
		实验前	实验后	实验前	实验后
体脂百分比（%）	男	14.8 ±7.22	13.12 ±8.31*	14.72 ±8.95	15.17 ±8.52
	女	18.9 ±10.31	16.7 ±9.74*	18.11 ±9.64	18.57 ±8.69

注：* $P<0.05$.

2. 校园定向运动处方对身体机能的影响

身体机能是评价一个人体质状况的重要指标，本研究选取肺活量、心功能指数等指标观察定向运动处方干预对中学生某些机能的影响。

表 4－8 显示，经过 10 周定向运动处方干预，实验组学生肺活量水平有非常显著的提高，对照组正常体育活动后，肺活量水平也有所提高但并无显著性差异，实验结果说明 10 周的定向运动处方能显著提高中学生的肺活量，增强其呼吸系统机能。

表 4－8　校园定向运动干预前后受试者肺活量变化

指标	性别	实验组		对照组	
		实验前	实验后	实验前	实验后
肺活量	男	3038.2 ±719.8	3421.6 ±518.5**	3038.2 ±719.8	3179.5 ±649.2
	女	2786.6 ±827.0	3106.6 ±672.2**	2774.2 ±827.0	2853.8 ±762.2

注：** $P<0.01$.

表 4－9 是校园定向运动干预前后受试者心功能指数的变化。

表 4－9　校园定向运动干预前后受试者心功能指数变化情况

指标	性别	实验组		对照组	
		实验前	实验后	实验前	实验后
心功能指数	男	15.8 ±5.3	13.6 ±4.7*	15.6 ±5.8	14.9 ±6.5
	女	14.8 ±4.1	12.5 ±3.4**	14.7 ±4.3	14.2 ±6.1

注：* $P<0.05$，** $P<0.01$.

从表 4－9 受试者实验前后心功能指数的变化情况我们可以看出，经过 10 周的定向运动处方干预后，实验组学生的心功能指数平均值明显降低，这说明定向运动处方可以有效提高中学生的心脏机能。

3. 校园定向运动处方对身体素质的影响

表4－10～表4－12为校园定向运动处方干预前后受试者各项素质的变化。

表4－10　校园定向运动干预前后受试者引体向上、立定跳远变化

指标	实验组		对照组	
	实验前	实验后	实验前	实验后
引体向上（个）	1.1±1.3	1.5±1.7	1.0±1.5	1.1±1.6
立定跳远（厘米）	180.3±11.2	181±9.4	182.0±10.6	183.7±9.8

表4－11　校园定向运动干预前后受试者50米跑变化

指标	性别	实验组		对照组	
		实验前	实验后	实验前	实验后
50米	男	8.8±1.4	8.7±1.5	8.7±1.6	8.6±1.7
	女	9.0±1.5	8.9±1.6	8.9±1.7	8.9±0.9

表4－12　校园定向运动干预前后受试者耐力跑成绩变化

项目	性别	实验组		对照组	
		实验前	实验后	实验前	实验后
1000米跑（秒）	男	260.8±21.7	222.5±19.7**	259.7±23.8	261.4±22.3
800米跑（秒）	女	279.2±38.9	235.3±35.4**	274.7±40.3	270.9±42.6

注：** $P<0.01$.

表4－10～表4－12显示，引体向上、50米跑实验组与对照组实验前后均无显著性差异，可以看出定向运动对上肢力量和耐力素质的影响不明显；在反映下肢力量的立定跳远方面，实验组有显著性提升；耐力跑成绩有非常显著的提升，说明10周的定向运动处方干预对于下肢力量和耐力素质有显著影响。

（四）讨论与分析

1. 校园定向运动干预处方的设计

定向运动（Orienteering）也称为“定向跑”“识图越野”“定向越野”“野外定向”等，它是指参加者借助于地图和方向指引工具，按照事先设定好的顺序独立地完成寻找若干个标绘在地图上的地面检查点，并以最快的速度完成全部赛程的运动。定向运动是一项既具有群众性、趣味性，又具有知识性、竞争性以及军事意义的新兴体育运动项目。运动干预是提高中学生体质的重要手段。中学生体质的下降引起学者重视，已有研究结果表明：中学生在心肺功能及有氧耐力方面依然不容乐观，呈一定下降趋势。张勇等在《对全国青少年学生1985—2000年体质状况的比较研究》一文中指出：全国7～19岁青少年学生的肺活量等身体机能水平呈持续下降趋势，中学生体质状况令人担忧。朱玉芳等认为，体育课的时间严重不足，造成学生体育锻炼不足，是影响体质下降的直接原因。因此选择一种形式新颖、充满趣味性，又有知识性、竞争性的运动作为干预处方，显得尤为重要。

本研究参考国内外相关的研究资料，考虑到中学的身心发育特点和体质现状，设计了有针对性、趣味性、安全简易的校园定向运动处方，将定向运动作为运动处方干预的主要运动内容。定向运动由于其特有的运动形式具有趣味性、知识性、竞争性的运动特点，使受试者能长时间保持运动的热情，同时其多样化的组织形式又保持了该项运动的持续吸引力，有利于提高运动的效果。为了更好地激发学生运动的积极性，同时使运动处方方案简便易行、降低成本，本实验把参与性强、场地灵活、知识面要求广的国际定向运动进行改良创新，让学生在熟悉的校园环境中设计定向地图，使用标志明显且简易的物品，如颜色鲜艳的折叠方凳、彩旗和环保袋表示地图中的点标，用水彩笔替代打点器，充分贴近学生的现实生活。李建林等人的研究结果表明：定向运动需要长距离的耐力跑和中距离的速度跑，有氧与无氧运动相结合，锻炼了中学生的心肺功能，提高了整体体质。克里奇（Creagh）认为从体能特点来看，定向运动属于耐力项目，有氧耐力跑能增加体内血红蛋白的浓度，改善机体的抵抗力，增强心肺功能，促进脂肪消耗。本研究设计的定向运动处方在准备部分加入了拓展小游戏，放松部分加入了拉伸等练习，会有更好的锻炼效果。

2. 校园定向运动处方的运动负荷特征

运动负荷是改善中学生体质方案是否合理的关键要素，运动负荷包括运动强度、持续时间和练习次数、运动频率三大特征。这三大特征共同影响体质改善效果。运动强度是由人体在单位时间内的位移距离、速度等因素决定的。将靶心率和主观运动强度两种方法相结合，是确定合理运动强度最好的方法。具体过程是先按适宜的心率范围进行运动，然后在运动中结合主观运动强度评价表来掌握运动强度。本实验将Polar表的客观心率与受试者主观运动强度评价

（RPE）相结合，从而有效计算出合理的运动强度。相关数据表明，一般人在心率达到自身最大心率的60%～85%时，RPE达到12～15，身体处于有氧工作状态，运动强度设置合理。大量学者的研究显示，短时间、大强度的运动项目对于改善中学生速度、灵活性等指标具有显著影响，而中、长距离运动项目则对中学生的心肺功能有显著性提高。运动时间指每次运动持续的时间，是组成运动量的重要因素。运动持续时间如不足，会导致不能达到相应的生理刺激，从而达不到相应效果。而持续时间过长，容易造成身体的过度疲劳，甚至损伤。因此，运动持续时间的确定需要根据运动目的和负荷强度做参考。运动频率通常指每周运动的次数。运动对中学生体质的改善需要通过时间的积累，从而达到质变的目的。

3. 校园定向运动处方改善中学生体质的效果

组成人体各组织、器官的总成分称为身体成分，其总重量为体重。根据生理功效的不同，常把体重分为体脂和瘦体重两部分。身体成分是判断肥胖的标准之一，构成体质健康评价的重要部分。本次实验的结果显示实验组运动干预前后BMI和体脂百分比均得到改善，实验组体脂百分比在运动干预后明显降低，说明校园定向运动干预有利于学生身体成分的改善。

心功能指数是反映中学生心肺功能的重要指标，它直接反映了循环、呼吸、运动三大系统的生理功能及其偶联活动，具备良好有氧工作能力是人体运动的基础。安静状态下人体内脏器官系统活动不强烈，身体的潜在机能不易发现，在定量负荷运动后，机体的活动将明显加强，会显示出人体机能的潜在水平，通过心功能指数的测试，心率恢复较快，心功能指数较小说明心血管功能良好。中学生处于生长发育的快速时期，进行一定量负荷的刺激，可以提高其一般耐力，但不适宜进行大强度、长时间的运动。从本研究的结果可以看出实验组经过10周的定向运动处方干预后，心功能指数均有所下降，分析其原因是因为定向运动作为一种有氧耐力运动项目，运动过程中需要中学生进行长时间的奔跑，本研究中10周校园定向运动干预后，实验组中学生心功能指数非常显著地下降，说明他们的心脏功能有十分明显的改善。

耐力素质是指有机体坚持长时间连续运动的能力。耐力素质分为肌肉耐力和心血管耐力，肌肉耐力称为力量耐力，心血管耐力又分为有氧耐力和无氧耐力。本书所指的耐力素质主要是有氧耐力，是机体在氧气供应比较充足的情况下，坚持长时间工作的能力，良好的耐力素质能提高机体吸收、输送、利用氧气的能力，促进有机体的新陈代谢。研究表明：男孩和女孩的耐力素质在不同的年龄段提高速度也不一样，男孩在10岁、13岁和16岁时耐力素质有大幅度的提高；女孩在9岁、12岁时耐力素质提高较快，从14岁起耐力水平逐年下降，15~16岁时，下降得最多。呼吸是指机体与外界环境之间进行气体交换，评价呼吸系统的一个重要指标就是肺活量，并且作为反映人体肺通气机能状态的客观指标，肺活量评价人体的肺功能简单有效。本研究中实验组在干预后肺活量有显著性提升，这提示通过锻炼肺组织弹性增加，呼吸肌力量有所增强。

身体素质是人体在运动、劳动和日常活动中，在中枢神经调节下，各器官系统功能的综合表现。身体素质主要包括五大类素质，即力量素质、速度素质、耐力素质、柔韧性素质、灵敏素质。身体素质的强弱是衡量一个人体质状况的重要标志，对增强人的体质和健康有重要意义。本研究中反映上肢力量的引体向上及速度素质的50米跑实验组与对照组在试验前后总体均无明显变化，这也与定向运动以跑步为主要运动方式的特点一致，在以后的定向运动中应该增加涉及上肢力量及爆发力的运动内容，才能使处方更完善。立定跳远及1000米跑实验组试验前后均有明显改善，对照组无明显变化，说明定向运动对于学生的下肢力量素质及耐力水平的影响较为明显，可以作为提升上述能力的重要锻炼方式。

（五）研究结论

（1）以定向运动为主要内容的校园定向运动处方的设计符合中学生的生理心理特点，运动场地要求简单，器材简单，具有丰富多样的组织形式，便于激发学生运动的热情和积极性。

（2）10周校园定向运动处方干预方案显著提高了中学生的肺活量与耐力素质，同时对下肢力量也有显著的改善。

主要参考文献

[1] 阿里研究院．互联网+：从IT到DT [M]．北京：机械工业出版社，2015.

[2] 鲍煜宇．经济适用房小区邻里环境对儿童体力活动的影响——以北京市天通北苑二区为例 [D]．北京：北京大学，2012.

[3] 蔡睿，王欢，李红娟，等．中日国民体质联合调查报告 [J]．体育科学，2008，28 (12)：3-13.

[4] 蔡旺，艾育华．健康体适能检测在健康体检领域中的应用 [J]．分子影像学杂志，2016，39 (1)：63-65.

[5] 蔡玉军，魏磊，朱昆，等．上海市小学生非上学时间体育活动行为时空规律研究 [J]．体育科学，2011，31 (6)：59-66.

[6] 曹城峰．健身运动处方教学对学生耐力素质的影响 [J]．体育成人教育刊，2014，30 (3)：92-94.

[7] 曹佃省，谢光荣．社会支持在青少年课外锻炼性别差异中的作用 [J]．中国健康心理学杂志，2009，17 (6)：702-705.

[8] 曹慧．体力活动、视频时间与青少年心理健康关系研究 [D]．合肥：安徽医科大学，2012.

[9] 崔东霞，徐晓军．阳光体育运动视域下青少年体质健康研究 [J]．河南教育学院学报：自然科学版，2011，20 (2)：69-70.

[10] 崔谦．采用Web数据库技术建立运动健康管理平台 [J]．电子测试，2014 (15)：22-23.

[11] 陈宏．城镇居民不同职业群体的体育消费现状研究 [J]．北京体育大学学报，2005，28 (7)：895-896.

[12] 陈洪琪．基于物联网技术的数字健身器材设计与应用研究 [D]．济宁：曲阜师范大学，2014：1-65.

[13] 陈杰，张秀玲．体质健康与体育生活方式和健康生活方式的相关分析研究 [J]．南京体育学院学报：自然科学版，2011，10 (1)：150-152.

[14] 陈金鳌，蔡浩刚，陆阿明，等．少年体育参与影响因素的相关性研究 [J]．成都体育学院学报，2015，41 (2)：121-126.

[15] 陈林会，邹玉玲，宋昱，等. 江苏省中小学生体力活动及影响因素研究 [J]. 体育成人教育学刊，2011，27（4）：92－94.
[16] 陈培友，孙庆祝. 青少年体力活动促进的社会生态学模式构建——基于江苏省中小学生的调查 [J]. 上海体育学院学报，2014，38（5）：79－84.
[17] 陈炜. 以健康俱乐部为载体进行饮食与运动干预的效果评价 [J]. 现代预防医学，2008，35（11）：2080－2081，2084.
[18] 陈文. 定向运动引入初中体育与健康课堂教学的研究 [D]. 上海：华东师范大学，2010.
[19] 陈先辉，孙国平. 基于物联网与云计算的缺血性脑卒中早期识别预警健康管理模型构建研究 [J]. 中国全科医学，2015，18（13）：1560－1562.
[20] 陈英，陈利. 饮食和运动健康教育中糖尿病看图对话工具的应用效果探析 [J]. 深圳中西医结合杂志，2015，25（3）：185－186.
[21] 程龚. 健身运动处方中常用的身体机能测试 [J]. 鸡西大学学报：综合版，2011，11（1）：142－143.
[22] 程娟. 基于Web数据库技术的运动健康管理平台设计分析 [J]. 自动化与仪器仪表，2015（4）：174－175.
[23] 池建. 国民体质健康研究的思考 [J]. 北京体育大学学报，2009，32（12）：1－4.
[24] 邓树勋，王健，乔德才. 运动生理学 [M]. 北京：高等教育出版社，2005：268.
[25] 邓先强. 体育专业学生营养与运动知识态度行为调查 [J]. 检验医学与临床，2014，11（6）：732－733，736.
[26] 丁兰琴. 张家港市高中生体质与体力活动的现状分析与研究 [D]. 苏州：苏州大学，2012.
[27] 董宏伟. 家庭社会资本对青少年体育锻炼意识与行为的影响及反思 [J]. 沈阳体育学院学报，2010，29（2）：33－37.
[28] 杜成林. 综合运动处方对增强初二男生体质的实验研究 [D]. 大连：辽宁师范大学，2004.
[29] 杜宇坤，苏萌，刘庆敏，等. 城市体力活动相关建成环境客观评价工具的信度和效度研究 [J]. 中华疾病控制杂志，2012，16（7）：551－555.
[30] 冯晓玲. 我国青少年身体素质下降的成因分析与对策研究 [D]. 北京：北京体育大学，2012.
[31] 付道领. 初中生体育锻炼行为的影响因素及作用机制研究 [D]. 重庆：西南大学，2012.
[32] 付强.7—10岁小学生体力活动现状及相关影响因素研究 [D]. 苏州：苏州大学，2012.
[33] 高仙，张华明，卢立新，等. 北京市西城区中学生体力活动情况及肥胖超重影响因素

分析 [J]. 中国学校卫生，2012，33（1）：1031－1033.

[34] 高向晖. 环境因素与基因交互作用对宁夏儿童青少年超重的影响 [D]. 银川：宁夏医科大学，2015.

[35] 高天雷. 基于云计算的智能健康感知系统关键技术研究 [D]. 济南：山东师范大学，2015.

[36] 郜苗，王丽娟. 上海市小学生父母亲对孩子参与体力活动的支持度调查 [J]. 成都体育学院学报，2015（6）：122－126.

[37] 戈莎，吕丛超，席薇. 天津市中小学生体能发育现状及影响因素 [J]. 中国学校体育，2012，221（3）：81－82.

[38] 龚清海，童思维，李寿俊，等. 宁波市中学生体力活动与行为危险因素关系分析 [J]. 中国学校卫生，2013，34（3）：285－287.

[39] 郭清. "新医改"应致力于公众健康管理 [J]. 中国农村卫生事业管理，2012，32（9）：885－888.

[40] 郭书义，董青. 2004 年夏津县城乡中小学生肥胖及其影响因素调查 [J]. 预防医学论坛，2006，12（4）：437－439.

[41] 国家科技支撑计划《青少年日常体力活动水平测量与能量消耗关键技术的研究与应用》调研组. 学生体力活动和日常生活习惯调查问卷 [EB /OL]. http：//wenku.baidu.com/link？url = 1i4slMmKov6LncwLAwa - VmJmAwRwIkgcK - xzls2uOnuJzS7wrsG_mjDdVOVbQzG0I5O2K1l0H_vuZLCm5oLJE24Kkyfw4n_t2pHbLhx4GKe，2011.

[42] 国家体育总局群体司. 2010 年全国学生体质与健康调研结果 [EB/OL]. http：//www.sport.gov.cn/n16/n1077/n297454/2052573.html，2011.

[43] 韩海军，黄承钰，吕晓华，等. 运动、饮食、健康教育联合干预成年单纯性肥胖者的减肥效果评价 [J]. 现代预防医学，2008，35（4）：728－730.

[44] 韩西丽. 城市儿童户外体力活动研究进展 [J]. 人文地理，2011，26（6）：29－33.

[45] 何素艳. 太原市万柏林区第三中学改善初中生体质的实验研究 [D]. 太原：太原理工大学，2008.

[46] 何晓龙，陈佩杰，庄洁，等. 城市蔓延影响青少年体力活动研究的地理信息指标分析 [J]. 体育科学，2013，33（3）：38－48.

[47] 何筱莹，李梅忠，阮佩珊，等. 互动模式健康教育在改善糖尿病患者遵医行为中的应用研究 [J]. 中国全科医学，2010（13）：1450－1452.

[48] 何仲恺. 体质与健康关系的理论与实证研究 [D]. 北京：北京体育大学，2001.

[49] 洪海潇. 2010 年天津市 6—22 岁汉族学生营养状况分析 [J]. 中国妇幼保健，2014，29（6）：884－887.

[50] 侯乐荣，张艺宏，秦朗，等. 四川省城镇中学生体质现状的运动干预 [J]. 成都体

育学院学报，2010，36（10）：69－72.
[51] 侯宽．“互联网＋”时代下体育产业的增值服务影响研究［J］．中国商论，2015（27）：129－131.
[52] 侯志琨．定向越野运动对中学生心理健康影响的实验研究［D］．西安：西安体育学院，2011.
[53] 胡兵．影响青少年体质下降因素的社会学分析［J］．安徽体育科技，2009，30（3）：54－56.
[54] 胡利军，杨远波．社会经济发展与国民体质关系的研究［J］．体育科学，2005，25（5）：3－10.
[55] 黄楚新，王丹．“互联网＋”意味着什么——对“互联网＋”的深层认识［J］．新闻与写作，2015（5）：5－9.
[56] 黄浚智．运动健康管理网络平台的研制与应用［D］．扬州：扬州大学，2012.
[57] 黄丽芳．广西瑶族中学生体质状况调查研究［D］．北京：北京体育大学，2008.
[58] 皇志琴．癌症生存者营养与运动的健康教育［J］．中国医药导报，2009，6（13）：200－201.
[59] 季成叶．中国学生超重肥胖 BMI 筛查标准的应用［J］．中国学校卫生，2004，25（1）：125－128.
[60] 贾丽娟，彭小伟．影响我国青少年体质健康的教育学因素分析［J］．河北体育学院学报，2013，27（1）：54－56.
[61] 贾丽娟，宋丹，刘玉梅，等．2006—2009 年天津某大学新生血压检测分析［J］．中国当代医药，2011，18（22）：143.
[62] 蒋昊．不同年龄人群减肥运动处方的制定［J］．南京体育学院学报，2004，3（1）：26－28.
[63] 姜媛媛，胡西厚，等．基于物联网的健康管理服务模式［J］．中华医学图书情报杂志，2014，23（7）：51－54.
[64] 阚世锋，陈文华，余波，等．不同运动强度对骨密度影响的研究进展［C］//中国康复医学会运动疗法专业委员会．中国康复医学会运动疗法分会第十一届全国康复学术大会学术会议论文摘要汇编，2011.
[65] 李聪．网络健身方法与实践应用［D］．上海：上海体育学院，2010.
[66] 李栋，许彤．肥胖的流行现状、危害及防制对策研究进展［J］．实用预防医学，2003，10（5）：821－823.
[67] 李涵．健康体适能教育对初中生体质健康影响的研究［D］．上海：华东师范大学，2012.
[68] 李海丹，吴深．可穿戴设备在休闲体育领域的应用前景探讨［J］．当代体育科技，

2015，28（5）：192－195.
［69］李建林．定向越野对提高青少年有氧耐力的作用［J］．北京工业职业技术学院学报，2007，20（1）：84－86.
［70］李淑媛．儿童青少年体力活动影响因素分析［J］．赤峰学院学报：自然科学版，2015，31（16）：172－173.
［71］李显军，任建生．运动处方的研究现状及应用前景［J］．武汉体育学院学报，2005，34（5）：79－82.
［72］李昱，吕筠，刘庆敏，等．杭州市3个城区初中生体力活动达标率及其关联因素分析［J］．中华流行病学杂志，2012，33（6）：584－587.
［73］李玉凤，靳淑雁，潘利云，等．妊娠早期饮食和运动联合干预降低妊娠期糖尿病发病率的初步研究［J］．吉林医学，2014，35（25）：5616－5618.
［74］李玉红．下肢静脉曲张病人的运动健康教育［J］．医学信息：中旬刊，2011，24（5）：1780－1780.
［75］刘瑾，邓卫玲，周光辉，等．健康教育对提高高压氧患者运动想象知识的作用［J］．现代临床护理，2013，12（6）：86－88.
［76］刘敏．定向运动技术在校园场地内的训练方法研究［D］．临汾：山西师范大学，2012.
［77］刘文静．南京市初中生身体素质现状及干预研究［D］．南京：南京师范大学，2014.
［78］刘振平．运动和代谢综合征［J］．中国运动医学杂志，2000，19（2）：191－193.
［79］林春桢．运动教育干预对上海宝山实验中学初二学生体质的影响［D］．上海：上海体育学院，2011.
［80］梁鸿，郑陆，阎守扶，等．运动对骨形态结构、骨密度和骨生物力学特征的影响［J］．首都体育学院学报，2009，21（2）：202－204.
［81］卢飞．12—17岁青少年体力活动对体质健康影响的研究［D］．天津：天津体育学院，2013.
［82］陆大江．基于云健康的生活方式远程监控［J］．中国医疗器械信息，2012，18（11）：8－17.
［83］马冠生，栗德春，胡小琪，等．中国居民体力活动现状［J］．营养健康新观察，2005（3）：24－26.
［84］马军．关注儿童青少年身体活动不足增强其身体素质［J］．中国儿童保健杂志，2014，22（11）：1121－1123.
［85］马新东，刘波，程杰．美国青少年体质研究探析及对我国的启示［J］．体育与科学，2010，31（1）：81－83.
［86］宁家骏．“互联网＋”行动计划的实施背景、内涵及主要内容［J］．电子政务，2015

(6)：32 – 38.
[87] 庞海英. 青少年学生综合运动处方的制定与应用研究 [D]. 合肥：安徽医科大学，2009.
[88] 彭丽. 几种不同减肥方法及其效果评价 [J]. 体育学刊，2001，8 (2)：44 – 45.
[89] 平杰，肖毅，周成林，等. 基于物联网的科学健身指导模型的构建与验证 [J]. 上海体育学院学报，2015，39 (6)：16 – 19.
[90] 齐晓. 镇江市青少年体力活动与体质关系研究 [D]. 南京：南京师范大学，2014.
[91] 屈晓春. 西安市不同体育课外活动对学生体质影响因素的研究 [D]. 西安：西安体育学院，2012.
[92] 曲绵域，于长隆. 实用运动医学 [M]. 4 版. 北京：北京大学医学出版社，2003：226 – 229.
[93] 邱晋军，董艳. 学校与社会环境对学生体育锻炼习惯形成的影响研究 [J]. 宜春学院学报，2007，29 (2)：172 – 174.
[94] 阙敏，陶芳标，许韶君，等. 儿童青少年体质指数与心肺功能关系 [J]. 中国公共卫生，2007 (2)：155 – 157.
[95] 司琦，苏传令，Kim Jeongsu，等. 青少年校内闲暇时间身体活动影响因素研究 [J]. 首都体育学院学报，2015，27 (4)：341 – 345.
[96] 苏传令. 社会生态学模型与青少年体力活动关系的研究综述 [J]. 浙江体育科学，2012，34 (2)：94 – 98，124.
[97] 孙玲. 健康管理对高血压患者行为方式的影响分析 [J]. 当代医学，2015 (19)：106 – 107.
[98] 孙铭珠. 论影响青少年学生参与体育活动的社会因素及其应对策略 [J]. 青少年体育，2014 (7)：114 – 115.
[99] 孙倩莱，刘爱忠，邱英鹏，等. 初一学生缺乏体力活动行为及其影响因素 [J]. 中国医药指南，2011，9 (16)：222 – 224.
[100] 邵连杰. 河南省中学生体质健康状况的影响因素及对策 [D]. 郑州：河南大学，2008.
[101] 尚博睿. 父母权威问卷在健康领域的应用 [D]. 武汉：武汉体育学院，2015.
[102] 沈冬冬，陈德志. 影响广州市学生体质健康发展因素的调查研究 [J]. 军事体育进修学院学报，2011，30 (3)：118 – 120.
[103] 沈梦英，毛志雄，张一民，等. 中国成年人锻炼行为的影响因素——HAPA 与 TPB 两个理论模型的整合 [J]. 体育科学，2010，30 (12)：48 – 54，63.
[104] 沈茜，周永平，赖爱萍. 最大摄氧量平台的测量和应用研究进展 [J]. 浙江体育科学，2006 (1)：91 – 93.

［105］盛丽萍，顾康华，等．健康管理［J］．职业与健康，2011（10）：1176－1178.
［106］首洁，东芬．青少年体育自身行为影响因素的调查分析［J］．南昌教育学院学报，2011，26（6）：180，182.
［107］覃洪金，黄任秀，李玉梅，等．健康教育联合口腔运动指导对脑瘫高危儿家长喂养行为的影响［J］．护理学杂志，2015，30（1）：65－68.
［108］谭琪，徐勇．中国儿童青少年超重发展趋势分析［J］．中国学校卫生，2003（6）：609－661.
［109］谭思洁，刘洵．健康评价与运动处方［M］．天津：天津科学技术出版社，2005.
［110］汤梅燕．江苏省中小学学生体力活动及影响因素研究［D］．南京：南京师范大学，2014.
［111］汤强，盛蕾，左弯弯，等．小学儿童体力活动特征3年跟踪研究［J］．中国运动医学杂志，2014，33（5）：419－425，464.
［112］佟晓玲．基于物联网健身对社区体育发展模式的研究［D］．北京：北京体育大学，2014.
［113］万健根．景德镇市中学生体质健康影响因素的社会学分析［J］．教育学术月刊，2011（6）：57－59.
［114］汪昌柱．近几年我国中学生体质问题的研究［J］．文学教育（中），2011，185（6）：146.
［115］汪霖之，司琦．关于促进青少年校内体力活动的干预研究综述［J］．浙江体育科学，2014（3）.
［116］汪巧琴．北京市海淀区中学生体质健康研究［D］．北京：北京体育大学，2008.
［117］王超，陈佩杰．体力活动研究的现状及趋势［J］．北京体育大学学报，2012，35（8）：43－49.
［118］王金栋，杨法香．21世纪青少年学生体质与健康状况的发展变化趋势及其对策［J］．华北煤炭医学院学报，2007，9（3）：433－435.
［119］王家骥，李芳健．我国社区卫生服务中的健康管理［J］．中国社区医师，2007，23（24）：1－2.
［120］王峰，王娇．骨质疏松症的运动与健康管理［J］．南京体育学院学报：自然科学版，2008，7（2）：16－20.
［121］王怀虎，杨芳，魏玉琴，等．甘肃省中小学校开展“阳光体育”现状调查及发展对策研究［J］．甘肃联合大学学报：自然科学版，2009（1）：112－115.
［122］王俊．西安市中小学生体质状况与日常体力活动相关性的研究［D］．西安：西安体育学院，2012.
［123］王乐．浅谈现代生活方式与运动“健康管理”［J］．周口师范学院学报，2010，27

(2): 147 - 149.
[124] 王宁. 我国公共运动健康管理服务模式与机制研究 [J]. 沈阳体育学院学报, 2015, 34 (5): 59 - 62, 86.
[125] 王鹏, 郭梁, 周卫海, 等. 运动健康教育干预对广州市小学生肥胖率的影响 [J]. 广州体育学院学报, 2012, 32 (5): 113 - 116.
[126] 王瑞元. 运动生理学 [M]. 北京: 人民体育出版社, 2002.
[127] 王淑清. 长春市初中体育与健康课程实施现状调查及影响因素分析 [D]. 长春: 东北师范大学, 2005.
[128] 王旭光, 王洋, 王远, 等. 对青少年儿童体质健康干预体系和实施策略的思考: 以天津为例 [J]. 首都体育学院学报, 2013, 25 (6): 505 - 510.
[129] 王哲. 环境因素对儿童体力活动影响的综述 [J]. 南京体育学院学报: 自然科学版, 2013, 12 (2): 151 - 155.
[130] 温煦, 何晓龙. 建成环境对交通性体力活动的影响: 研究进展概述 [J]. 体育与科学, 2014, 35 (1): 41 - 45.
[131] 文江舸, 刘艳, 廖新, 等. 沈阳市 5 岁以上儿童骨密度分析研究 [J]. 中国妇幼健康研究, 2008, 19 (1): 15 - 16.
[132] 吴旻瑜, 刘欢, 任友群. "互联网 +" 校园: 高校智慧校园建设的新阶段 [J]. 远程教育杂志, 2015, 4 (229): 8 - 13.
[133] 吴铭. 定向运动对中学生自信心及意志品质的影响研究 [D]. 西安: 西安体育学院, 2012.
[134] 吴小明. 禹州二中学生体质健康现状及体质健康管理研究 [D]. 武汉: 华中师范大学, 2013.
[135] 吴晓甜. 户外运动对西安市初中生体质影响的研究 [D]. 西安: 西安体育学院, 2012.
[136] 夏成前. 运动与健康: 跨学科语境的追求——2014 年《体育与科学》秋季工作坊"运动与健康"论坛综述 [J]. 体育与科学, 2014 (6): 119 - 122.
[137] 夏其新. 不同运动处方对静坐少动人群身体成分的影响 [D]. 北京: 北京体育大学, 2012.
[138] 谢敏, 王建军, 项立敏. 我国中学生体质下降的社会学分析与对策 [J]. 吉林体育学院学报, 2008, 23 (6): 39 - 40.
[139] 徐本力. 体育强国、竞技体育强国、大众体育强国内涵的诠释与评析 [J]. 天津体育学院学报, 2009, 24 (2): 93 - 98.
[140] 徐勇, 谭琪. 我国儿童青少年肥胖的现状及发展趋势研究 [J], 卫生事业管理, 2003 (3): 166 - 167.

[141] 许汪宇. 体力活动与青少年健康 [J]. 体育科研，2011，32 (1)：66 –71.

[142] 闫志燕. 定向运动健身方案对青少年体质水平影响的实验研究 [D]. 西安：西安体育学院，2011.

[143] 杨华聪. 基于行为识别的个人运动健康管理移动应用的研究与实现 [D]. 成都：电子科技大学，2015.

[144] 杨珂. 赣南苏区儿童青少年体力活动现状及干预策略研究——以兴国县中小学为例 [D]. 南昌：华东交通大学，2014.

[145] 杨锐，金安铭. 运动健康管理网络平台的研制与应用 [J]. 电子测试，2015 (5)：82 –84.

[146] 叶永延，郑亦华，王维群，等. 少年、儿童肺功能的初步研究 [J]. 体育与科学，1994 (4)：25 –27.

[147] 于飞，刘照涌. 浅谈运动健康管理 [J]. 黑龙江生态工程职业学院学报，2013，26 (2)：141 –142.

[148] 于建成，刘侠. 山东省初中学生体质现状及影响因素分析 [J]. 体育研究与教育，2013，28 (1)：124 –128.

[149] 余玲，夏君玫，张伟伟. 运动干预对弱体质学生群体心理健康和自我效能感的影响 [J]. 武汉体育学院学报，2013，47 (8)：73 –76.

[150] 于梅子，钮文异，文湘田，等. 北京市某综合大学在校本科生运动健康教育效果配对研究 [C] //中国科学技术协会. 第十一届中国科协年会论文集. 重庆：自主创新与持续增长第十一届中国科协年会，2009：1 –8.

[151] 余晓娟，李琛，王昌燕，等. 经口喂养困难早产儿的早期综合干预 [J]. 护理学杂志，2013，28 (13)：44 –46.

[152] 余毅震，胡虞志，梁书毅，等. 单纯性肥胖青少年心理行为特点的配对研究 [J]. 中国心理卫生杂志，1996，10 (2)：70 –71.

[153] 元宇，邹军. 大数据背景下智能穿戴产品在运动健康管理中的发展模式研究及展望 [C] //中国体育科学学会. 2015 第十届全国体育科学大会论文摘要汇编 (二). 杭州：2015 第十届全国体育科学大会，2015.

[154] 赵超. 阳光体育运动背景下将定向运动引入西安市中小学的可行性研究 [D]. 西安：西安体育学院，2011.

[155] 赵杰修. 运动方式对人体骨健康的影响 [D]. 曲阜：曲阜师范大学，2000.

[156] 赵品婷，金葵花. 高血压病运动疗法的健康教育现状调查与分析 [J]. 护理学杂志，2001 (16)：178 –180.

[157] 詹新平. 影响青少年校园足球活动开展的因素分析 [J]. 赤峰学院学报：自然科学版，2012，28 (5)：168 –169.

[158] 张纯一，于晓东，张春宝．南京市城区36所学校中学生体质健康现状的调查与分析［J］．运动，2013，59（3）：81－83.

[159] 张冬梅．四平市青少年学生余暇体育活动现状的调查及其对策研究［J］．吉林师范大学学报：自然科学版，2009，30（4）：132－134.

[160] 张厚喜，刘品馨．不同体质健康状况学生参加体育活动现状比较研究［J］．统计与管理，2014，204（7）：22－23.

[161] 章建成，张绍礼，罗炯，等．中国青少年课外体育锻炼现状及影响因素研究报告［J］．体育科学，2012，32（11）：3－18.

[162] 张腾震．物联网背景下全民健身路径使用现状及监管机制研究［D］．济宁：曲阜师范大学，2015.

[163] 张伟健，李裕和，黄治官．运动与健康管理网络软件的设计与开发［J］．广州体育学院学报，2011，31（6）：107－110.

[164] 张晓丹，魏庆钢，谭思洁，等．20—69岁天津男性增龄过程中体质指数与腰臀脂肪比最优模型及肥胖敏感期研究［J］．天津体育学院学报，2014，29（5）：421－426.

[165] 张昕．辽宁省初中学生体质健康状况动态研究［J］．大连大学学报，2013，34（3）：96－100.

[166] 张秀丽．北京市高校定向运动安全管理指标体系构建研究［D］．北京：首都体育学院，2013.

[167] 张洋阳．政府再造："互联网＋"图景下的公共服务机制研究——以网络创业为例［J］．求知导刊，2016（3）：27－30.

[168] 张勇，王丽．对全国青少年学生1985—2000年体质状况的比较研究［J］．中国体育科技，2003，39（5）：24.

[169] 张永垛，张霈．天津西青区中学生双休日体育运动的参与行为研究［J］．当代体育科技，2014，4（2）：164－165.

[170] 张云．北京市基层社区体育服务信息化研究［D］．北京：北京体育大学，2011.

[171] 甄志平，张瑛秋，邢文华．中国学生体质测试指标体系演进与发展研究［J］．北京体育大学学报，2006，29（7）：925－927.

[172] 支尼亚，骆宏．76名健康管理客户的运动干预效果分析［J］．浙江预防医学，2015（5）：498－500.

[173] 中共云南省委，云南省人民政府．关于加强青少年体育增强青少年体质的实施意见［N］．云南日报，2009－11－04：3.

[174] 周丽君，于可红，莱利·汉斯利，等．影响中、美两国青少年参加体育活动因素的比较研究［J］．中国体育科技，2007，43（4）：27－31.

[175] 周热娜，傅华，李洋，等．上海市某两所中学初中生体力活动环境影响因素分析

[J]. 复旦学报：医学版，2013，40（2）：193－198.
[176] 周知华．湖南省娄底市寄宿制高一学生体质现状及干预研究［D］．北京：北京体育大学，2012.
[177] 朱为模．从进化论、社会－生态学角度谈环境、步行与健康［J］．体育科研，2009，30（5）：12－16.
[178] 褚锃，童链，松井英明．运动健康管理智能终端系统的应用［C］．2010 年“科学健身与增强体质”论文集，2010：540－545.
[179] 朱为，包萍．南通地区青少年女生体力活动与体质的研究［J］．南京体育学院学报：自然科学版，2012，11（6）：70－73.
[180] 朱红，张欣，刘新民，等．儿童青少年体力活动特征及其对生长发育和代谢指标的影响［J］．中国校医，2011，25（12）：893－894.
[181] 朱稼需，王晓强，荣湘江．儿童青少年单纯性肥胖运动减肥机制及运动处方的研究［J］．中国康复医学杂志，2007，22（6）：566－569.
[182] 邹婧．“互联网＋”，让运动更智能［J］．知识就是力量，2015（6）：32－35.
[183] 屈宁宁，李可基．国际体力活动问卷中文版的信度和效度研究［J］．中华流行病学杂志，2004，25（3）：265－268.
[184] AARON D J, KRISKA A M. Modifiable activity questionnaire for adolescents [J]. Med. Sci. Sports Exerc, 1997, 29 (6): 79－82.
[185] ACHTEN J, GLEESON M, JEUKENDRUP A E, et al. Determination of the exercise intensity that elicits maximal fat oxidation [J]. Med. Sci. Sports Exerc, 2002, 34 (1): 92－97.
[186] ASKER E, JEUKENDRUP, JUUL ACHTE. Fatmax: a new concept to optimize fat oxidation during exercise? [J]. Eur J Sport Sci, 2001, 1 (5): 1－5.
[187] BOOTH ML, CHEY T, WAKE M. Change in the prevalence of overweight and obesity among young Australians, 1969－1997 [J]. Am J Clin Nutr, 2003, 77 (1): 29－36.
[188] BOUCHARD C, TREMBLAY A, LEBLANC C, et al. Bouchard three－day physical activity record [J]. Med. Sci. Sports Exerc, 1997, 29 (6): 19－24.
[189] CARL J CASPERSEN. Behavioral risk factor surveillance system [J]. Med. Sci. Sports Exerc, 1997, 29 (6): 146－152.
[190] CASPERSEN C J, PEREIRA M A, CURRAN K M. Changes in physical activity patterns in the United States, by sex and cross－sectional age [J]. Med. Sci. Sports Exerc, 2000, 32 (9): 1601－1609.
[191] CHINN S, RONA R J. Prevalence and trends in overweight and obesity in three cross sectional studies of British children, 1974－1994 [J]. BMJ, 2001, 322 (7277): 24－26.
[192] DEBORAH ARRIAZA JONES. The monica optional study of physical activity (MOSPA) [J]. Med. Sci. Sports Exerc, 1997, 29 (6): 162－169.

[193] FREEDMAN D S, DIETZ W H, SRINIVASAN S R, et al . The relation of overweight to cardiovascular risk factors among children and adolescents: the Bogalusa Heart Study [J]. PEDIATRICS Vol, 1999, 103 (6): 1175 – 1182.

[194] GODIN G, SHEPHARD R J. Godin leisure – time exercise questionnaire [J]. Med. Sci. Sports Exerc, 1997, 29 (6): 36 – 38.

[195] GREAGH U, REILLY T, NEVILL A M. Heart rate response to "off – road" running events in female athletes [J]. Br J Sports Med, 1998, 32 (1): 34 – 38.

[196] HEATH G W, PATE R R, PRATT M. Youth risk behavior survey [J]. Med. Sci. Sports Exerc, 1997, 29 (6): 201 – 205.

[197] HEITZLER C D, MARTIN S L, DUKE J, et al. Correlates of physical activity in a national sample of children aged 9 – 13 years [J]. Prev Med, 2006, 42 (4): 254 – 260.

[198] International Consensus Group on Physical Activity Measurement. The International Physical Activity Questionnaire (Long Last 7 Days Self – administered Format) [EB/OL]. http: //www. ipaq. ki. se, 2002 – 10.

[199] International Consensus Group on Physical Activity Measurement. The International Physical Activity Questionnaire (Long Last 7 Days Telephone Format) [EB/OL]. http: //www. ipaq. ki. se/ipaq. htm, 2002 – 10.

[200] International Consensus Group on Physical Activity Measurement. The International Physical Activity Questionnaire (Short Last 7 Days Telephone Format) [EB/OL]. http: //uacc. arizona. edu/sites/default/files/ipaq_english_telephone_short. pdf, 2002 – 08.

[201] JACOBS, DAVID R, HAHNL P, et al. CARDIA physical activity history [J]. Med. Sci. Sports Exerc, 1997, 29 (6): 25 – 32.

[202] JANA A HIRSCH, PETER JAMES, JAMAICA R, M ROBINSON, et al. Using mapmyfitness to place physical activity into neighborhood context [M] //DAN J GRAHAM, JAMES AARON HIPP, SIMON MARSHALL, et al. Emerging technologies to promote and evaluate physical activity. Frontiers Media SA, 2014: 62 – 70.

[203] JULIEN BOIS E, PHILIPPE SARRAZIN G, ROBERT J BRUSTAD, et al. Elementary school children's perceived competence and physical activity involvement: the influence of parents' role modelling behaviours and perceptions of their child's competence [J]. Psychol Sport Exerc, 2005, 6 (4): 381 – 397.

[204] KOHL H W, BLAIR S N, PAFFENBARGER R S, et al. The aerobics center longitudinal study physical activity questionnaire [J]. Med. Sci. Sports Exerc, 1997, 29 (6): 10 – 14.

[205] KRISKA A M, KNOWLER W C, LAPORTE R E, et al. Historical leisure activity questionnaire [J]. Med. Sci. Sports Exerc, 1997, 29 (6): 43 – 45.

[206] GROSS L, ROBY J, BAZZO S, et al. Seven – day physical activity recall [J]. Med. Sci. Sports Exerc, 1997, 29 (6): 89 – 103.

[207] MCDOWELL, MAUER K. National Health and Nutrition Examination Survey Ⅰ, Ⅱ, and Ⅲ [J]. Med. Sci. Sports Exerc, 1997, 29 (6): 196 – 200.

[208] MEYER A A, KUNDT G, LENSCHOW U, et al. Improvement of early vascular changes and cardiovascular risk factors in obese children after a six – month exercise program [J]. J Am Coll. Cardiol, 2006, 48 (9): 1865 – 1870.

[209] JAMES G ROSS. National children and youth fitness study I & II [J]. Med. Sci. Sports Exerc, 1997, 29 (6): 170 – 189.

[210] NATIONAL CENTER FOR HEALTH STATISTICS. National Health Interview Survey [J]. Med. Sci. Sports Exerc, 1997, 29 (6): 190 – 195.

[211] NORDBY P, SALTIN B, HELGE J W, et al . Whole – body fat oxidation determined by graded exercise and indirect calorimetry: a role for muscle oxidation capacity [J]. Scand J Med Sci Sports, 2006, 16 (3): 209 – 214.

[212] OWENS S, GUTIN B, ALLISON J, et al. Effect of physical training on total and visceral fat in obese children [J]. Med. Sci. Sports Exerc, 1999, 31 (1): 164 – 170.

[213] PEREZ – MARTIN A, DUMORTIER M, RAYNAUD E, et al. Balance of substrate oxidation during submaximal exercise in lean and obese people [J]. Diabetes Metab, 2001, 27 (4 Pt 1): 466 – 474.

[214] PHILIP M HURVITZ, ANNE VERNEZ MOUDON, BUMJOON KANG, et al. Emerging technologies for assessing physical activity behaviors in space and time [M] //DAN J GRAHAM, JAMES AARON HIPP, SIMON MARSHALL, et al. Emerging technologies to promote and evaluate physical activity. Frontiers Media SA, 2014: 8 – 22.

[215] STRAUSS R S. Childhood obesity and self – esteem [J]. Pediatrics, 2000, 105 (1): 15.

[216] SOMERSET S T. Canada Fitness Survey [J]. Med. Sci. Sports Exerc, 1997, 29 (6): 153 – 161.

[217] TROST S G, PALE R R, SAUNDERS R P, et al. A prospective study of the determinants of physical activity in rural fifth – grade children [J]. Prev Med, 1997, 26 (2): 257 – 263.

[218] VAN DER HORST K, CHINAPAW M J. A brief review on correlates of physical activity and sedentariness in youth [J]. Med. Sci. Sports Exerc, 2007, 39 (8): 1241 – 1250.

[219] WILLIAMS C L, HAYMAN L L, DANIELS S R, et al. Cardiovascular health in childhood: a statement for health professionals from the committee on atherosclerosis, hypertension, and obesity in the young [J]. Circulation, 2002, 106 (1): 143 – 160.